大阪叢書3

都市福祉のパイオニア

志賀志那人 思想と実践

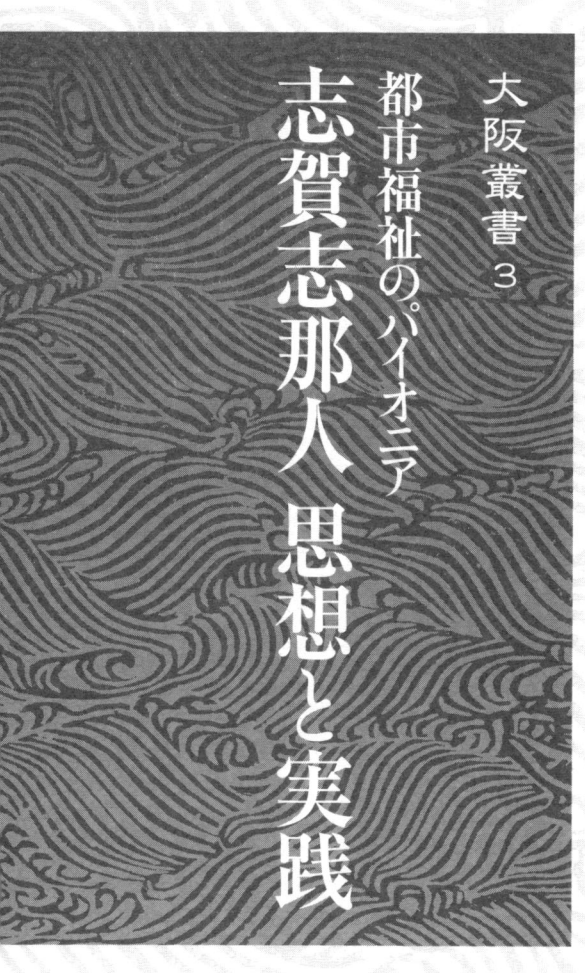

志賀志那人研究会
代表・右田紀久恵 編

和泉書院

市民館官舎内の書斎にて（昭和初期）

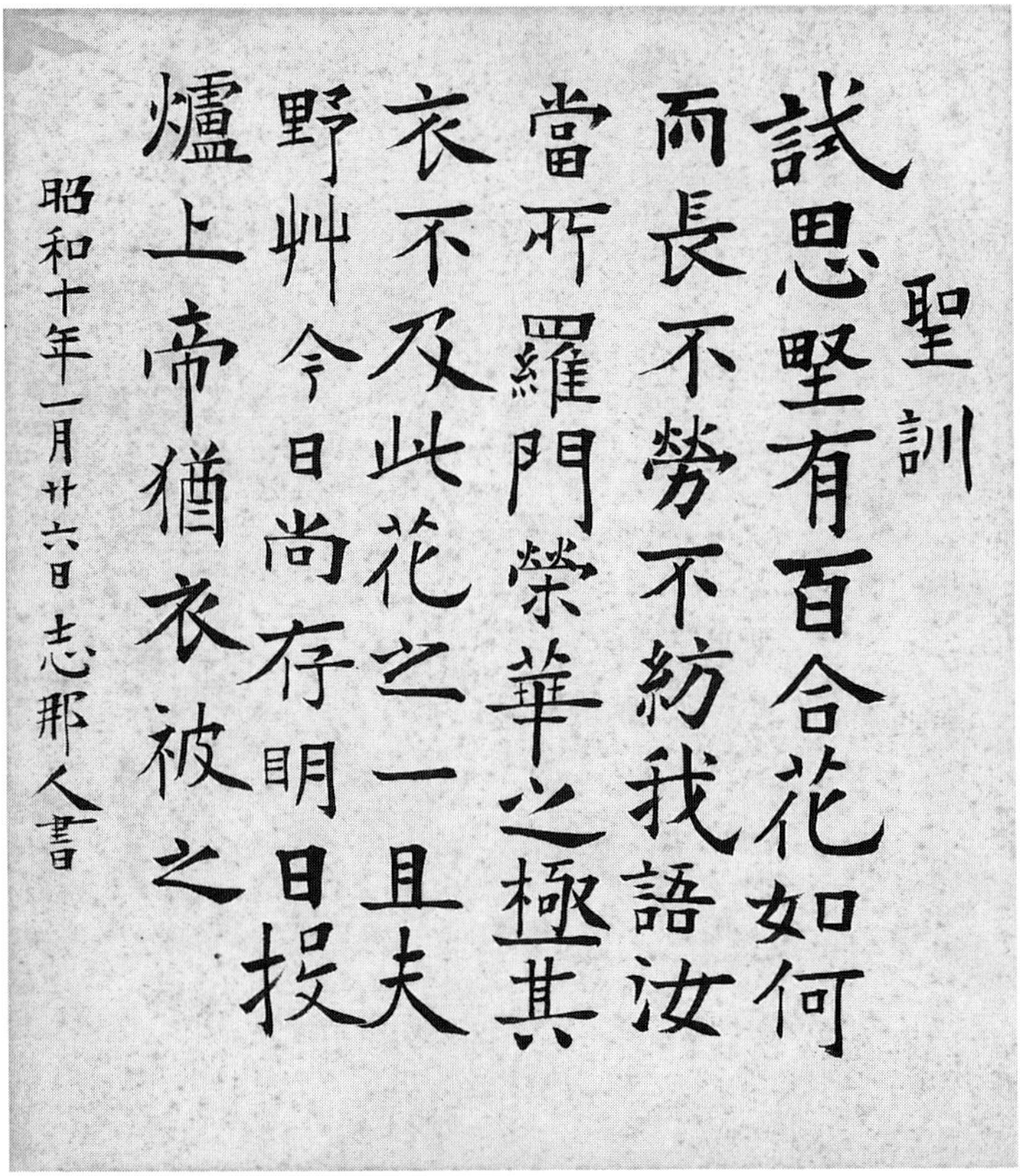

聖訓
試思堅有百合花如何
而長不勞不紡我語汝
當所羅門榮華之極其
衣不及此花之一且夫
野艸今日尚存明日投
爐上帝猶衣被之
昭和十年一月廿六日 志那人書

關市長の死を悼みその徳を讃えて漢訳ヨハネ福音書の一節を色紙に書く
（1935年1月26日）

はじめに

志賀の五十回忌に森田康夫の『地に這いて』が公刊され、はや二十年の歳月が流れるなかで時代はさらに大きく転換している。福祉国家体制がゆらぐなかでオータナティブとしての地方・地域に焦点があてられ、分権・参加とともに自立・自治さらにはソーシアル・ガバナンスの方向が問われはじめている。

もし今、志賀が生きていたら今日の状況をどのように分析し、どのように進むべき方向を示したであろうか。本書はこのような思いを抱く者が、森田の呼びかけのもとに集い、研究会を重ねた結果、志賀の生誕百十年を記念して編み出されたものである。

志賀志那人に関する先行研究も多面的に論じられてきたが、本書はそれらが残した課題や未着手の分野、さらには新たな分析視点からの論稿十一編から成り立っている。いわば志賀研究の斬新さを特徴として編まれている。

たとえば新たに調査した公文書や志賀関係文書によって、志賀思想で重要な協同組合主義の実践としての愛隣信用組合について、その展開過程を歴史的に検証した「志賀志那人の思想的発展と愛隣信用組合」小田論文をはじめ、当時の産業社会の進行に対峙したオータナティブとして、市民館幼稚園づくりを通した志賀の「協同社会」構築を論じた「北市民館保育組合における母親の協同と郊外保育」福元論文。そして「民衆娯楽」が社会問題を論じる際の争点の一つであった時代性と志賀の芸術化への意志と実践を詳論した「芸術化への意志—浪花節改良をめぐる実践と志賀志那人」真鍋論文などは、今日の「福祉文化」の源流を示唆するものとして、生活の質を問い文化としての福祉を考えるものにとって刺激的な内容である。

また大正デモクラシーと志賀の関係を考察した「北市民館と大正デモクラシー」久保論文や、『子供の世紀』という市民館生れの子供の福祉と健康を課題とした研究雑誌と志賀の関わりを論じた「『子供の世紀』と児童愛護連盟」堀田論文も、これまでにない多くの史料を駆使して大阪のもつ社会史的意味を丹念に掘り下げ、歴史に生きた志賀像に迫っている。

さらに公営社会事業施設の拠点としての市民館の建築的特色を論じた「社会事業施設としての北市民館の建築的特色」新谷論文は、これまで全く手がつけられなかったテーマであり、当初の計画が事業展開の過程で相次いで改築された経過とともに「セツルメントの観念及其の地方の事情に通じない人にその設計を委ねるのは、永遠の損失である」という志賀の考え方を建築サイドから論証している。

歴史をかえりみない者は現在にも無知であり、未来も展望できないという視点からの社会福祉研究として「志賀志那人の生涯と社会事業実践の思想」永岡論文、「社会福祉史からみた『北市民館』の位置」西野論文、「志賀の市民館運営とそのネットワーク」森田論文及び右田の「温故知新」がある。加えて志賀の長男である田辺香苗の「父を語る」を収め得たことも本書の大きな特色であろう。志賀志那人に関心を寄せる者にとって旱天に慈雨の思いを抱くにちがいない。

なお巻末には志賀が書き残した『軍隊日誌』が森田により紹介された。いうまでもなく昭和ファシズム期の野間宏『真空地帯』とは異質な内容の、大正期の軍隊日誌としてきわめて興味深いものである。また今後の志賀研究のために「志賀志那人研究書誌」と「志賀年譜」も掲載しておいた。

志賀志那人、その名は福祉にかかわる者のみならず大阪人が、自らの誇りとして忘れてはならない存在である。歴史的に「福祉は西高東低である」といわれてきた。その背景を考えるとき、近代社会福祉の創設期に志賀志那人のあったこととは無関係ではない。今日、社会福祉の大きな転換期にあたり本書によって志賀志那人の思想と人物、その業績と行動力の源泉を知ることで、志賀への関心を高める契機になれば執筆者一同の望外の喜びである。

二〇〇六年盛夏

右田　紀久恵

目次

As Eminent Pioneer of Social Welfare in Osaka

The Thought and Practice of Shinato SHIGA

Contents

温故知新

——社会福祉と地域福祉の原点をみる——

右田紀久恵

はじめに

志賀の社会事業の理論と実践について永岡正己は、「①北市民館長就任までの実践方法の形成を模索する初期の時期、②北市民館長として大正デモクラシーの流れの中でセツルメントと協同組合の方法を展開してゆく時期、③昭和恐慌期の矛盾の深化と社会運動の展開の中で、社会事業論争にかかわりながらセツルメント論を深め社会事業の理論と実践の課題を受けとめようとした時期、④準戦時体制への移行と自らの社会部長就任によって社会事業行政全体に取り組み、時代の変化に対応しようとした時期である。[1]」と、四期に分けている。

この間の多くの論文・書簡・記録にみられる志賀の思想や実践には、今日、われわれが学ぶべきものが実に多い。本稿では、その中（主に右の②および③の時期のもの）から志賀の〈社会事業観〉をとりあげ、〈地域福祉の源流〉としての意義をみてゆきたい。この側面は公的セツルメントとしての北市民館の事業と運営に凝縮されており、すでに森田康夫をはじめ永岡正己らのすぐれた先行研究[2]があり、本稿もそれらを基礎としながら、今日的課題から志賀の実践と理論を逆照射してみることとする。

一、社会事業観について

志賀は実践の人であり必ずしも強固な社会事業理論をもってはいなかったといわれている。しかし、一方でのマルクス主義的立場からの社会事業論の優勢化に対する疑問から、調査を含む実践の中で形成した志賀の自説には斬新さと普遍性さえ見られるのである。

当時、一般的に社会事業は救済事業・慈恵的活動であるとされ、また、防貧事業であると強調されながらも政策・実情ともにそのレベルにはなかった。

しかし、志賀は社会事業を「与えるものではない」と明言し、大衆を社会事業の対象ではなく主体と位置づけて参加をも促している。今日強調されている住民の〈主体性（主体力）〉、〈自治・公私協働〉という地域福祉の主要なポイントがすでに志賀の社会事業観の基本に据えられているのである。

志賀の社会事業観の形成は、社会学・キリスト教倫理・民主主義思想を基礎とした自らの労働調査・社会問題調査につづく北市民館での地域実践の過程にあるといわれるが、当然そこには大正デモクラシー・昭和恐慌という当時のきびしい時代状況が背景にあった。大原社会問題研究所を中心とした社会問題・社会事業研究にかかわる人々との交流をはじめ、労働者教育運動や協同組合運動、さらにはプロレタリア文化運動などの広範なかかわりの中で、彼の自説がさらに醸成されたとみることができる。このような幅広い社会的関係の過程で自らの理論構築と実践を確信をもって展開した、志賀の深い思想と視点の鋭さの全てから学ぶべきだといっても過言ではない。

ところで、志賀の社会事業観を知ることができる研究誌『社会事業研究』は周知のように、東京の『社会事業』と相対する研究誌であり、思想的に自由な編集方針をとっていた『社会事業研究』誌上において当時の社会事業論争は展開されていた。慈恵的社会事業からの脱皮と公私社会事業の近代化を基調として、同誌上には、海野幸徳・福山政一・大林宗嗣・磯村英一・川上貫一他、実に多くの論者が登壇している。同誌上の論争は社会連帯論と弁証法的唯物論のそれがきわ立っていた。「大正末期から昭和初年にかけて、社会事業にも大正デモクラシーの風潮を背景とした理論形成の時代を迎え、その中で登場したのが社会連帯的社会事業論であった。これに対して、いま一つ一九一八年のロシア革命を転機として、わが国にも弁証法的唯物論＝マルクス主義の研究、紹介が、堰を切ったように始められるなかで、このマルクス主義派からの、社会連帯論をはじめとする先行の社会事業論への論争がおこってきた。(3)」

こうした論争の経緯と内容は森田康夫の分析に詳しいが、その中で磯村英一の「社会事業に於ける協同組合運動の批判」や大林宗嗣に代表される階級闘争至上主義・社会事業国家公営論＝私設社会事業否定論が、志賀の社会連帯論批判として紹介されいる。それらに対する志賀の見解は、実践こそが社会事業の存在価値であり実践と理論の統合が必要であるとして、空疎な理論による社会事業理論をしりぞけているのである。

しかし同時に、志賀のいう実践は、理論と思想を基礎とした不可分一体のものであるがゆえに、安易な実践論や誘導的実践論に警告さえしている。

一九三〇年は「実践」の時代である。なぜであるか。既に「理論」がひとまず精算され尽くされたからだ。しかるに理論としての理論は無意味である。「人間は彼の思惟の真実性を実践において証明しなければならぬ。」今や時代は清算された理論をその実践にその具体において、証明せねばならぬ発展段階に迄入り込んでゐる。しかも一方、今日の社会情勢は「理論」する余裕なき程の火急を告げてゐる。この情勢を見て採ったある一団のあわて者は、我々はなによりも先ず実践せよ、然らば理論は後から生まれ来るであらうと「実践」の笛を吹いてゐる。幸に我々社会事業の陣営も、それと落伍せずに、既に理論を闘い取ってゐる筈である。(4)

社会事業の存在価値が実践にあるとしても、それは単なる日々の労働や実践ではなく理論とのフィードバックにより形成されてこそ、社会事業としての固有性・特質をもつべきであると主張しているのである。

二、対象から主体へ

志賀の社会事業観の柱は、森田康夫の指摘にもあるように、社会事業の対象とされる人びとを主体とし、彼等の参加を重視する視点である。「民衆の社会事業」[5]において、社会事業の主体は市民であるとして以下のように述べている。

> 我々は社会事業家の社会事業と謂ふ悪夢より醒める。そして市民に自分達のための自分達の事業と謂ふ観念を養ひ、それを実現せしめる事を工夫する。今迄お客様扱ひにした人々を主人扱ひにする。我々は彼等を結合し、彼等を経営に参加せしむる仕事に配せられたるエンジニアとして働き始める。―中略―社会事業は社会事業家によつて思ひのままにいじりまわされる盆栽ではない。独りでに生ひ立たしむべき植林事業である。

右のように民衆を主体とみてその自立と参加を目的とした「植林事業」が社会事業であるという自らの考え方について、志賀自身「社会事業の自殺法だとする批判」が出ることを予測しそれをも射程に入れて、マルクス主義派の観念論に応え、ブルジョアジーの温情主義からの社会事業を大衆の手で運営する時であると、自説の論旨を展開している。

この点は今日、〈主体性の社会福祉理論〉と呼ばれる岡村理論が普遍性をもつと評され、また、地域福祉が伝統的な社会福祉と異なる点に、〈住民の主体性〉を据えて理論化されつつあることと通底している。当時の社会事業論争や政策状況下において、対象を主体ととらえなおした志賀の社会事業論に斬新さと普遍性をここにみるのである。

志賀はしばしば「大衆」という語を用いているが、時に「市民」を使っており、両者に特別な区別や定義が無いことから、地域福祉で用いる「住民」とよみかえることができよう。しかし、常に的確に実態をふまえて理論化するという揺るぎなき彼の〈立脚点〉に着目するとき、地域福祉の論議における「住民」についての再確認を、いま促されているとさえいえる。それは今日の地域福祉研究と実践において「住民」という場合、必らずしも次のような志賀の「大衆」のとらえ方に至っていないからである。

> 大衆は、歴史の根本的動力であることを、即ち人類の歴史的・社会的使命遂行の担当者であることを、しかも時代は新社会の建設期に近づいてゐることを、貧困は運命でないといふことを！　要約すると、大衆が現段階において持つ所の歴史的・社会的使命を、正しく再認識せねばならぬ。歴史的段階に生活してゐるのである。
> ここにおいて大衆は現在の自らを止揚せねばならない。—中略—大衆は自己の内に量と質とを持つ。量とは圧倒性のことである。大衆のもつ強力である。多数決の原理がこれによって基礎づけられる(6)。

このように大衆（住民）を主体と認識し、同時にその力に信頼を寄せているのである。社会事業は住民との信頼から成立し、社会事業実践（者）は住民の内発性・自治性を引き出し育て、組織化する。即ち止揚する役割を担うという。ここには、今日いうところの〈自立〉〈支援〉が含意され、志賀の人間観が示されている。住民を止揚するとは組織化することであり、住民の自らの組織化と貧困からの解放を目標としているのである。

> 即ち大衆を組織化すると、大衆は最早単なる大衆ではなくなる。圧倒性が顕揚される。そして平均性も単なる平均ではなくなる。それは引き上げられた水準を意味する。大衆には恐ろしい力が潜んでいるのである。したがつて大衆を止揚するとは、大衆をより組織化することでなければならぬ。だから大衆とは俗象でも愚象でも、亦「多数」でもない、それは組織化されたる又は組織される「多数」であると共に、又絶えず自らを組織する所のものを意味しなければならぬ。
> かくの如く、大衆は**ただ自らを組織することによつてのみ、大衆であることができる**のである。言ひ換えれば、歴史的、社会的使命の遂行が達成し得られるのである。したがつてそれは亦貧困からの解放を意味する(7)。

右にみられる視点には、今日の「住民組織化」や「コミュニティ・オーガニゼーション」「コミュニティ・ソーシャルワーク」の一文を見るような斬新さがある。加えて、地域福祉を住民の単なる自己実現ではなく、組織化と連帯によって生み出される「社会的自己実現」とする視点[8]とも通底している。

住民を社会事業の対象から主体として認識し、住民自らの止揚を目標とした組織化を自説とした基礎には、志賀の出自としての社会学理論と状況の歴史的分析がある。それは、「人間社会は無限に進化してゆく。しかも社会歴史を作るものは人間である。[9]」しかし、「大衆は日増しに窮乏化し、貧困は大衆を低下させてゐる。しかし、この貧困は〈運命〉ではなく社会組織の〈産物〉である。[10]」と、構造的分析視点も示しているところからも明らかである。

三、前衛としての社会事業

志賀の社会事業論の第二の特質は、社会事業実践・社会事業家を〈前衛〉とした点である。それは、前記の住民の組織化と社会事業の役割についての次の記述にみることができる。

> しかし、無組織の大衆は自らを組織することは不可能である。然らば誰がするのか？　大衆を組織化するのは非大衆、ブルジョアジイではない。それは前衛である。前衛を措いて大衆を組織するものはないのである。したがつて前衛とは単なる前衛ではない。大衆を組織する過程での前衛である。
>
> —中略—
>
> 一九三〇年の（私営）社会事業がここから誕生する！　即ち前衛の仕事—大衆を組織化する—を我々が担当せうとするのである。この役割を指して我々が「社会事業」と謂ふのである。これ迄の（私営）社会事業は、ブルジョアジイのものであつた。即ちブルジョアジイが救つてやる者で、大衆が救つて貰ふ者であつた。[11]

志賀によれば、社会事業は優越者対劣敗者の上下関係によって構成されるのではなく、前衛としての社会事業実践者と内発性を有する住民によって構成され、「前衛即ち社会事業家が大衆組織化の技師の役割をつとめる。[12]」とする。

このような思考は、筆者が地域福祉論のキー概念とする〈補充・代替＝先導・開発〉と軌を一にするとみるのは誤りであろうか。

社会事業を前衛であるとした自らの見解に対して志賀は、「人々は謂ふであろう。これは「社会事業」ではない。寧ろ社会運動であると謂ふが正しいと。まことにそうである、まことにそうであるからこそ社会事業のコペルニクス的転向がなし能ふのだ。」と述べている。この点はまた筆者の地域福祉論に対して「構造的アプローチであり、広義の地域福祉概念は実践的ではない。むしろ、狭義の規定と実践が地域福祉の固有性である」、との批判とも類似していて与味深いところである。

四、人間と社会、歴史への視点

さらに、志賀の人間と社会観と歴史観を挙げておきたい。これを最もよく示している論文は「何がセツルメントの太初であるか[13]」である。その内容の「四、それはどんな人間観であるか。五、それはどんな社会観であるか。」の論点に示されている。すなわち、人間は個体としての人間であるよりも、歴史的社会的人間でなければならない。しかし社会関係によって生まれ生活し成長するから社会的人間であるのではなく、自らの意思によって生を発展させることが可能な社会のうちにおいてのみ個性化し、弁証法的に展開するのが人間であるという。上記の論文のみではなく、北市民館の多岐にわたる実践と事業のすべてにこの人間観が示されており、具体的に「児童観」「保育」にもそれをみることができる。社会学理論をベースとした自由意志哲学・キリスト教精神をふまえた実践の中で確かなものとした人間論なのである。

社会観については、「ここに謂ふ「社会」とは与えられた存在社会ではなしに、創られた組織社会の謂ひである。故に社会を単に個人の集合として見ずに、意思を持った人と人との交互関係から成立する所の一組織体なりとするのである。然るに意思は目的を持つ。従つて人々が同一の目的を共同でもつて実現せんとする時、そこに社会関係が成立する。故に社会は何等かの意味における人間の理念的努力の関係であると謂へる。[14]」とのべている。人間が単なる社会関係の中の静的存在ではなく自由意志・判断力・内発性・自治性を潜在的に持っているがゆえに、弁証法的に展開してゆくとみる。社会もまた人間と静止的な関係をもっているのではないと観ており、人間の目標・理念との関係を単に機能的にとらえてはいない。このように人間と社会の関係を構造的・歴史的に観ようとするところに志賀の特徴があるが、しかし、歴史の意味をふくめてマルクス主義者のいうそれらと同一ではない。

今「歴史」というものを考察する。歴史の最も一般的な意味は「過程」と謂ふことである。然るに過程性が最も凝集かするのは「現在」でなければならぬ。なぜならば、ライプニッツも謂ふが如く「現在」は単なる現在はなしに過去を背負へる現在であり又未来を孕める現在であるから。従つて歴史性は過程の過去からの到着点を持つと同時に又未来への出発点を持つのである。故に存在の歴史性に就いても、在ると謂ふことは、なつて在ると謂ふことであると同時に、なりつつ在ると謂ふことを意味しなければならぬ。

かように歴史は過去のものを意味するのではなく過程を意味するのである。ただ単に完成されたことを意味するのではなく創造することを意味するのである。「歴史」は「現在」は常に始まりつつある。それは創造の歴史である。現在である。[15]

このように歴史を意義づけているのは、一つには社会事業の存在価値が「実践」にあるとするがゆえであり、二つには大衆（住民）が歴史をつくる意義と役割を重視し、三つには現時点での「実践」が創造性をもち改革的営為そのものに他ならないからである。ここから前衛としての社会事業家は「現在」という歴史的認識を欠くことはできないと警告する。森田康夫は志賀を〈人間愛の福祉行政〉として地域の課題に応えた北市民館の運営を紹介しており、その中に、右記に関する次のような記述がある。「天皇を市民館に迎えた直後、志賀は改めて職員に語ったことは「この道、社会事業は過去の歴史に安住してはならない。大切なことは現在ただ今、本当にこの仕事が社会の必要に応じているかどうか、現在ただ今で評価されるものである。」と自戒をこめ、ともすれば落入り易い公営セツルメントとして、過去の遺産に安住する弊をいましめた。[16]」

いかに日々の実践が、人間と社会と歴史の関係において重要であり、その視点をふまえた社会事業のゆるがざる固有性を語ろうとしているかを知ることができる。

我々は「現在」に睡ってゐることは出来ぬ。「なつてゐる」文化をなりつつある文化に迄発展させねばならぬのである。この史的役割に対する責任感は避けようと欲しても避けることの出来ない絶対感としてせまり来る。[17]

このような歴史観には、「人間社会は無限に進化してゆく。しかも社会歴史を作るものは人間である。個人ではなく、社会の人間である。」という、人間・社会・歴史への確信が示され、これが志賀のセツルメント思想と北市民館運営の礎となっている。

志賀の歴史観の記述の中でもう一つ、筆者が注目するのは「過程」というキーワードである。「過去→現在→未来」の意味で用いられているようであるが、さらに、「大衆は自己の内に量と質を持つ」ゆえに、社会事業実践の前衛としての〈かかわり方〉が、さらには行政と住民との〈かかわり方〉やその機能が、「過程」の語に含意されているとみるのは誤りであろうか。志賀の実践の全てにわたって、「過程」の重視をみることができる。一つには、歴史性を意味するが、他の一つは、実践の対象との〈かかわり〉の「過程」の意味である。大衆や個人の質への〈かかわり〉、すなわち、今日いうところの関係性の重視、さらに支援や援助の過程の論議と共通しているということである。さらに言えば、「過程」には自らの実践の方法・手法の検証や評価までをも含むということである。北市民館長としての志賀がわが国における「都市福祉行政の開拓的存在」として、当時各界の注目をあつめ得たのは[18]、「過程」への検証・評価を常に実践の基本に据えたがゆえであろう。戦後から今日に至る社会福祉方法（技術）論、さらには地域福祉における組織化論や計画論において「過程」すなわちプロセス論が重視される以前に、すでにこのような斬新な視点を志賀は示しているのである。社会福祉実践はゴールと同レベルで、「過程」の評価がもとめられる時、学ぶべき点である。

五、地域福祉の原点について

地域福祉の原点は、志賀のセツルメント思想と北市民館運営のあらゆる面に示されており、それらについても先行研究に詳論されているので、ここでは、「自治・内発性」と「三層円認識」からみることとする。それは筆者が〈自治型地域福祉〉と〈個人・家族・地域社会〉の三層把握を、地域福祉を構想する際の条件として来たからでもある。

(1) 自治・内発性

前述のように志賀の社会事業論の特質に「対象から主体へ」が据えられていることが、必然的に自治性・内発性につながるといえる。

当時の救済から防貧へと社会事業のあり方や変化が強調される状況下で、志賀は「社会事業は社会事業家によって思ひのままにいじりまわされる盆栽ではない。独りでに生ひ立たしむべき植林事業である。[19]」「社会事業は防貧を本流とするといひながらなおそれは仮面」であり、「谷を埋めるために側方の山を削るに過ぎない。防貧の時代になってその速度が早められ且つ合理化された位のものである。[20]」と批判し、むしろ「谷自身をその内在的の力によって隆起させる作業[21]」こそが重要であるとした。まさに名言というべきである。この内在的力はすなわち、住民の主体力を意味している。その主体力を組織化し自治能力にまでたかめるのが社会事業家であるというのは、まさに今日のコミュニティワーカーそのものを語っていて、ここにも斬新さと普遍性をみるのである。

そして「大衆は自己の内に、量と質を持つ。」「我々の社会事業は大衆のものである。そして大衆の力によって行はれる。故に「救ってやる者」がないと同時に「救って貰ふ者」もゐない。優者対劣敗者の上下関係によって、構成されないのである。」[22]と力説している。ここにも主体者としての住民とその潜在力―主体力・自治力―への視点がある。

このような視点は、志賀の思想と人間観にもとづく。住民は「地域の小さな民」というよりも、「自己の内に量と質をもち」、「多様な発展の経路を切り開くキーパーソン」であり、「一定の企図をもって一定の行為を撰択する能動者としての人間」であるがゆえに「上下関係」ではなく、共に自治を形成する関係とみたのである。「人間は社会との関係において個人として発達する」という人間観と住民に対する信頼が、実践のレベルで住民の創造性・可能性をひき出し活用しえたのである。このような人間観をふまえて、住民の主体的な協同社会を組織するという理念は、地域福祉の原点そのものにほかならない。

また、志賀は当時の中央集権的行政と地方行政の組織という制約の中に在りながら、〈自治〉については常に関心と問題意識をもっていた。社会事業の存在価値を実践にありとする志賀の考え方から当然とはいえ、中央政府からの改革案や補助金のあり方等への批判・疑問を抱いていたようである。その一例に、中央からの改組再編、すなわち「社会局所管並に之と密接の関係ある事務を統轄し新に一省を設け社会行政の完備充実を図る事」および「社会事業の指導監督の為中央に専務の職員を設くる事」の決議について「改主建従」[23]のタイトルの疑義論文がある。「省局部課の設置が必ずしも社会事業の完備を意味するとは想はれない」必要なのは公私の役割分担と介入の限界を定めるべきであるとしている。中央社会事業協会と地方社会事業協会についても「その実は官僚の責任回避的常套手段たる別働隊」であり、そこへの「経費補助は混乱を助長」するだけであると批判している。「ここに最も注意すべき事はこれ等機関の設置と共に社会事業の限界即ち社会事業は国民生活の如何なる点まで立入るべきものなりや、国、道府県、自治体は各如何なる分野によって事業を為すべきものなりや、私的団体には如何なる事業を為さしむべきものなりや等の問題に就いてその限界を定めなければならぬ事である。[24]」。組織改編によって、「切つたら血の出るやうな生きた力が全国の社会事業団体に感ぜられないやうな運命に立ち至るに相応しい組織となる」ことを憂えてさえいる。社会事業協会の行政機関化は民間性・自律性・自治性を退化させ、相互連絡機能も果たせないであろうと予測している。公的責任と民間の自主性すなわち、役割分担・公私の主体性・自治性をふまえた立論となっている。地域福祉を地方自治と表裏一体のものとして、地方の主体性・地域力・住民自治を要件と規定し、〈地域の福祉〉と〈地域福祉〉の差は地域と住民の主体性・内発性・自治性にあるとした筆者の問題意識[25]とここでもまた共通したものがある。

志賀の〈自治〉の考え方は、他にみられた慈恵的セツルメントや教育セツルメントではなく『組合セツルメント』にもあらわれてる。「個人的接触によって、未組織の大衆を協同関係（組合）により、組織ある協同社会関係に織込み」「協同社会関係」による「理想の市域」をつくるという。「吾人は今やただにセツルメントの居住員が近隣に接触すると謂ふが如き時代を経過して、既に培養し来れる市民館細胞をもつて、我が「約束の地」を再建し、そこに理想の小大阪を展望せんとするの幸せを信じ、ここに数層の努力を楽しむものである。[26]」

このような自治を前提とする「理想の市域」構想は、後日に広島県御調郡因の島村井村を訪ねた際、その現実を目前にして自治の真髄をみてとっている。重井村は瀬戸内海の島にありながら漁業ではなく農業地域であり、「如何なる視角よりするも、重井村は農村の環境として恵まれて居ないことは明らかであるが—中略—全村極貧の者少なく、最近二十年間連年租税完納村として表彰せられてゐる模範村である。」と、悪条件を超えたいくつかの村営のあり方と自治の手法に注目している。村民の勤勉と村治の周到に加えて、「村民が一体となつて円満なる村治に安堵し」、歴史的遺産として二世紀にわたる自然素朴な自治の手法を共有財産としていることに「私は深甚なる敬意を表せざるを得ない。[27]」と賛辞を贈っている。志賀の画いていた「理想の市域」構想と重なった〈自治〉の真髄を見た感動が論文の行間からあふれている。この村治の現実と地域に育った法則（自治の運営原理と方法）を北市民館と地域との関係に応用しつつ、次のように総括している。

> 職業的、或いは道楽的慈善事業家や、官憲が欠伸しながら統計表を作っている間に、其の土地に生れた自然の指導者は自分の内生活の向上に伴うて無名の村長として大きな力を以て、何時とはなしに周囲の生活を改造し、立派な隣保組織を完成した。……彼には其処の社会の自然の命が宿っている。彼は其れによって無造作に社会改造を成し遂げているのである。[28]

　志賀はマルクス主義的社会事業論に対して、またセツルメント実践にふれて、「思想は外から持ち込むものではない。」「地域で法則性を発見するところに思想がある。」ことを強調している。今日、地域福祉研究と実践に関る者すべてが範とすべきであろう。

(2) 三層円認識

　三層円認識というのは、社会福祉実践の対象を〈個人〉〈家庭〉〈地域〉をそれぞれ分離したものではなく図のように三層円としてとらえるという一九六〇年代からの筆者の主張である。タテ割り型のこれまでの社会福祉行政や制度は「個人」「家庭」「地域社会」を三者にそれぞれ別々に対応して来たが、地域福祉はそれをヨコ型に修正するところに今日的意義をもつ。

　三層円認識は志賀の実践のあらゆるところにみられ、庶民金融機関としての役割を果した「愛隣信用組合」の基本にも据えられている。すなわち、「愛隣信用組合綱領」（一九三五年三月）では、「協同組合の細胞は個人ではなく、家であり世帯であり、地域内全体」と明記し、三者一体ととらえている。

　三層円認識が最も明確に示されているのは志賀の〈児童観〉と〈保育組合〉であろ

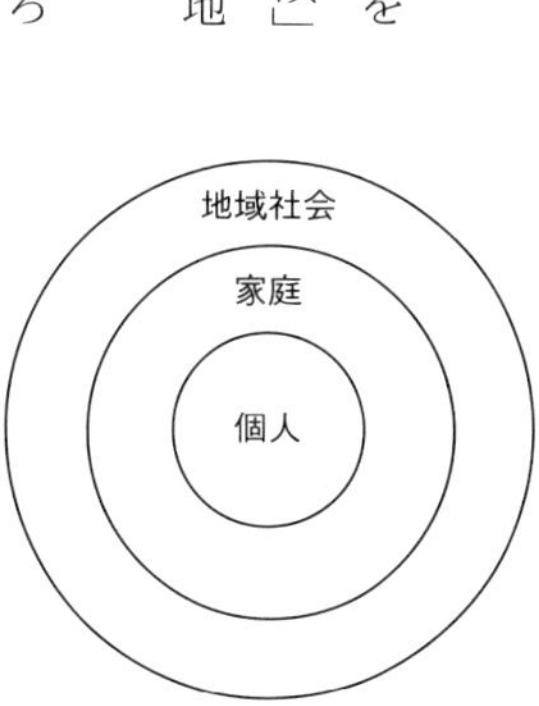

う。人間の主体力や発達の可能性を常に重視した志賀の児童観については他の論文でも論及されており、大阪児童愛護連盟を発足させ、その後の機関紙『子供の世紀』の発刊などの活動に象徴されている。誌名『子供の世紀』は創刊時は『コドモ愛護』であったが、志賀の人間観と幼児教育論にもとづいて愛護される〈受身的存在〉ではなく、〈主体的存在・社会的存在〉としての児童の視点から改題されている。

主体者である児童の発達＝社会化は、社会的なかかわりのスタートである親との関係を基礎として家族とのかかわり、そして遊び仲間や地域社会での関係によって進んでゆく。しかし、児童福祉法においてさえこのような発達原理は明示されず、児童・家庭・地域への三者一体対応になっていない。そして、条文は受身的規定であり、ドイツ児童福祉法が「児童は△△の権利を有する」と明記している点との大差がある。児童を主体として家庭・地域社会を一体としてとらえることなくして、児童の望ましい発達と福祉はあり得ないのである。志賀が家庭を重視し、北市民館保育組合の運営においても「家族生活」「家族紐帯」を重視したのは、一九二二（大正一一）年トインビー・ホールで開催された第一回セツルメント国際協議会の影響も見逃せない。

このような今日的児童福祉の原理としての三層円認識が、一九二五（大正一四）年七月の「協同保育の宣言」にはっきりと示されている。

一口に子供の守と申しますがこれ程重大な事はないと思ひます。子供がよく成るもわるく成るも幼い頃の育てかたによつて岐れることが多いと思ひます。ところが私共の家庭では忙しいやら手不足やらで子供の守をおろそかにして玉にも宝にも否わが身に代へても惜しくないわが子の一生を台なしにして了ふ事がまゝあると思ひます。然し今日の時勢では自分の家庭の力だけでは子供を立派に育て上げる事は困難です。どうしても貧富の別なく隣近所の人々が力を合せて懸らなければ駄目です。子供には子供の社会があつて親達の知らぬ間に色々の影響を受けます。そこで隣近所の親達が手をとりあつてこの子供の社会をよく育てゝやらねばなりません。子供の社会が立派なものになれば子供はひとりでによく成ります。まだ親達の個々の力で出来ない事は子供の保健です。御承知のやうに北市民館附近の街々家々は決して子供の発育に適当な場所ではありません。少くとも一日一度は清い空気のなかで自由に遊ばせたいものです。此願はなか〳〵一人々々の親の手のみでは達せられません。その外やり度いと思ひ乍らも独力で出来ない多くの事があります[29]。

加えて、右の「協同保育宣言」の文中には三層円認識をベースとした協働、すなわち、地域密着型の公共的営為＝公私協働と〈公共空間〉づくりの意味が随所にあらわれている。「子供は公私立の幼稚園や学校が育てて呉れるものだといふありきたりの考へは今日全然改められる筈のものである。総ての組合運動は硬化せる階級、組織、機関に対する反抗ではなくて、も一度人間の素直な眼で見た通り、考えた通りに建て直すあらゆる人々の運動である。吾等はそれをやるのである[30]。」と、社会的人間としての協働＝公共空間づくりの価値を宣言している。

そして、〈地域密着型の公共的営為〉と〈公共空間〉を創るための公私の協働、とりわけ地域住民と北市民館職員との協働こそが中途半端な理論に勝るとして、住民の側に立つことと開拓者＝前衛としての役割を強調している。

児童の保育を協働組合よつて実行するなどと云ふ事は従来考へられない所であつた。—中略—吾人が大正十四年七月この試みを発表した時は、組合の経験者も保育の権威者も、実に馬鹿な事をするものだと云ふ意味で嘲笑を以て酬ゐて呉れた。

だが、保育にも組合事業にも無経験な周囲の町内会や奥様やおかみ様は大賛成であつた。こんなよい味方があらうか。吾等はいつも素人でありたい。開拓者でありたい。小さい経験や見えすいた理論をかしこさうに捏ねまはす人の友達でありたくない[31]。

北市民館周辺地域の不良住宅・高い乳児死亡率・子供の遺棄や虐待等についても、「現在大衆の貧困は「運命」ではない、「産物」である—社会組織の。」とし、育児という人間の基本的な営みに〈個人の限界〉状況が露呈しているととらえたがゆえに、協働による解決を保育協同組合に結実したのである。

筆者はかねてから、社会福祉は現代社会における生活課題への共通認識と、課題への協働が要件であるとしてきた。また、地域福祉を公私協働による〈あらたな公共の構築〉であるとして、生活課題の共通認識（アイデンティティ）のもとに、旧い公共性に対峙して共に構築してゆくものであると規定した。[32]奇しくもここにもまた底流に共通性をみるのである。

むすびにかえて

「志賀の存在は米騒動以来、ようやくにして脚光をあび始めた都市問題に、池上四郎市長の懇望で助役に迎えられた関一（東京高商教授）という、優れた都市行政学の専門家のもとに、社会面の領域で開拓者的役割を果すものであった。[33]」といわれている。しかし、関と志賀の交流・相互の関係や接点を分析した研究は殆んどみられない。この作業が課題として残されている。

関は一九一四年七月から一九三五年一月（市長職は一九二三年―一九三五年）までの延二一年間、志賀は一九一九年八月から一九三八年四月までの一六年間が大阪市での在任期間で、両者ともに最も活動した時期が重なっている。そして志賀が大阪市嘱託職に就いた労働調査係は、関市長直属のポストであった。当時、関は「社会を発展させる専門能力と公共心をもつ者をあるべき指導層[34]」として長期的・全体的・合理的な政策にもとづく行政の運営に力を注いでいたから志賀の就任もその基本方針に沿ったものといえる。このような点について芝村篤樹は「大阪市では関という人物を得て、大阪の土壌を基盤に、専門家が主導して行政を運営する都市専門官僚制が、全国で最も典型的に成立した。[35]」と評している。専門官僚制については今後の論議を要する点ではあるが、関は都市行政は単なる官治（統治）行政ではなく、思想（理念）と識見にもとづく創造性を要件とした地方自治体の運営をめざしていたといえる。

企画力や創意工夫することの価値を重視し市政にかかわる有能な人物を育てようとした関市長は「大きな傘」[36]であった。志賀はそこで存分に自らの力を発揮し、創造性・開拓性を任う社会事業を「前衛」と明言したのであろう。
また、関の社会事業分野への直接のかかわりについても、志賀との接点の分析には必要である。関は一九二六年七月七日社会事業調査会委員に就任しているが、注目すべきは社会事業研究会の設置である。「同研究会は、社会事業に関する〈調査研究ヲ行ヒ併セテ之ガ普及宣伝ニ資スル〉ことを目的に結成され、一九二九（昭和四）年七月六日に初会合をもった（『大朝』七月七日付）。事務局を大阪市役所におき、高野岩三郎を責任者に、山口正や志賀志那人などの市社会部の幹部、それに実業家などとともに、無産派の市会議員がこぞって参加したのである。同研究会参加メンバーの考え方は〈慈善・温情主義ではなく、生存権・生活権による要求に基づく点で一致していた〉という」[37]。この社会事業研究会や、すでに設置され（一九二五年一二月）ていた「大阪都市協会（会長関一）」への志賀の参画が、関との重要な接点であったことは確かであろう。

さらに加えるべき今後の課題に、関と志賀に共通する社会思想的側面の分析がある。志賀の出自が社会学でありキリスト教倫理を基礎とした民主主義思想をもって実践理論としたといわれている。しかし、大原社研とのかかわりや反対を承知の上で北市民館を労働組合に開放するなどの事実、さらに労働者・住民に対する姿勢からも一定の社会思想的分析を加える点が残されているのではないだろうか。森田も「労働運動への支援」と特記して、小さな労働組合の集りに足を運び、北市民館を労働組合に利用させ、働く者を友として「トインビークラブ」研究会活動を継続し、労働者との結びつきを殊のほか大切にしたと述べている。[38]また、社会政策学会が大阪で開催された際（一九二四年一二月）、福田徳三、高野岩三郎、森戸辰男など多数が北市民館に来館した事実にも注目したい。

志賀の思想的立脚点はロッチデールにあることが証されているが、筆者は福田徳三の社会思想にも近接しているとみている。つまり、福田はシュタインの「国家―社会」観を「社会―国家」観に逆転させた理論をうち出した生存権思想の先駆者とされているが、「民の公共的な要求」を立脚点としていることからも、志賀の思想との通底をみるのである。加えて、関が福田徳三と葛藤をはらみつつも親密な交遊があったことも無視できないのではなかろうか。[39]関の社会思想は自由主義的改良主義であるとされ、社会政策は「自助」と「国家の補助」の二つの方法により、「労働者が其地位を自覚し、組合を起し、協力を以て其地位を益々高上」させようとするものであり、ストライキも労働者が「社会上の地位の上進を図るべき唯一の手段」として承認し、国家の補助と干渉は、あくまでも労働者の自負・自覚を成長させ「自助によるを得る程度迄で進歩せしむる」ものでなければならないとしている。[40]右の労働者の「自負」「自覚」「自助」と、志賀の「対象から主体へ」「協同」にみる近似性を検討することが残されている。

右の点は、関の都市政策の特徴としての①労働力の保全と階級対立の緩和等の重視、②公共の福祉の立場からの私権制限の強調、③都市自治権の主張[41]のうちの①を示すものであろう。右のような関の社会政策論が前記の社会事業研究会で、論陣を張ったことは充分予測される。この点の追究も今後の課題として残されている。

注

（1）永岡正己「志賀志那人の生涯と社会事業実践の思想」『セツルメント運動関係資料集』日本地域福祉施設協議会・大阪地域福祉施設協議会刊、二〇〇二年、五六頁。

（2）森田康夫『地に這いて』大阪市都市協会、一九八七年。

（3）前掲　森田『地に這いて』一二二頁。

永岡正己「大阪における地域福祉の源流」「北市民館の歴史とその意義―閉館によせて」前掲資料集。

（4）「社会事業の自主的経営に就いて」『社会事業研究』一八巻六号、一九三〇年六月。

（5）『社会事業研究』一六巻六号、一九二八年六月。

（6）前掲「社会事業の自主的経営に就いて」。

（7）同右。
（8）右田紀久恵『自治型地域福祉の理論』ミネルヴァ書房、二〇〇五年、四七―四九頁および六七頁。
（9）大阪市立北市民館後援会編『社会事業随想』一九六八年、三一頁。
（10）同右。
（11）同右、三三頁。
（12）同右、三四頁。
（13）『社会事業研究』一八巻五号、一九三〇年五月。
（14）同右および前掲『随想』一〇三頁。
（15）同右、一〇二頁。
（16）前掲『地に這いて』一四一―一四二頁。
（17）前掲『随想』一〇二頁。
（18）前掲『地に這いて』一四一頁。
（19）「民衆の社会事業」『社会事業研究』一六巻六号、一九二八年六月および、前傾『随想』一八三頁。
（20）「ロッチデイル綱領に基ける協同保育」『社会事業研究』一七巻四号、一九二九年四月、および前掲『随想』五九頁。
（21）同右。
（22）前掲「社会事業の自主的経営に就いて」および、前掲『随想』三二―三三頁。
（23）「改主建従」『社会事業研究』一七巻一〇号、一九二九年一〇月、および、前傾『随想』八一頁。
（24）同右、八二頁。
（25）前掲『自治型地域福祉の理論』一四頁以下。
（26）『大阪市立北市民館年報―昭和四年版』および、前掲『随想』一六〇頁。
（27）「絶貧郷」『社会事業研究』二二巻一一号、一九三四年一一月。
（28）前掲『地に這いて』四七頁。
（29）「保育の協同組合に就いて」『社会事業』東京府社会事業連盟、一三巻三号、一九二九年六月、五七頁以下。
（30）同右。

(31) 同右。
(32) 右田「分析化と地域福祉」『自治型地域福祉の展開』一九九三年、法律文化社、一二頁。
(33) 前掲『地に這いて』二頁。
(34) 芝村篤樹『関一—都市思想のパイオニア—』松籟社、一九八九年、一九三頁。
(35) 同右、二二九頁。
(36) 関一と志賀志那人の関係という筆者の課題に小田康徳電通大教授から次のようなアドバイスをいただき感謝している。この表現はその際の小田教授のものである。
(37) 前掲『関一』一七〇頁および、宮野雄一「関一と住宅政策—第一次大戦後日本住宅政策の形成過程」(『大阪の歴史』一八号、大阪市史編纂所、一九八六年三月。
(38) 前掲『地に這いて』五三—五八頁。
(39) 前掲『関一』三一—三三頁。
(40) 同右、四六—四七頁。
(41) 同右、二二八頁。

参考文献

森田康夫『地に這いて』大阪市都市協会、一九八七年。

吉田久一『昭和社会事業史』ミネルヴァ書房、一九七一年。

池田敬正『日本社会福祉史』法律文化社、一九八六年。

宮本憲一『日本の地方自治　その歴史と未来』自治体研究社、二〇〇五年。

永岡正己「志賀志那人の生涯と社会事業実践の思想」『戦前期社会事業基本文献集』四八巻、日本図書センター、一九九七年。

『社会福祉古典叢書』八巻「山口正・志賀志那人集（柴田善守解説）」鳳書院、一九八一年。

大阪市立北市民館後援会編『社会事業随想』一九六八年。

『社会事業史』大阪市社会部、一九二四年。

志賀志那人の生涯と社会事業実践の思想

永岡正己

はじめに

志賀志那人の名は大阪市立北市民館の名とともに広く記憶されている。彼は研究者という立場よりも実践者として行政と地域の人々の間に立って、また行政と民間の間に立って地域に密着した柔軟な取り組みを続けた。社会事業成立期である第一次世界大戦後の大阪の先駆的活動を思う時、小河滋次郎、関一、山口正、上山善治、川上貫一、高田慎吾といった人物の名を即座に思い浮かべることができる。そして、その中でもっとも実践的に地域に飛び込み、実際的なあり方でリーダーシップを発揮したのは志賀志那人であった。彼は社会事業行政の可能性を最大限に引き出そうとした。それだけでなくセツルメント運動の発展にきわめて実際的で重要な働きをなし、社会事業論争において理論と実践の統合的な方向を追求した。志賀の生涯については森田康夫氏によって丹念な研究が纏められており、柴田善守氏による人物論もすでにある。(1) ここではそれらをふまえながら、北市民館での活動と主要論文にふれて志賀志那人の歩みを辿り、社会事業実践の思想について述べておきたい。

一、志賀志那人の生涯と社会事業実践

(1) 生い立ちと社会事業への接近―その経路と方法をめぐって

志賀志那人は一八九二（明治二五）年九月七日、父・志賀馬九郎、母・モトエの長男として熊本県阿蘇郡産山村に生まれた。父は村の名望家として地域の発展に働いた人であった。彼は志賀家と母方の那須家から一字ずつとって志那人と名づけられた。そして産山村立山鹿尋常小学校、産山尋常高等小学校を卒業後、一九〇五年に県立熊本中学校に入学、一九一〇年に中学を卒業し、第五高等学校英語法律科に進んだ。

彼はこうして順調に学問の道を歩んだが、その過程にはさまざまな苦悩もあった。彼は家庭の事情で異母兄とともに母の実家で祖母に育てられ、高等小学校在学中には母方の家が借財を背負って朝鮮に移住し、母は離婚して朝鮮に渡った。二歳下の弟は二三歳で朝鮮で早世している。このような中で彼は人間と社会について思索を深めた。当時の熊本は熊本バンド発祥の地としてキリスト教精神が大きな流れを形成していたが、彼は中学時代にキリスト者の会に熱心に参加し、日本聖公会熊本聖三一教会で受洗した。そして信仰の道を歩み、五高基督教青年会花陵会の中心となって働き、日本基督教青年会同盟の中央委員で西南地方部長として指導にあたった中津親義から大きな影響を受けている。(2) 中学、五高と、教会で牧師の代理として説教も担当したという。その後の活動に見られる明朗闊達で雄弁な行動力あるリーダーシップと、爽やかで暖かく、しかも深い思索をともなった理想家の側面とは、このような人格形成の過程で築かれたものであろう。

一九一三年、五高を卒業と同時に東京帝国大学文科大学に入学した。経済的に余裕はなかったが、郷里の奨学金と基督教青年会の寄宿舎の舎監代理などで学資を得て学問への志を実現したという。大学では高等学校時代から関心の深かった社会学を専攻し、そこから後の社会事業の実践と理論の基盤がつくられる。東京帝大には一九〇四年から文科大学哲学科に社会学専修科が置かれ、その講座担任教授は建部遯吾であった。建部の教え子の専修科一期生でちょうど志賀が入学する一九一〇年に五高に赴任した江部淳夫教授を通じて建部の講座をめざすようになったのである(3)。この時の印象を建部は志賀の遺稿集『社会事業随想』の序で「馥郁たる花を咲かせたやうな青年」と述べている。建部はやや古いタイプの学者であったが、海外視察によって次第に新しい具体的問題を取り上げるようになり、社会事業への関心もそこに含まれていた(4)。

専修科の科目は社会学原論、純正社会学、応用社会学及社会誌学、教政学、社会学史及社会学演習の五部門からなっていた。設置時の講義は、建部による「社会学原論」、「社会進化論」、「列国の社会」、「欧米列国比較教育行政法」の他、「クリミヤ戦争以後の外交関係」、「唯物史観の叙述及批評」、「近世社会学史」であり、演習はコントの原書が用いられた。志賀の入学時もほぼこのような内容であった。志賀が学んだのは第一次世界大戦の起こる時期であり、大戦後に戸田貞三（社会学専修科を一九一二年に卒業）が中心となり家族問題、社会調査、救貧問題などをテーマとしてゆく新たな展開への過渡期であった(5)。彼はこのような中で本格的に社会学を学び、率直な発言を行いながら現実の問題への関心と解決の方法とを深めていったのである。

キリスト教に関しては、大学入学と同時に東京帝大基督教青年会に入って伝道と社会活動を行い、東京でのさまざまな集会にも参加するようになった。ＹＭＣＡの夏期学校の事務に働き(6)、階級的運動へ変化する時期の友愛会の活動にも顔を出したという。彼の信仰は聖公会に属した厳格なものであったが、社会学を選んだことから分かるように、社会正義や平等を基調とする社会的実践的な特徴を強くもっていた。当時のキリスト者の活動は社会問題と慈善事業から社会事業への社会的展開にもっとも鋭敏であった。東京帝大の基督教青年会の活動も急速に社会問題への関心を深め、次第に組織的な事業を発展させていた。また日本でも大学拡張運動が始まり、志賀の卒業後には乳幼児保護に関する賛育会の組織や学生による労働者教育や法律相談など、後に関東大震災後の救援活動を機に東京帝大セツルメントへと発展する基盤が形成されていた。

そのような変化の時期に彼は東京での三年間を過ごし、社会学の理論や社会調査による学問的基礎、社会問題と社会運動への実践的理解、それを内側から支えるキリスト者としての信仰の深化がひとつとなって、隣人愛と社会正義を軸とした取り組みを発展させた。それは人格、倫理、教育力への信頼となって表れ、彼の文学的資質とのびやかで豊かな感性と相俟って、現実に向かい合う社会改革の方法論を形成した。そして生活環境の改善や地域住民への働きかけと文化形成、労働者教育、子どもへの地域教育といった実践の職業へと結びついていった。同時にこの時期の幅広い交流は大阪での活動の力となった。

(2) 北市民館時代と社会事業実践

①大阪基督教青年会から大阪市役所へ

彼は一九一六年七月、東京帝大を卒業した。この時社会学専修ただ一人の卒業生であった。彼は大阪基督教青年会に赴任し、教育部の担当となった。すでに東京基督教青年会の活動を通じてＹＭＣＡの教育事業、社会事業の役割と課題をよく分かっていたし、大阪は馴染みが薄かったが、当時最大の産業都市として社会問題がもっとも苛烈であった大阪に身を置いて活動することは彼の希望するところであっただろう。大阪基督教青年会は教育事業で名を馳せていたし、大阪には石井記念愛染園も開設され、労働運動や社会事業の新たな展開の中心でもあった。

明治末期から教育部の柱は理科学院と英語学校であり、在籍生徒数は合わせて一二〇九名（一九一七年九月現在）を数えている。もう一つの「社会部」としての活動は「職業紹介部」と「少年義勇団」（ボーイ・スカウト）が中心であり、災害救援などと合わせて恒常的な取り組みとなっていた。志賀は「英語がよくできた人」と回想されているが、彼は教育部主任となり翌年四月からは竹中宣治に代わって「少年義勇団」団長ともなった。(7) この「少年義勇団」は一九一四年九月に結成され、日本のボーイ・スカウト運動の始まりに位置していた。また、宗教教育においては講演会方式からグループ活動方式へと新しい方法が開始される時期でもあった。こうした活動はまさに日本でのグループワーク活動の形成期としての重要な意味をもつものであり、ここでの日々は短くはあったが、セツルメントの活動の主な側面が多く含まれているものであった。彼は一年後の一九一七年一二月に一年志願兵として陸軍に入隊し、翌年一一月に軍務を終えて帰任した。そして一九一九年八月に大阪市役所へ就職することになった。なお、彼の陸軍入隊時に後任として、東京帝大文学部でともに活動し彼の前年に卒業していた上山善治が赴任した。上山は文学科出身であったが、志賀の帰任前にすでに社会事業の担当者として大阪市救済課に入っていた。そして志賀も上山に続いて翌年に草創期の労働調査係に嘱託として移り、一九二〇年四月に主事となった。(8)

彼は宗教教育、教育活動、社会活動に働いたが、この間の信仰にかかわる内面的な促しは、超教派の愛生教会の組織づくりを経て、やがてキリスト教の枠からも相対的に自由な立場へと向かわせた。そして教育にもっともすぐれた資質を示しつつも、ＹＭＣＡでの活動を離れて、労働問題・労働運動や社会事業行政へと社会的課題の枠組みと重点を移し、福音を社会の中で証しする方向へと次第に歩んでゆくことになった。

②大阪市立市民館開設と館長就任

大阪市は一九一八年七月に行政機構の改革を行い、救済事業を管轄する救済係を設置し、一一月に救済課に昇格させ、調査係、事業係、救済係の組織とした。これは一九二〇年に社会部へと拡大する。そして救済係の設置と同時に全国初の公設市場などを開設し、米騒動後の九月には救済事業後援会を組織して廉売米寄付金を市民に募り、それらをもとに経済保護事業を始めとする公的社会事業施設を全国に先駆けて急速に拡大していった。その一方で一九一九年五月に市長直属の独立係として調査係が設置され、翌年労働調査課となり、さらに社会部に編入され、「労働調査報告」、「社会部報告」という戦前のもっともすぐれた社会調査が進められていった。こうして池上四郎市長、関一高級助役の下に大阪市社会事業行政が確立し、やがて関一市長のリーダーシップによって拡充されてゆくのである。この行政の動きは、府の行政機構の整備や府嘱託の小河滋次郎（市の嘱託も兼務した）を中心とした救済事業研究会（のち大阪社会事業連盟）での公私組織や『救済研究』（のち『社会事業研究』）を拠点とする研究の進展とも一体となり、公私の社会事業実践の形成と展開、石井記念愛染園での救済事業研究室設置から大原社会問題研究所への発展、さらには大阪での労働運動・農民運動・社会運動の本格的登場などと相俟って、新しい流れを生み出していった。

そこに京都帝大社会学出身の山口正が調査係設置と同時に主事となり、上山善治は救済係主任となり、志賀は調査係の嘱託となった。そして山口は調査課長等を経て一九二五年から社会部長として社会事業行政に研究的姿勢を作り出し、上山は市の外郭団体で最大の総合社会事業施設であった財団法人弘済会の会長となり、志賀は市立市民館長として活躍することになる。こうして草創期にあって学問と運営と実践のそれぞれ特色をもって指導力を発揮する三人の緊密な協力関係が生まれることになったのである。彼は山口とともに初期の労働調査の実施にあたり、顧問であった京都帝大教授の戸田海市から労働調査、生計調査と分析方法の指導を受けた(9)。

一九二〇年二月に米騒動時の救済事業寄付金の残金が、府には方面委員制度へ、そして市には「中産階級以下の娯楽機関として市民館創設資金」として寄付され、市民館の設立が計画された。計画段階では島村育人が中心であったが、島村の退任により志賀が準備を引継ぐことになり、名称、事業内容、協力者などの検討を行い、具体化を進めた(10)。そして翌年六月、日本初の公立セツルメントとして大阪市立市民館が天神橋筋六丁目に開設された。館は大阪市北部の工場地域に位置し、工場が密集するとともに工場労働者、低所得層、小規模自営業層が多く居住し、周辺には貧困地域が続いていた。まさに労働問題、社会問題の広く集積するところであった。市民館の設立趣意書は次のようなものである。

大都市ニ於ケル市民ノ福利増進策ハ経済政策ニ基ク社会的施設ト市民ノ教化及共同娯楽ヲ目的トセル文化的施設

ト相俟ツテ行ハルヘキモノ且ツ我国都市ニ於ケル労働問題並ニ思想問題ノ円満ナル解決ノタメニモ進歩的文化的施設ノ完備ヲ急クヘキ時期ニ際セリ、殊ニ我大阪市ノ如キ商工都市ニ於テハ劇甚ナル都市生活ヲ緩和シ市民性ノ涵養ヲ図リ労働階級ノ趣味改善ノタメ欧米文明都市ニ於ケル社会同化事業ノ如キ教化施設ニ着手スルハ現時ノ急務ナリ、一般市民殊ニ労働階級ノ教化及共同娯楽ヲ目的トセル社会同化事業ハ過去五十年以前ヨリ欧米各文明国ニ於テ発展ヲ遂ケ来リタルモノナルカ其ノ目的及形式ニ応シテ三種別ニ大別シ得ヘシ……大阪市ニ於テ市民教化ノ上ヨリ見ルモ労働者ノ趣味改善ノ上ヨリ見ルモ最モ緊切ナル公共事業ニシテ而モ従前其施設ヲ閑却サレシハ社会同化事業ノ実行ナリ、コレカ新施設ニ着手スルハ刻下ノ急務ニシテ大坂(ママ)市ニ於ケル社会事業ノ上ニ新ニ文化的色彩ヲ加フルモノ延イテ我国都市ニ於ケル社会同化事業ノ発展ヲ刺激スル著シキモノアルヘシ、其組織ニ於テハ先ツ集会室、図書室、娯楽室、小食堂等ヲ有スル社会中心機関トシテノ会館タラシメ、講演会、音楽会等ニヨリテ四囲ニ清新ナル智識、趣味ノ普及ヲ期スルト共ニ一面労働者ノ共同娯楽タル集会所タラシメントス(11)

趣意書にあるように、館は地域に密着した社会と文化の拠点としての役割を担っていたが、同時に大阪市内の広域施設としての役割も考えられていた。ここに言う社会同化事業とはソーシャル・セツルメントの訳であり、社会中心機関はソーシャル・センターないしコミュニティ・センターを意味している。市民館の事業には公立でありながらもトインビー・ホールやハル・ハウスがめざしたセツルメント運動の共通の特性がすべて含まれている。セツルメントは、知識や教育を受けることのできた人々が貧困や労働問題を抱える地域に入って拠点となるセンターをつくり、物質的援助とともに、近隣に対して友人として人格的接触を通して教育や文化を提供し、自ら主体的に問題を解決できるように働きかける活動である。個人よりも地域社会全体を捉えた援助方法は運動型の特徴をもち地域福祉活動の原点として重要な意義をもつものであり、イギリスのトインビー・ホールやアメリカのハル・ハウスから世界各国へと広がっていった(12)。日本でも第一次世界大戦後民間を中心に本格的に発展するとともに、公立による施設もつくられていった。しかし、日本では隣保事業と訳されたように、伝統的な隣保活動との違いが曖昧であり、概念が不明確になり、形態だけを取り入れたケースも見られるようになった。また同時に、すでに国際セツルメント運動も活動の専門化と公共化の動きによって専門的地域援助機関としての役割やコミュニティ・センター、ネイバーフッド・センターとしての役割も問われるようになってきていた。

市民館の館長に任命された彼は、それまでの経験と知識を注ぎ込んで全力で活動を進めることになった。当初の計画に志賀の考えがどこまで反映していたかは不明であるが、彼がめざしたのはまさに当時の世界的なセツルメント運動の新たな展開と、日本の現実、とりわけ行政による事業としての問題とを日本の地域構造の中でどのように適応させるか、そしてそうした条件の下でセツルメントの原点に立ち返ってその理念と本質的役割をどう発展させるか、ということであった。市民館という器にセツルメントの内容を出来るかぎり豊かに盛り込もうと努力を開始したのである。

③北市民館とセツルメントの発展をめざして

それからの志賀の市民館での活動はめざましいものであった。市民館の事業として身上相談、法律相談、健康相談、職業相談などの相談活動、講演会、各種講習会、文化的慰安娯楽、クラブ活動、図書室、貸室、保育、授産講習（和洋裁、メリヤス裁縫、洗濯洗張）、貯金会、生業資金貸付、歯科診療などが順次始められていった。講演会、講習会、クラブ活動、相談、娯楽いずれも成否は人と内容と主体性にかかっていることを彼はよく分かっていたので、労働者に必要な政治、経済、社会、労働、生活の知識を提供できる第一線の講師、もっとも適した人物を招いて充実したものとした。法律家、医師、保健婦、教師、保母、音楽家、各分野の研究者、労働運動・社会運動の関係者などの幅広い専門家に支援を呼びかけ、自ら訪ねて趣旨を説明して賛同を得て、やがてさらに幅広い連帯の輪を深めていった。保育やクラブ活動には若いボランティアの参加を求め、地域の人々に自らのものとしての積極的利用と協力を呼びかけた。彼は利用者自らの自治と協同にもとづく取り組みを重視した。この考えは彼の論文のなかでその後も繰り返し語られている。

しかし、当初から順調に進んだのではない。彼自身の起草による沿革には次のように記されている。

当初其ノ目的ヲ解セサルモノ多ク之レカ利用動モスレバ単ニ知識階級ニ偏セントスルノ傾向アルヲ以テ力メテソノ趣旨ヲ宣伝シ設立ノ目的ニ添ハンコトヲ期シ各種ノ一般的教化並ニ娯楽ノ集会ヲ開キ之レニ依リテ中産者以下ノ利用ニ端ヲ開キ一方青年団、方面委員、町内有志等トノ連絡ニヨリ深ク其ノ趣旨ヲ徹底セシメ更ニ付近ノ調査及訪問ニ依リテソノ生活ノ実情ヲ明カニシ次第に個別的指導ノ歩ヲ進メ付近社会生活ノ中心トシテノ地位ヲ確立シ…

このように彼は地域組織の視点とケースワーク（「個別指導」）の視点を両立させようとした。彼は館を中心に半径一町の円を描いて地域調査を開始し、その後も社会調査による活動計画を重視した。また研究活動を重視し個別指導についての活動報告書を纏めていった。(13) 啓発のための市の社会事業宣伝映画「浮世の情け」（一九二二年）、「麗ハシキ収穫」（一九二三年）も北市民館で制作されている。

利用について、たとえば一九二二年の講演会をとってみると延べ二一一回で三万人以上の参加があった。また近隣の地域組織に呼びかけて善隣会を結成し、町内会の新しい組織化を進めた。クラブ活動では盲人倶楽部、家庭クラブ、管弦団、合唱団、労働者の社会問題研究組織「トインビー倶楽部」、浄瑠璃研究の「北義会」、俳句、浪曲等々利用者の立場に合わせた多様な内容があった。開設の年には館内に伊藤悌二を理事長に迎えて大阪児童愛護連盟を創設し『子供の世紀』を刊行、翌年には歯科医師会の協力を得て児童歯科診療を開始した。そして二五年には本庄町に露天保育所を開設、北市民館保育組合を組織して協同組合方式による保育活動を開始、さらに同年豊津に郊外園舎を開設した。この青空保育、郊外保育などのスタイルは運営のあり方とともに注目された。また労働者の自主的な取り組みの組織化から一九二六年に協同組合方式によって愛隣信用組合が設立された。一方で一九二四年には天六質舗、一九二六年に市立天六職業紹介所など公的機関の利点を生かして併設施設を地域活動と結びつけようとした。

ここで大切なことは、彼は事業を館だけの完結したものとは考えなかったことである。彼は実践者であるとともにオーガナイザーであった。社会調査、労働運動、社会問題・社会事業研究、労働者教育などについて、大原社会問題研究所、大阪労働学校をはじめ民間機関との協力関係を築き、行政機関としての弱点をも補おうとした。また賀川豊彦、村島帰之、富田象吉らセツルメントと労働運動を結ぶ民間の動きとの連携も持続的に行った。彼は、日本農民組合の結成大会をはじめとして労働運動・社会運動の大会や会議にも公然と施設使用を認め、市役所内部や市会からの批判にも論陣を張った。

もう一つの大切な点は、市民館の活動の方向に期待を寄せ、志賀の情熱に共鳴した人々が活動を支え発展の力となったことである。市民館開設後すぐに松沢兼人（のち関西学院教授）が志賀の要請で東京帝大卒業直前から約一年間にわたり勤務し、大阪労働学校開設に伴い賀川や山名義鶴の招聘で主事となった。[14] また光徳寺善隣館を開設した佐伯祐正、アメリカン・ボードの宣教師で淀川善隣館を開設するS・F・モランらが市民館ボランティアとして働いた。モランはこの時の地域調査から自らセツルメントを開設している。その後も北市民館から民間セツルメント活動や保育活動を展開していった人々が多く存在している。それは精神と情熱と人を引きつける力が存在していたからであろう。

こうして開始から数年のうちにセツルメントの文化的教育的地域的特性をそのまま体現するようにまさに輝くような多彩な活動を開始した。そして志賀志那人の名は市民に親しまれ、全国に知られるようになり、国際的にも日本を代表するセツルメント運動のリーダーとして理解されるようになっていった。[15] 一九二二年には館長として国際セツルメント協議会の継続委員を委嘱され、翌年にはハル・ハウスのジェーン・アダムスが来館した。各地から市民館への見学が続いた。一九二六年に市民館は北市民館と改称された。市立天王寺市民館開設に伴うものである。その後の市民館設置計画については大阪市社会事業研究会での志賀の設置計画説明に見られるが[16]、その後も北市民館は他の館とは別格であり、日本の代表的施設としての実績にもとづいて館長の専決事項も相対的に大きなものがあった。

昭和恐慌期になると結核予防相談、社会衛生協会の性病に関する健康相談、大阪乳幼児保護協会運営の母子相談事業と家庭訪問事業、授産事業の拡充、派遣婦事業の実施、求職少年の宿泊室設置など、地域住民と労働者層の生活困難に対応して文化的なものから経済的なものへと転換しつつ、セツルメントの原点と柔軟なあり方を維持した。そしてそのような実践的な立場から当時活発になった社会事業論争に加わり、独自の位置に立って積極的な発言を続けた。また財政基盤の強化を図り北市民館後援会の組織などにも取り組み、大阪セツルメント協会を結成して連携を強めた。しかし次第にセツルメント運動の取り組みに時代の困難が増し、行政による事業の限界は明確であった。北市民館にも経済的貧困の深刻化による生活問題の課題と準戦時体制への動きの中で、活動に翳りが見え始めた。労働運動との関係も次第に難しくなっていった。彼は柔軟性をもって日本の状況に適応させながらセツルメントのあり方を守ろうとした。『社会事業随想』に収録された論稿のかなりの部分はこの変化の時期に書かれているが、彼が発展させようとしたものが何であったかがよく感じられるものである。

(3) 大阪市社会部長就任とその後

一九三五年一月に関一市長が逝去し、加賀美武夫市長が就任した。その時社会部長の山口正は関に殉ずる形で退職し、志賀はその後任として五月に市民館長から社会部長に就任した。すでに四三歳になり、大阪市の社会事業行政全体に取り組むことは当然の道筋であった。それまでの地域に密着して取り組んできた実践的な姿勢から考えて、このような立場が似合うかどうかは疑問もあったし、館長を続けるべきだという意見も強くあったが、役人的な感覚の微塵もない彼の庶民的で実践的なスタイルで、山口が築いた社会部の研究的理論的な基盤をさらに発展させてゆくことが大いに期待された。その穏健でリベラルな思想は戦時体制への移行を危惧する人々からも期待をもって迎えられた。「市民館より社会部へ」は大阪市の外郭団体である大阪都市協会の機関誌『大大阪』に市の人事移動特集として掲載されたものであるが、全文、彼の思いがよく窺える。「二十九歳の乳臭い私を皆が可愛がつて呉れたことは、もちろん天六の人々が何でも此の駄々つ子の願をきいて市民館の仕事を助けて見ようと思はれたのは私に取つて此の上もない幸せでした。」「私はたゞ天六の一市民として、天六、長柄豊崎、都島あたりの人々と仲よく十五年を過して来た丈けです。」「敬愛する先輩と同僚諸兄の拓いた道を、今迄通りの現業に居た気持を持つて、相変わらず多くの市民諸君と緊密な接触を保ちつつ進んで行く事です。第二は、私は矢張り私です。生地のまゝでどこにでもぶつつかつて、市の社会事業のために自分に出来る苦労なら何でも買つて出て斃れたいと云ふ願ひです。[17]」遺稿集の序文でも建部遯吾が「私は矢張り私です」という言葉にふれているが、いずれも印象深い言葉である。

彼にはこれまでと同様に人々との密接な関係によって、現業の精神を忘れずに大阪の社会事業全体のために出来ることを行おうとの気持ちがあった。それからの三年間、社会部長の職務は多岐にわたっていたが、頻繁に地域や実践の現場に出かけて接触を大切にする彼らしい方法を貫いた。釜ケ崎での日雇労働者の生活と労働の問題に取り組み、児童、母子の問題にも力を入れた。しかし時代は確実に戦時体制へと移りつつあった。すでに一九三三年の府庁での川上貫一、三木正一ら幹部職員の検挙事件を境に府も市も行政の自由な取り組みは困難となり、社会運動への弾圧によって、協同組合型の取り組みも次第に制約を受け思想的変化を余儀なくされていた。その上彼の活動を支えていた関一市長、山口正はいなかった。彼にとって社会部長の職務はかなり心労の多いものではなかっただろうか。しかもその後も二度にわたって市民館長事務取扱を兼任し、激務が続いていた。

一九三八年四月八日、彼は就任時の決意が暗示していたかのように急逝した。彼がよく通った今宮保護所の物故者の墓碑・慈光塔の碑面に「倶会一處」と記したのが最後の仕事になり、建碑式は逝去の日に挙行された。直前まで体調が悪いまま仕事を続けて「斃れた」のであった。死因は急性腹膜炎とのことであり、記事には胃潰瘍の悪化とある。葬儀は北市民館で清らかな雰囲気で行われ、大勢の市民が参列した。長年の親友であった伊藤悌二が「(晩年の)志賀さんの信仰はユニテリアン程度であつたと思ひます」と述べているように、すでに信仰は緩やかなものとなっていた。彼も妻も実家が仏教であったこともあって葬儀は佐伯祐正が中心になり仏式でなされた[18]。

さて、志賀志那人は根っからの民主主義者であった。彼の取り組みは銭湯に行って対話することから「風呂屋社会事業」と称されたが、いつも地域に気さくに入ってゆき、誰とでも同じように付き合おうとした。狭い下宿に上山善治の家族を同居させた話。自分の結婚式の時、高熱のため出かけられない上山の所へ自ら人力車を引いて連れにきて「今晩君の命を僕に呉れないか」と頼み、上山が即座に「よしやろう」と答えた話。夾竹桃はどんな所でも花を咲かせるから好きだと言い、「正義の灯火は必ず消えない」と言った。今宮保護所では一茶の句を壁に掛け、句作の指導をし、宿泊者の使った椀を洗いもせずに汁を入れて食べた。当時の官吏としては型破りであった。彼は「夢を沢山持って」いた(上山)、「他人を引きつける力」があった(伊藤悌二)。いろんなエピソードが懐かしさをこめて語られるが、いずれも何かしら暖かさを感じさせるものである。理想を大切にしたが、建前だけの言葉は嫌った[19]。彼は多忙に走り回りながら家庭を大切にした。北市民館長就任後すぐ結婚した妻・民子を「さん」づけで呼び、長男誕生にあたって長男の言葉に擬して「私は今、真から愛されて居ります」との挨拶状を送った。長男・香苗、次男・裕、長女・市子に人格を尊重する接し方をした。彼にとってルソーやペスタロッチが述べた理想はそのまま家庭でも実践されるのが当然であった。

彼は仕事のかたわら、多くの浪曲脚本を書き、夾竹桃と号して俳句に親しみ、童謡も作詞した。作曲家の藤井清水、声楽家の権藤円立、浪曲師の宮川松安、さらに詩人の野口雨情をはじめ当時第一線の芸術家との交友を深めた[20]。しかし、ただ多趣味であったというのでなく、彼自身がセツルメントの文化的意味を体現しようとしたところがあった。浪曲の楽しみを提供し、子供たちに童謡を聞かせ、民衆娯楽を普及させようとした。地域の人々とともに主体的に生きる喜びとしての芸術と文化を創り出し、自らも楽しもうとした。ちょうどラスキンやモリスのように文化と芸術を労働者へという思想が基本にあった。そこに彼の天性の資質が合わさった。彼は賀川豊彦のように霊的な指導者ではなかったが、官吏としての立場と調和させながらも、より現実的に地域の人々の楽しみを理解し、労働者とともに歩もうとした。

こうしてみると、志賀の生涯は理想を追い求める過程であり、社会事業の理論実践は一つのものとして思想に融合していた。理想主義的であると同時にきわめて現実的でもあった。それは彼の社会事業思想につよく反映するものであった。

二、志賀志那人の社会事業思想

(1) 社会事業思想の展開と位相

志賀の社会事業の理論と実践の歩みを見ると、大きく四つの時期に分けられる。①北市民館長就任までの実践方法の形成を模索する初期の時期、②北市民館長として大正デモクラシーの流れの中でセツルメントと協同組合の方法を展開してゆく時期、③昭和恐慌期の矛盾の深化と社会運動の展開の中で、社会事業論争にかかわりながらセツルメント論を深め社会事業の理論と実際の課題を受けよめようとした時期、④準戦時体制への移行と自らの社会部長赴任によって社会事業行政全体に取り組み、時代の変化に対応しようとした時期である。論稿を多く発表するのは②の終わりから③の時期である。

彼は実践の人であった。その社会事業思想はとくに強固な理論枠組みをもっていたわけではない。だが実践の中で確かめてきた社会事業思想には、理想を語りながら現実を見据えた確かさがあった。その意味で彼の社会事業論は理論よりも思想として特徴をもっていた。彼は社会学とキリスト教社会倫理を基礎にして協同社会論、人格的教育論、民衆文化論を民主主義の思想に重ね合わせた。そして労働調査や北市民館での地域実践の過程で社会問題への関心と分析の方法を新たに身につけ、セツルメント運動にその理論の基礎を置いた。さらに社会運動と社会事業に取り組む進歩的な人々との交わりの中で次第に自らの思想を鮮明にした。彼の周りには、賀川豊彦を中心にした大阪労働学校などの労働者教育運動や共益社などの協同組合運動、大原社会問題研究所を中心とした社会問題・社会事業研究の動き、救済事業研究会から大阪社会事業連盟へと発展する社会事業の連絡・研究組織、そしてプロレタリア文化運動などがあった。彼自身その中心部に位置していた。

社会事業に関して言えば、小河滋次郎が高田慎吾や川上貫一を大阪へ呼び、高田は大林宗嗣を呼んだ。関一は戸田海市、三田谷啓らを呼び、山口正、志賀志那人、上山善治らを呼んだ。周辺には賀川の大きな働きがあり、代議士、弁護士、社会運動家、ジャーナリストらが社会事業と社会運動の接点をつくっていた。このように社会事業成立期の大阪の柔らかな進歩的流れの中で、志賀はセツルメント運動の組織化を図り、行政と民間と運動をつなぐ役割を担いながら、その思想を深めていったのである。

やがて昭和恐慌期に社会事業の本質をめぐって論争が行われ、社会運動の路線対立が深まる時期に、彼はセツルメント論を起点としながら状況にコミットする発言を続けた。それは社会事業の本質をめぐる対立にたってマルクス主義でも社会連帯論でも観念的体系論でもない独自の運動的で実際的な位置を占めた。政治的には賀川、西尾末広、森戸辰男、松沢兼人、大林宗嗣といった人々と共に位置して、穏健な社会民主主義的な方向で行政の立場と折り合いをつけながら自らの立場を保ったように見える。

彼も満州事変以後の状況にあってかなりの思想的変化を見せ始める。しかし、ちょうど日中戦争が始まり厚生事業体制へ転換するはざまでこの世を去ったため、その社会事業思想には一貫性が保たれている。もし生きていたら、彼のリベラルでヒューマニズムにもとづく実践の論理からみて、山口正のような急激な転換でなく、徐々に座標軸を移動させてゆくようなかたちをとり、変化の振幅は大きくはなかったのではないかと思われる。

彼の論稿を見てみると、セツルメント論、協同組合論、社会事業論および組織論、そして保育、娯楽、産児調節などきらりと光るエッセイ、に大きく分けることができる。それらはセツルメント論を軸にして思想と実践として互いに緊密に融合している。以下その分類に沿って主な論稿にふれて特徴を見ておきたい。

(2) セツルメント論とその特徴

セツルメント論には理論的な研究から北市民館での活動報告にあたるものまで多数ある。その出発点をなす論文は、一九二四年『社会学雑誌』に発表された「ソオシヤル・セツルメントの起源及其の発達」と「ソオシヤル・セツルメントの精神と其の経営」であった。前者はジョン・ウェスレー、ロバート・オーウェン、トーマス・チャーマーズらの先駆的取り組み、カーライルやミルらの思想からバーネット夫妻らによるセツルメント運動への歴史的展開を整理し、当時一般的であったレジデンシャル・セツルメントとエデュケーショナル・セツルメントの区分を説明し、イギリス、北米、ヨーロッパ、各国の動向を紹介した。これは国際セツルメント会議報告書（*Settlements and Their Outlook*）の内容にそのまま沿ったものである。すでに一九二二年に大林宗嗣『ソーシャル・セッツルメント事業の研究』が大原社会問題研究所から刊行されており、それも参考にしたと思われるが、まだ海外の紹介が始まったばかりの時期で啓蒙的な意味をもっていた。

後者は、前論文以後の問い合わせに答えるかたちで、セツルメントの精神をジェーン・アダムス、ウエルナー・ピヒト、ロバート・ウッズら国際セツルメント運動の中心にあった人々の理論によって紹介し、ソーシャル・センターとしての現代の多様なあり方、セツルメント事業の種類と相互関係、従事者と組織、財政、宗教、労働運動との関係が、北市民館ともかかわらせて論じられている。重要な点は、①セツルメントは「教化」と「隣保組織運動」であり、「社会の協力」と「隣保組織の発達」、「人と人の関係の規正」に基本があること、②労働運動との関係について、労働運動が「全般的大衆」に向かい階級対立の立場に立つのに対して、セツルメントは組合に入れない労働者を対象とする必要があること、そしてセツルメントは「よき組合労働者」を生み出すかもしれないが、労働運動そのものではなく、まだ「創始、試練の時代」「薄弱な基礎」に立つ状況では労働運動との関係はセツルメントの発達を妨げる危険があること、③セツルメントは「社会事業百貨店」ではなく、社会事業の分化の進展に対して事業相互の密接な有機的関係をもつところに重要性があること、を強調している。そして、セツルメントを行う「社会中心機関」の日本の実践事例として、大阪府警察部のスラムでの地域援助活動や山口県での寺院を中心とした村信用組合等の組織を挙げている。[21]

この論文は志賀の初めての本格的論文であるが、彼のその後のセツルメント論の特徴がよく表れている。その特徴は、①セツルメント運動の理念と原点を明確に把握し実践の基盤としていたこと、②当時の国際セツルメント組織との関係によって、一九二〇年代のセツルメント運動の新しく拡大する実践方向と課題をふまえていたこと、③日本のセツルメントの条件や特性を考え、行政による活動から農村隣保型の活動まで地域社会の特質とかかわらせて視野に入れていたこと、である。この特徴は①の点では大林宗嗣の論と共通であり影響も受けているが、②、③の点では独自の主張を示していた。大林が当時の文献・資料によって新しい流れを整理しながらも原則に忠実であったのに対して、志賀は日本の現状もふまえ、公立も含む現代的で柔軟なあり方を考えていた。また賀川が民間的でキリスト教精神を滲ませていたのに対して、彼はシンコービッチらの論に依拠していると思われるが、[22]宗教の働きを理解しながらもより世俗的な視点をもっていた。これらの特徴は彼が公立施設での実践から理論を組み立て、国際的な場での北市民館の評価に支えられていたことと関係している。しかし、実践に依拠した柔軟な立場は危うい面も含んでいた。一つは当時の政治構造に規定された公立隣保館・社会館の治安や地域統合の役割と、自治と民主主義と住民の協同形成の役割との間の葛藤に対して、問題意識が曖昧で楽観的であったことである。それは学問的出自がコント社会学を基礎にした実証主義的な産業社会論や都市化論にあり、その後の影響もセツルメント理論と密接な関係にあるシカゴ社会学的な方向が大きかったこととかかわっていたと思われる。彼の基軸はキリスト教的人間観とセツルメントの方法である改良主義的な変革の立場であり、史的唯物論にもとづく社会構造や貧困化の認識は、援用することはあっても部分的なものであった。

この地点から、その後一九二八年から一九三〇年にかけて、社会事業の役割と本質をめぐる昭和初期の論争にかかわりながら、現実の問題解決を意識した鋭角的なセツルメント論を続けて発表してゆく。「セツルメントの人と組織」(一九二八年)では研究と運動と事業の三つの役割、公私の連携、専門職とボランティアの問題などが論じられて、セツルメントを型に嵌めるべきでないことが強調され、「何がセツルメントの太初であるか」(一九三〇年)では協同組合型セツルメントの理念を明確に示し、資本主義的人間観の克服と愛と自由にもとづく協同社会の建設を謳い、「セツルメントによる教育」(同年)ではブルジョア・イデオロギーによる「教育」「教化」に対して、アンチ・テーゼとしてのセツルメント教育を論じ、実践を通じての「協同」「連帯」「自治」の獲得を強調した。そして、「地に這ひて」や「理想の市域へ」といった短文において、セツルメントが「植林事業のやうな永遠のもの」であり「根を卸して、育たない限り、結局駄目」であることを述べ、読み手の琴線に触れる格調高い言葉で理想への志を述べた。

またその一方で「セツルメント事業の経営形態」(同年)において、セツルメント事業範囲の広さと日本の未発達の現状から、公私セツルメントによる分業と協同の論理を展開した。このようなセツルメント論は満州事変以後の社会事業の変化と隣保事業の政策的重視の中で、徐々に変化してゆく。一九三二年の「公営セツルメントの特徴と欠点」では世界恐慌期の失業と貧困などの新たな課題に対応して公営化と公的財源の必要を論じたが、農村隣保施設の政策的発展や社会事業のファシズム的傾向への批判は見られず、民主主義の前提もやや弱くなった。そして一九三五年の隣保事業二論文では協同組合化と折衷させながらも「隣保相扶の精神」、「全体主義的、日本的意識」、「我が国独特の隣保事業の確立」を強調するようになった。遺稿集から除かれた批判的論稿と合わせて考えると、これらの論文をどこまで彼が納得して書いたかは不明である。しかしそこには時代との妥協や彼の社会性と現実性の柔らかさに含まれる弱点が影響していることも確かである。

(3) 協同組合論、社会事業論、その他

協同組合論については、セツルメントとの関連で論じられたものと社会事業全体との関係で広く論じられたものとがある。協同組合の具体的取り組みについては一九二九年の「遅々たる歩み」や「ロッチデイル綱領に基ける協同保育」に示されているが、北市民館での愛隣信用組合や保育組合の活動を通して、「階級の向上を結果し…多数の平和と幸福とを招来する」漸新的な方法として協同組合運動を考え、社会事業との結合を論じた。翌年の「社会事業の自主的経営に就いて」でも愛を原則とする協同社会建設に向かって、社会事業の自主的経営の方法を説いている。そこには賀川や木立義道らキリスト者を中心とした消費組合運動との協同歩調もあったと思われる。しかし、一九三五年の「社会事業経営の一新形態」など後期のものでは、協同組合の本質的な意義を説きつつ、運動の路線対立にふれて、当時の日本の状況にあって現実的方向を模索し、さらに「協同組合と社会事業」(一九三七年)ではとくに都市部における協同組合の発展を産業組合拡充計画と結びつけて期待している。当時としては当然の道筋ではあるが、やはり行政としての位置も含めた実際的な要請に沿って論旨の変化がなされている。

理論的には中心テーマはセツルメントや協同組合であった。しかし、それとともに注目されるのは昭和初期社会事

業論争で発言した潑剌とした社会批判や随想として書かれた文章である。それは「改主建従」（一九二九年）や「子供の国」（一九二五年）に代表される。「改主建従」では、中央社会事業協会と地方社会事業協会が「その実は官僚の責任回避的常套手段たる別働く隊」であり、連絡統制の任務を遂行できず、経費補助は混乱を助長するだけだと述べる。そして「切つたら血の出るやうな生きた力が全国の社会事業団体に感ぜられないやうな運命に立ち至るに相応しい組織」と断言する。社会事業協会の行政機関化と一方で私的機関の自立の主張は、当時の実態も考慮した論であり公的責任と民間的自主性の課題を示していた。この組織改革の提起や人の問題（「黎明の前」一九二九年）は、志賀が公共政策の拡充と並行して、もっとも重視した点である。また「子供の国」一つ読めば志賀志那人がどのような人物であったかが即座に理解できる。その保育論に流れる人への暖かい眼差しと連帯、人としての佇まいのようなもの。それが人を引きつけるのである。

以上のように、志賀志那人のセツルメントと協同組合運動を基礎にした社会事業論は、理論と実際の統一的な論理を提示したことによって先駆的な意味をもち、社会事業論争においても独自の位置を占めていた。ヒューマニズムと民主主義の基礎はキリスト教倫理と社会科学的視座によって深められ、自らの実践的視点から協同社会と人々の結合による人間愛の実現、公的制度の拡充と民間活動の発展、労働運動、社会運動への連帯がめざされた。その社会事業観は「現代社会事業における宗教の地位」（一九三二年）や「民衆の社会事業」（一九二八年）などに示されるように、個人と社会の調和が基礎になっており、国民支配の基本にある現実の階級構造や社会体制への分析視点はけっして強いものではなかった。天皇制にも心情的な葛藤はあまりなかった。それが、戦時下にも一部の論稿を除いてではあるが復刻することができた思想的理由であっただろう。しかし、このような問題は当時の社会事業研究者全体共通の問題であった。志賀は社会事業の戦時厚生事業への転換の前にこの世を去ったが、少なくとも日中戦争の時期は社会事業の変容を積極的に推進する発言を控え、具体的な制度・施設の充実に筆が向けられていたようである。そこにも彼の良心が見て取れる。

吉田久一は「社会連帯左派」に位置づけ「社会科学と協同哲学のもとにセツルメントを考えたのは、自治体の役人としてはギリギリの線であった」と述べ、柴田善守はキリスト教信仰の基盤を強調する。また森田康夫は志賀の生涯と著作の全貌を跡づけて人間愛と「貧しき者の友」としての思想的立場を明らかにした(23)。志賀志那人のもっともすぐれた理論的展開は、実践の結実と飛躍の見られる大正末期から昭和恐慌の時期にある。理論的展開の評価の中心はセツルメントや協同組合を社会事業の運動性に結合させた点であり、本質に根ざし、しかも現実を見据えていた点であった。制度から地域援助、個別援助へというマクロからミクロまでの方法を統合した実践論として先駆的であった。しかしもう一つの大切な点は、彼が実践の成果を謙虚に語り、そして理想を情熱を込めて訴える時、論旨に部分的な粗さがあったとしても、人を引きつけ、困難な中で日々行われている社会事業実践を暖かく励ます力をもっていた、ということである。行政に大きな影響を与えただけでなく、民間、運動を結合させる組織する力をもっていたのである。そこに彼の社会事業思想の特性と魅力があった。しばしば随想の中に彼の思想の真髄が見られたりするのも、その特性のゆえである。社会事業理論や思想の評価基準において、理論的整合性や緻密さだけでなく、それが実際の活動にどのような変化と影響をもたらしたかという点からの見直しの必要を考えさせられる。

(4) 遺稿集『社会事業随想』について

『社会事業随想』は一九四〇年、志賀の没後二年して刊行された遺稿集である。その経過は時の北市民館長・斎藤藤吉が編輯後記で述べているとおりである。『社会事業随想』と名づけられたことは、戦時下の状況を慮ってのことでもあったかもしれないが、その特徴をよく表したものである。発表誌と時期は各論文、随筆の末尾に記されているが、彼の主な執筆の場であった大阪社会事業連盟機関誌『社会事業研究』と大阪都市協会『大大阪』が中心である。他に『乳幼児研究』、『大阪の産業組合』、『北市民館年報』などから選ばれている。執筆時期は一九二五年から一九三七年であるが、活発に理論展開を見せた一九二八年から一九三一年にかけてのものが中心になっている。

そこには志賀の主要な論稿が論説と随想に分けて収められており、俳句編も合わせて彼の歩みと思想が浮かび上がるように編集されている。当時の時代状況に必ずしもそぐわない内容を含んでおり、財政的にも困難な状況での刊行であった。それだけに関係者の努力と、志賀の書いたものを残しておきたいという思いが窺える。

残念なことの一つは、志賀の初期の主論文である『社会学雑誌』に掲載されたセツルメント論や講演録とその後のいくつかの論稿が収録されていないため、一般の目に届きにくいことである。時評的な意味合いのものや戦時下にあって収録できないものもあるが、志賀の思想を捉える上で惜しいと思う。もう一つは論文が執筆順に並んでいないことである。とくに論説編が社会事業一般とセツルメントに関するものに分けてあり、また時代順がまちまちである。そのため執筆時期の違いからかなり論調の違ったものが並んでいて、思想と実践の展開を追う時には不便である。(24)これらのことは当時の状況を考えるとやむを得ないことでもあろう。今日から見ると、志賀の執筆したものを、実践の展開と対応させて丁寧に検討する必要がある。『社会事業』誌に大谷繁次郎によって書評が載せられ、一部の人々には改めてその主張が注目されたが、全体としては戦時下の雰囲気にあって社会事業理論・思想に影響を与えることはできなかった。(25)志賀の実践思想が再評価されるのは戦後になってからであった。

『社会事業研究』誌において高田慎吾の遺稿集『児童問題研究』の刊行特集で書かれた「理論と実際の中を往く」には、次のような興味深い記述がある。高田は日本における児童問題研究の先駆者であると同時に、東京帝大を出て東京養育院に勤めてその処遇の改革に努力し、招聘されて大原社会問題研究所設立の中心となり、幹事として社会問題研究の発展に尽くした人である。高田は徹底した実践的実際的な姿勢を貫いた人であり、養育院在職中を述懐して児童から学ぶ事、他の職員から教へられる事。児童をとりまく社会の人々から示された事。…あの頃の私は生きた人生にふれる事が出来た。自分の如き無経験者が育児の事務に当つたことは、児童及び養育院の為には迷惑だつたかも知れないが、私自身どんなに教育されたかと思ふ時、今なほ感謝の念に堪へない[26]

と謙虚に述べた人である。この同郷で五高の先輩であり、同じ年齢でこの世を去った高田の姿勢に共感をもっていたであろう。

…読んでも読んでも新しい味が出て何時まで経つても、捨てられぬ本。いつも読む程ではないが、必要ある毎に確りした拠所を得るために、是非欠かされぬ本。一寸読んで面白いが二度と読まれぬ本。第一は古典、第二は準古典、第三は投機的商品である。高田様の遺稿はその友人達が親切に拾ひ蒐めて編纂した故人の知らぬ出版である。そして第二の部類に属する本である。勿論創作でなく、意見でもなく、標題通りの研究である。而かも故人の性格そのまゝの忠実親切なる研究である。余りに浩瀚にして間にあはぬやうな事がなく、必要な事をさがせば直ぐ見つかり、まとまつた事を教へて呉れる、実に小じんまりとしてゐる。

研究と云へば砂をかむやうなものかと思へばそうでない。洗練せられた地味な文章で、奥の方に熱をこめてゐる。読んでゐて思はずつりこまれる。この特徴は巻末僅に二篇の随筆によく現れている[27]。

高田の名著は今日、志賀の言う第二の類の書物であると同時に社会福祉研究、社会問題研究に欠かせない古典となっている。同様に志賀の遺稿集も古典となっている。初期のものを除いては、その都度評論的に書かれたものが多く、高田の書ほど緻密な研究書ではない。だがセツルメント運動と協同組合運動の意義を明快に語る魅力、民主主義的な人間観と客観的で主体的な問題把握、地域に密着した自治的で共生的で運動的なあり方、人格と人間愛と社会正義に根ざした福祉観、そういった特徴は今日の福祉実践にも大きな示唆を与えるものである。戦前の思想の表明としての歴史的意義をもつだけでなく、文章の奥に熱があり、人への信頼と暖かい眼差しが通奏低音のように流れていることも味わい深い。

地域に根ざした実践に裏打ちされた志賀志那人の思想は、キリスト教ヒューマニズムと大正デモクラシーの香りの漂う戦前のもっとも良質な社会事業実践論として、そして社会福祉実践の普遍的なエトスを時代を越えて示すものとして、今後も受け継がれてゆくものであろう。

付記

志賀志那人の生涯について、田辺香苗氏（志賀志那人のご長男）、森田康夫氏（樟蔭東女子短大教授、田辺氏義弟）からご家庭の様子も含めてご教示をいただいた。また以前に故・鵜飼貫三郎氏（元・北市民館館長）、中野正直氏、故・増田裕治氏、故・古藤敏夫氏、故・長部英三氏などの諸氏から社会部と市民館事業についてお教えいただいた。記して感謝します。

なお、本稿は戦前期社会事業基本文献集四八巻『志賀志那人「社会事業随想」』解説（日本図書センター、一九九七年）に加筆修正したものである。

注

（1）志賀志那人に関する研究は森田康夫『地に這いて―近代福祉の開拓者・志賀志那人』がもっとも緻密で正確な人物論である。また柴田善守による「志賀志那人―大衆の組織化と『組織的社会事業』」（吉田久一他『人物でつづる近代社会事業の歩み』全国社会福祉協議会、一九七一年）と解説（社会福祉古典叢書8『山口正・志賀志那人集』）、西野孝による『社会事業随想』増補復刻版解説などがある。なお『社会事業随想』は一九四〇年伊藤悌二らを中心に志賀志那人氏遺稿集刊行会より刊行され、戦後増補復刻版が再度刊行された。

（2）奈良常五郎『日本YMCA史』日本YMCA同盟、一九五九年、一四四頁、一七五頁など。

（3）第五高等学校編『第五高等学校一覧』自明治四三年至明治四四年、および同自大正三年至大正四年。なお江部は修身、論理、心理、法学通論、経済通論を担当し、著書に『文明論』（建部編『社会学論叢　三巻』一九〇九年）がある。英語法律科から帝大文学部に進学したのは志賀一人だけであった。

（4）建部は志賀が卒業した翌年の一九一七年一〇月、中央慈善協会の機関誌「社会と救済」（改題一巻一号）に「慈善救済と実理政治」、その後「家制と救済」(同年一二月)、「議員構成と救済政策」(一九一九年三月)、「社会診察の必要と社会事業家の養成に対する大学機関充実の急務」(同五月)などを執筆している。ちなみに山口正が学んだ京都帝大の社会学者・米田庄太郎は同協会の「慈善」に「貧民の研究」(三編三号、一九一二年一月)、「浮浪人の科学的研究」(七編三号、一九一六年一月)などを書いている。

(5)『東京帝国大学学術大観　総説・文学部編』同大学、一九四二年、四〇九―四二七頁、『東京帝大五十年史　下巻』一九三二年。『東京帝国大国一覧』一九二〇年、他東京大学史料編纂所図書室所蔵資料参照。

(6) 在学中、第二四回が浦賀町で、第二五回が御殿場東山荘で開かれ、卒業直後の第二六回には山室軍平や中津親義らが講師となっている(奈良常五郎、前掲書、四〇七―四〇八頁)。

(7) 滝口敏行編『大阪YMCA一〇〇年史』大阪キリスト教青年会、一九八二年、一四五―一八七頁。なお当時の理事長は聖公会監督の名出保太郎であった。

(8) この経過は次のとおりである。志賀が入営した後の人事として大阪YMCAのジョージ・グリーソン名誉主事と佐島啓助総主事が上山を訪ねて赴任を要請した。上山は志賀帰任後東京へ戻ろうとしたが小河滋次郎をはじめ周りから止められて大阪市の救済課に救済係長として入った。課長は天野時三郎であった。一方、労働調査課の設置に伴って視学であった山口正が課長になり、調査指導の出来る人物について山口から上山に相談があり、上山が大阪YMCAに交渉の上、志賀が嘱託として赴任することになった。この時志賀はすでに労働問題や社会問題に関する仕事を求めて上山に相談していたという。その後北市民館の落成が近づき、労働調査の方が一段落したので、山口の意見で志賀が市民館の館長に就任することになった(『社会事業研究』二六巻六号、一九三八年六月、一〇二―一〇三頁)。

(9)『日本労働年鑑』大正八年版、九三一―九三三頁、関一「戸田博士と大阪市労働調査事業」『経済論叢』一八巻四号、一五六頁。拙稿「大阪市『社会部報告』とその周辺」及び戦前期社会事業基本文献集『山口正「社会事業史」』解説他参照。

(10) 大阪市役所『社会事業史』一九二四年、一七八頁、二三〇―二三一頁。および大阪市民生局『北市民館調査報告書』(史料綴り)。なお開設前の二月二五日の市会では「民衆会館」の名称で規則が提出されているが、翌月修正されて可決されている(大阪市会会議録、大正一〇年、第一七議会)。島村育人は辞職後浜寺幼稚園、羽衣高等女学校を設立した。島村の生涯については追想録『愛真』(島村八十子編、私家版、一九三二年)が刊行されている。志賀はそのなかで「思い出したり忘れたり」と題して、やや突き離した回想を淡々と述べている。

（11）大阪市民生局『北市民館調査報告書』一五―二一頁。

（12）アサ・ブリッグス、アン・マカートニー（阿部志郎監訳）『トインビー・ホールの一〇〇年』全国社会福祉協議会、一九八四年、ジェーン・アダムス（柴田善守訳）『ハル・ハウスの二〇年』岩崎学術出版、一九六九年などを参照。

（13）「市民館沿革（一九二三〈大正一二〉年八月八日、志賀館長起草）」（大阪市公文書館所蔵「市民館沿革誌及資料」）、および「個別指導」『市民館紀要』一輯、一九二四年一月。なお「個別指導」の序には「善き隣り人として共同のホームとして重い使命を有つ市民館」「醒めよと喚びかける我等の聲は講演の筵となり学びの集ひとなり楽しみの群れとなり小媳みなく隣り人の心を拓いて往く」との言葉がある。

（14）松沢兼人については松沢「大阪労働学校創設の社会的意義」（大原社会問題研究所編『大阪労働学校史―独立労働者教育の足跡』法政大学出版局、一九八二年）二四二―二四四頁、佐伯祐正らについては他に「隣保事業を語る会」『社会事業研究』二三巻一〇号、一九三五年一〇月、「大阪に於けるセツルメント」（参考文献参照）など。

（15）『北市民館年報』各年版，*Settlements and Their Outlook: An Account of the First Interational Conference of Settlements*, P. S. King & Son, ltd. 1922. pp. 49–53, この会議では日本の動向について山桝義重が報告しているが、大阪市立市民館と賀川の神戸の活動が具体的に紹介され、他に東京と横浜での公立隣保館、社会館の開設にふれている。北市民館については二〇人近くの市職員と五〇人のボランティア援助者が活動していること、講義では文学、歴史、経済学、社会学、英語、職業知識、生活科学、裁縫・生花などがあり、盲人クラブ、自動車運転手協会、少年クラブなど多くのクラブや組織がつくられていることなどが詳しく報告されている。また政府が大都市にセツルメントを開始することを奨励していることにもふれられている。報告にもとづく概観では、これらのセンターを言葉の完全な意味でセツルメント・ワークと見做さない人がいるかもしれないが、日本のセツルメント事業とコミュニティ・センターが精神と活動においてセツルメントと密接に関連していること、定住セツルメントと非定住セツルメント（教育セツルメント）の需要が、西欧諸国と同様に、今後も疑いなくあること、日本がその独自の状況に適合するだけでなく他の国々での発展に示唆を与えるような新しい方法を発展させるであろうことが述べられている。志賀はこうした当時の議論から示唆を受けていたと考えられる。その他ミネソタ大学 Archives of the Settlement Movements 所蔵「国際セツルメント連盟資料」（マイクロ・フィルム版）参照。

（16）大阪市社会事業研究会『大阪市社会事業体系　第七部会報告』一九三一年、一三一―一三二頁。

（17）『大大阪』一一巻七号、一九三五年七月、一二一―一二二頁。

(18)「故志賀志那人氏を偲ぶ会」(『社会事業研究』二六巻六号、一〇一―一二〇頁。伊藤によれば志賀自身「僕が死んだら、伊藤さんが基督教で、佐伯さんが仏教であるから、この二人に頼む」と牧師に話していたという。また森田康夫『地に這いて』によれば志賀が死の前年、父の一三回忌に仏壇を購入していたという。森田康夫氏よりご教示いただいた志賀の大阪市在任中に書かれた草稿には、自由がくり返し強調され、既存の「概念の教会」「講壇の宗教」が厳しく批判されており、教義への疑問も示され、信仰の変化が見られる。

(19)前掲「故志賀志那人氏を偲ぶ会」、および鵜飼貫三郎「大阪市立北市民館回想―社会事業と社会教育」(参考文献参照)。鵜飼百合子が市民館保母に就職した時、子どもが好きかと尋ねられて、年下の兄弟がたくさんいたことから「好きでも嫌いでもありません」と答えたら、志賀はその正直な答えを喜んだ(同二七九頁)。

(20)浪曲や民謡、童謡の改革運動を進めた楽浪園の活動については『作曲家藤井清水』(増訂版)、呉市昭和地区郷土史研究会、一九八一年、三四―四三頁及び権藤、宮川の回想がある。青江舜二郎『石原莞爾』(中公文庫、一九九二年)には満州事変の頃に「『一太郎やあい』という多度津港の老母の美談が全国的にひろがり、〝軍国の母〟という題で映画や浪花節で民衆の涙をしぼった」とあり、この浪曲が批判的に回想されている(四八七―四八九頁)。

(21)「ソオシヤル・セツルメントの精神と其の経営」『社会学雑誌』六号、一九二四年一〇月、八一―九一頁。前論文「ソオシヤル・セツルメントの起源及其の発達」は同誌四号(一九二四年八月)。この他に講演録の「隣保事業の一方面に就て」も注目される(『社会事業研究』一三巻七号、一九二五年七月)。

(22)M・K・シンコービッチの *What is a Settlement?* は大林宗嗣『セッツルメントの研究』同人社書店、一九二六年、付録一に収録。

(23)吉田久一『社会事業理論の歴史』一粒社、一九七四年、二一〇―二一一頁。柴田善守前掲解説、四一八―四一九頁。森田康夫、前掲書。

(24)社会部長時代の関係者によれば、部長就任後の論稿には社会部の職員が協力して書いたものが含まれているとの指摘があるが不明である。論文の中にかなり論調が異なるものがあり、立場から来る事情もあったかもしれない。今後さらに調査を続けたい。

(25)大谷繁次郎「志賀志那人君の遺稿集を読む」『社会事業』二四巻八号、一九四〇年八月、六八―七二頁。

(26)高田慎吾『児童問題研究』同人社書店、一九二八年、三四五頁。

（27）『社会事業研究』一六巻八号、一九二八年八月、四六―四七頁。

主要参考文献

柴田善守編『社会福祉古典叢書8　山口正・志賀志那人集』鳳書院、一九八一年。

森田康夫『地に這いて―近代福祉の開拓者・志賀志那人』大阪都市協会、一九八七年。

鵜飼貫三郎「大阪市立北市民館回想―社会事業と社会教育」『信州白樺』五九・六〇合併号、一九八四年。

大阪市立北市民館『北市民館三〇年のあゆみ』同館、一九五一年。

大阪市立北市民館『愛のつた―北市民館四五年の歩み―』同館、一九六六年。

大阪市立北市民館『北市民館の五十年』同館、一九七一年。

北市民館記念誌編集委員会編『六十一年を顧みて―大阪市立北市民館』大阪市民生局、一九八三年。

「大阪市立北市民館年報」昭和元年版、昭和二年版、昭和四年版、「大阪市立市民館年報」昭和五年版、昭和七年版他。

大阪市民生局「北市民館調査報告書」関係史料綴り。

「故志賀志那人を偲ぶ会」『社会事業研究』二六巻六号、一九三八年六月。

「隣保事業を語る会」『社会事業研究』二三巻一〇号、一九三五年一〇月。

大阪セツルメント協会「大阪に於けるセツルメント」『社会事業研究』一七巻五号、一九二九年五月。

大阪市社会部「本市に於ける隣保事業」『大阪市社会部報告』二一八号、一九三七年。

大阪市社会事業研究会『大阪市社会事業体系』大阪市役所、一九三一年。

柴田善守『大阪市民生事業史』大阪市民生局、一九七八年。

吉田久一『社会事業理論の歴史』一粒社、一九七四年。

真田是編『戦後日本社会福祉論争』法律文化社、一九七九年。

芝村篤樹『関一―都市思想のパイオニア』松籟社、一九八九年。

杉原薫・玉井金吾編『大正・大阪・スラム―もうひとつの日本近代史』新評論、一九八六年。

地域福祉学会地域福祉史研究会編『地域福祉史序説―地域福祉の源流と展開』中央法規出版、一九九三年。

永岡正己「大阪市『社会部報告』とその周辺」『社会事業史研究』三号、一九七五年。

永岡正己「川上貫一と大林宗嗣」『日本福祉大学研究紀要』五八—一号、一九八四年。

永岡正己・井上和子「北市民館の歴史とその意義—閉館に寄せて」『地域福祉研究』一一号、一九八三年。

戦前期社会事業基本文献集『大林宗嗣「セツツルメントの研究」』、同『山口正「社会事業史」』、同『山口正「社会事業研究」』

日本図書センター他。

『社会事業研究』、『日本社会事業年鑑』、『大大阪』、『子供の世紀』

社会福祉史からみた「北市民館」の位置

西野　孝

はじめに

志賀志那人は、大阪市社会部長（いまの健康福祉局長）の現職のまま他界したが、彼の主たる活動の場は、なんといっても北市民館であった。

北市民館（創立当初の正式名称は「大阪市立市民館」、一九二六（大正一五）年二月以降「大阪市立北市民館」）とは、大阪市が設置した公営セツルメントである。

北市民館そのものは、一九八二（昭和五七）年まで存続したが、最も光彩を放ったのは、志賀が館長を務めた大正末期から昭和初期にかけて（一九二一—一九三五年）である。ここでは、その時期に限定した「北市民館」の社会福祉史における位置について考えてみたい。

一、北市民館の事業

(1)　創設の趣旨

大阪市は、一九二一（大正一〇）年六月、当時有数の都市スラムの一つであった天六・長柄地区の生活改善をはかるべく、セツルメント事業の拠点として、北市民館を創設した。

設立趣旨は、「欧米に於ける社会同化事業を参酌して、教化娯楽の施設により、主として附近住民の間に近代文化の福音を宣伝普及し、之れが啓培を図る」[1]ことにあった。

志賀志那人は、創設事務を中途から引き継ぎ、そのまま初代館長に抜擢された。

(2) 主な事業

北市民館の活動は、志賀とその思想を抜きにしては考えられない。実施された事業は多彩であったが、その代表的かつ理念を示すものとして、保育組合と愛隣信用組合がある。

a. 保育組合

当時、天六かいわいの子どもたちは、極めて劣悪な地域環境のなかで、毎日の稼ぎに追われる親によって顧みられることなく、路傍や仕事場附近に放置されていた。こうした憂うべき状態から脱出させる方法を模索した結果、①母親と協力者で組合をつくる（組合員は母親とこの仕事を助ける人たち）、②理事・総代（組合員一〇人に一人）・監事を組合員のなかから選ぶ、③保母が母親の代わりに子守をする、④組合費を徴収して事業を行う、という市費に頼らない、親たち独自の力（自主的協同組織）による保育事業を、保育組合として結実させた。なにより、民主的運営と協同の精神を貫くことで、母親の生活態度にまで影響を与え、生活難から絶望や自堕落になるのを防止するという効果もあげた。

b. 愛隣信用組合

市民館事業の中核となったものに、庶民金融機関としての愛隣信用組合がある。その運営理念は、①地域内の全世帯への組織運動とする、②「何人をも犠牲にせず、又他の力に俟たずして共存同栄の新経済機構を建設する」ため

「目前の小利小欲を捨て一意組合運動による奉公を期」す、③組合の資産は「組合員の血と汗の結晶」であり「至誠と堅実を以て」運営する、④組合の盛衰は組合員の利用いかんにあり、利用率の向上に邁進する、⑤「協同組合は多数世帯の地域的経済的結合たると共に又実に人格の結合」であり「善き隣人の関係の外に如何なる差別の観念も認めない所の活ける団体」である（愛隣信用組合綱領）、というものであった。単なる金融機関として貯蓄奨励と金融の利便をはかるのみならず、組合を通じて、「隣保の協同と明るい市民社会実現を図る」ことを使命に掲げたのであり、それによって、地域住民自らの力による生活安定に多大の成果をあげた。

c．その他

市民館は、困窮市民の救済よりも、地域住民の生活力を向上、安定させることに目的を置いた。このため、今日の職業訓練に相当する授産講習にも力を入れ、住民の暮らし向きを考慮して、速成的で安定性のある職業項目を選び、さらに、講習修了者には、堅実な自治的共同経営の「組合」を組織するよう奨励した。

また、講習会・講演会よりも、意識を共にする人と人とのふれあいを重ねるクラブ活動を重視し、セツルメント（市民館事業）の研究・実行も、職員だけではなく、地域の人びとと一緒に行おうとする姿勢を示した。

二、近代的社会福祉の成立〈北市民館誕生の背景〉

ここで、北市民館の設立背景として、当時の日本における社会福祉情勢と、大阪市社会福祉行政の発展経過を概括しておくことにする。

(1)　社会連帯思想の出現

日本の社会福祉は、戦争と災厄を契機として発展してきた。

一八六八年に成立した明治新政府は、当時すでに帝国主義段階に到達していた欧米先進諸国に追いつくべく、富国強兵を政治経済を導く至上理念として、能率的な中央集権的政治機構をつくりあげ、一連の財政政策によって資本の本源的蓄積過程を促進することに全力を傾注した。このため、社会的貧困の本質追及を避け、貧窮民には極めて制限的屈辱的な救済を恩恵として施与するにとどめた。そして、「人民相互ノ情誼ニ因ツテ」救済しようとする前代心理が、国民の美徳として強調され、計画的な施策の成立を阻んでいた。

やがて、日清・日露の両戦争を契機として、日本の産業革命が進行し、これに伴い、女性・年少労働者の増加、長時間労働と深夜業・低賃金等の労働条件によってもたらされる労働災害・労働疾病の増大、女性・年少労働者の精神的頽廃等々の近代的社会問題が派生し、もはや放置を許さぬ状況を呈するようになった。しかし、政府は、地方改良運動による「地方依存」をきめこむ。こうして、社会事業の名称さえ与えられない慈恵・救済が、合理的な基底を持ち得ないまま、大正期へと引き継がれて行かねばならなかった。

しかし、庶民の窮乏状態は物価の高騰により極限に達し、その不満は、一九一八（大正七）年、米騒動となって一挙に爆発した。

米騒動とは、第一次世界大戦後の米価暴騰により生活困難に陥った大衆が全国的に米穀商や富豪等を襲い、軍隊の出動によって漸く鎮圧された飢餓暴動である。

ここに、個別的救済から社会的救済へ、偶然的貧困の救済から社会的貧困の救済への変革が促され、近代的社会福祉（社会事業）がスタートすることになった。

米騒動の勃発は為政者たちに深刻な危機意識を抱かせ、協調主義を生み出した。そして、人格の平等を前提とする社会政策の徹底と労働者団結権の保障による対応を求めさせ、貧困を社会的に解決しようとする「社会福祉」展開の論理となっていったからである。

その主張が「社会連帯思想」であり、フランスのレオン・ブルジョアの影響を受け、自由放任主義（国家による救済は惰民の養成になるという公的救済否定論＝自助論）に対する反省として、社会協調・社会改良を求めるものであり（ただし、人格的平等を前提としつつ社会的平等の定着を拒否するという、国家体制温存のイデオロギーをもつ社会有機体説を含んでいた）、単なる救貧や最低生活の保障にとどめず、標準的な社会生活の維持と理解する、近代的な社会福祉論が成立したのである。(2)

(2) 大阪市社会福祉行政の展開

1．市制の実施

大阪市が発足したのは一八八九（明治二二）年四月一日（一八九八（明治三一）年一〇月まで市制特例）である。しかし、市立養育院の設立案は時期尚早として見送られ、市は、僅かに既存の民間施設に委託して若干の市費を支出するにとどまっていた。

この間、急激な経済発展と人口集中によって、市は社会問題・都市問題に直面していく。産業革命の進行につれて、「東洋のマンチェスター」を自負するほどの一大商工業都市へと躍進していた反面、劣悪な労働条件と日々の物価騰貴のために下層市民は飢餓線上にさまよう状態であり、スラムも次第に形成されつつあったからである。

2．弘済会による代行

明治末期に北区の大火（一九〇九年）や南区（現中央区）の大火（一九一二年）が相次ぎ、住民は一朝にして路頭に迷ったが、それが当時すでに近代化された都市の事件であっただけに、あとに遺された問題は大きく、公私の救護施策を整備させる動機となった。

市は、北区大火のために寄せられた義捐金により被災者の応急救助をするかたわら、恒久的施策についての検討を行い、その結果、処分残余金を基に「弘済会」を設立した。

弘済会は、民間施設や委託事業を吸収するとともに、事業範囲を拡大して、市の救済事業を代行することになった。

3．本格的な都市経営の検討

しかし、弘済会の任務は、旧来の事後的救済事業であり、規模を大きくしたものの、大阪市が直面する社会問題の本質にふれ、根本的に対応するものではなかった。

このため、池上四郎は、一九一三（大正二年）年一〇月、市長に就任するや、翌年七月に関一を助役に招聘した。関は、戸田海市・三田谷啓・上山善治・山口正らを呼び、大阪市を中心とする労働問題・社会問題・都市問題に関する調査・研究を精力的に開始した。

ちょうどそのころ、小河滋次郎が大阪府知事（大久保利武）の招きを受けて救済事業指導嘱託となり（一九一三〈大正二〉年四月）、高田慎吾・川上貫一・大林宗嗣や若い活動家たちが集まり、『救済研究』を中心にして、社会福祉が胎動をはじめ、各種活動が活発化していった。

これらの動きは、大阪の社会福祉が飛躍的に発展する素地となったのである。

4．近代的社会福祉の展開

大阪市が本格的に事業を展開するための資金としたのは、米騒動直後に救済事業後援発起人（報道関係、政界・財界人などを網羅）の呼びかけで募集された救済資金であり、実施体制として、救済係（一九一八年）、救済課（同年）、さらに、社会部（一九二〇年）を設置した。

このとき実施された事業は、①生活必需品供給施策としての公設市場・食堂、②住居施策としての共同宿泊所・共同宿舎・市営住宅・住宅建築資金貸付・貸家貸間紹介・青年宿舎、③労働保護施策としての職業紹介・労働紹介、④児童・母性保護施策としての産院・乳児院・託児所・児童相談所・少年職業相談所、⑤保健施策としての刀根山療養所・トラホーム診療所・実費診療所・市民病院・浴場・理髪所、⑥文化的施策としての公会堂・人事相談所・社会問題講演会、⑦金融施策としての市設質舗など、広範におよんだ。

しかし、ここに見られる最も重大な意義は、貧困の原因を個人の責任（怠惰、無知、浪費）に求める旧来の消極的事後的な個別的救済から脱皮して、貧困を社会の責任ととらえ、社会連帯意識による社会的救済への変革を志向し、直接に市が中心になって生活環境の改善をはかり、積極的防貧的施策をも体系的に取り入れたことである。近代的社会福祉の開始といわれる所以である（因みに、東京における本格的実施は、関東大震災後である）。

こうして、市営の社会施設は一応整備されたが、ただ当時、国際的に注目されていたセツルメント事業のみが、喫緊の課題として残されていた。たまたま、米騒動の際に廉売米供給用として寄せられた義捐金が非常に多く、廉売終了後に相当の残額が生じたため、これを二分して一半を大阪府（方面委員）へ、一半を大阪市に提供されることになった。

そこで、市は、この配分金（二七万六九一九円余）を基に、懸案のセツルメント事業を実施するため、大いなる意気込みをもって北市民館を建設したのである。

三、セツルメントと北市民館

(1)　セツルメントの意義

セツルメントとは、中産階級の知識人が下層労働者の多く住む貧困地域に入り住み、住民との知的、人格的接触を通じて福祉の向上をはかる事業である。

イギリスにおいて、ロンドンのトインビー・ホールを発祥源にして各地で発展し、アメリカにわたって、シカゴのハル・ハウスのように進展した。

セツルメント運動は、隣人としての信頼と協調をもとにした「連帯」によって、生活の向上、とりわけ精神的向上を志向するものであった。

社会福祉史においては、前近代社会の主観的・偶然性に基づく「慈善事業」から、市民的自由・平等を原理とする現代社会の社会的・義務的・計画性をもつ「社会事業」（社会福祉）へと変質する際に、その転回の媒介的役割を果たしたといわれる(3)。

たとえば、イギリスにおいては、社会教育的活動を通じ、労働者の自主的な下からの連帯主義のもりあがりを援助し、労働者の自主的運動の高まり、社会諸立法の制定などによって、社会福祉の思想的基盤の形成を促進した。

日本においては、一八八七（明治二〇）年に片山潜が設立したキングスレー館を端緒とするが、大正期に入るや、「社会事業の大勢が個別的社会事業（ソーシャル・ケースワーク）から大衆的社会事業（ソーシャル・マスワーク）の方向へ次第に向ひつつある状勢に準じ(4)」、増設される趨勢にあった。それらは、宗教団体（キリスト教徒・仏教徒）によるもの、公営のもの、大学セツルメントなどに大別される。北市民館は、最初の公営セツルメントであった。

(2) 北市民館の史的位置

大阪においても、北市民館と相前後して、冨田象吉らの石井記念愛染園（一九一七年）、渡辺海旭・矢吹慶輝・林文雄らの四恩学園（一九二〇年）、佐伯祐正の光徳寺善隣館（一九二一年）、ラビニア・ミードによる基督教ミード社会館（一九二三年）、賀川豊彦・吉田源次郎による四貫島セツルメント（一九二五年）、S・F・モランとアリス・ケリーによる淀川善隣館（一九二五）、市立天王寺市民館（一九二五年）などが次々に開設され、昭和に入ってもその勢いはとまらなかった。

これら公私セツルメントの間には連携・組織化がはかられ、活動・研究の基盤が存在した。施設間の協力関係や人の交流も活発であった（佐伯祐正やS・F・モランは北市民館の事業にも参加している）。その中心が北市民館であり、大阪セツルメント協会（幹事＝志賀志那人・佐伯祐正・吉田源次郎、事務所＝北市民館）が組織され、自由で本質的な議論が熱心に行われた。

しかし、北市民館は、「公営セツルメント」であったことから、後世になって手厳しい非難を浴びせられる。

英米におけるセツルメントのエッセンスは、対象を労働者階級として認識し、それとの連帯で民主主義的活動を形成しようとした姿勢にあったのに対し、日本の公営セツルメントは、「労働者としての自主化を尊重するというあり方とは、逆あるいは異なるもの」で、「帝国主義的独占資本主義のもたらした階級分裂の激化をごまかし、下からの闘争を弱め、結局は国家独占資本への奉仕を結果」し、「当時の労働運動とは関係ないばかりか、むしろ客観的には阻止的役割を果たしたもの」であり、「セツルメントを民主主義運動体としての性格でとらえるかぎり、当時の行政機構のなかでの市民館活動は、個人の主観がどうであったかは別として、社会的な機能としては欺瞞的であったといえよう(5)」と断罪されるのである。

確かに、関東大震災以降、それまで生活問題に消極的だった国家が、社会的不安の解消と、社会主義・共産主義の予防手段として、積極的に公営セツルメントないし市民館（東京市営のセツルメントも市民館を名称とするようになっていた）を利用しだした。さらに、戦時体制にはいって、自主的抵抗の組織化には極刑を加える治安立法で抑え、その背景で、上からの教化事業としての市民館事業を強化していったのは事実である。

北市民館においても、志賀の社会部長転出（一九三五年）を機に、そうした流れに抗しきれず、教化施設に転回し、さらには、国策に沿っていったことは否定できないであろう。

もちろん、社会教化の意向は、すでに、北市民館の設立趣旨にも色濃く出ていた。しかし、志賀が歩んだ道（北市民館の事業）は、明らかにそれを超越ないし逸脱していった。それでも、大阪には、それを咎めず、思いどおりにやらせるだけの、市政トップの度量と、江戸時代から商都を築き、そのなかで自らを育ててきた町人社会の自由な風土があった。

とはいえ、志賀の立場には公営か私営かの選択肢はなく、形態よりも実質的に「上からの社会教化」か「住民の自主的運営」かを重視したと思われる。

一方で、志賀は、公営である利点を大いに生かしている。市の庶民金融施策である生業資金融通事業をフルに活用し、自ら職業紹介所長を兼務して、地域住民（少年・女性を含む）の自立を積極的に支援したのである。

次に、労働運動や社会運動との関係では、当時、周辺には大阪労働学校、大原社会問題研究所、救済事業研究会（のち大阪社会事業連盟）などの活動があり、志賀はこれらとも関係が深く、社会主義や労働運動をよく理解していた。しかし、事業の実施にあたっては、労働運動と一線を画した。労働運動が階級対立や革命的立場をとるのに対して、「過激な社会変革の企図を未然に防止」（愛隣信用組合綱領）する立場をとり、セツルメントは「よき組合労働者」を生み出すかもしれないが、労働運動そのものではなく、当時の状況では労働運動との関係はセツルメントの発達を妨げる危険があると考えたからである。[6]

また、志賀は「根っからの民主主義者」で、あくまで実践の立場から、穏健な社会民主主義的な方向で、行政と折り合いをつけながら自らの立場をまもったといわれる。[7]

北市民館の事業をみると、保育組合においても、愛隣信用組合においても、自由平等な人間関係を志向し、民主的運営と協同の精神を貫いている。

絶対主義的天皇制国家が、民衆・労働者の運動に対し治安維持法を制定し苛酷な取締りと弾圧を加えていくなかで、労働運動に正面から取り組むことは、思想的良心には忠実であっても、結局は、地域住民の福祉をまもれないまま終焉せざるをえないことを意味し（東京帝国大学セツルメントは解散を余儀なくされる）、実践人としての志賀は、厳しい社会情勢下にあっても、なんとか地域住民をまもり、その生活を向上させたかったのであろう。

　このように、北市民館は公営ではあったが、その目指したものは「上からの教化」ではなく、あくまで民主主義的方法による自由平等な地域社会づくりであった。

　したがって、ここで取り上げている初期の北市民館には、批判されるような問題点は少なく、むしろ民営セツルメント以上の活動をしていた、というべきではなかろうか。

　次第に軍事色を強めつつあった日本においては、セツルメントが社会的な姿勢をもつことは、民営といえども困難であり、あまり厳密に解すれば、稀少かつ一時的な例外を除いて、日本にセツルメントはなかったことにもなる。

　世界恐慌を迎え、社会運動の路線対立が深まり、社会福祉の本質をめぐる論争も盛んに行われるようになった。経済不況による貧困層の増大と無産階級の著しい自主的闘争を前にして、社会福祉は行き詰まり状態となり、如何に打破するかが重要課題となっていたからである。志賀は、マルクス主義でも社会連帯論でもなく観念的体系論でもない、独自の立場を示した。それは、キリスト教的人間観と改良主義的改革の立場であり、「社会連帯左派」（吉田久一）に位置づけられる、穏健な社会民主主義的方向であった(8)。

　ともあれ、日本においては、近代的社会福祉への転回は、セツルメントを媒介にしてなされたのではなく、米騒動と関東大震災が契機となって行われたものである。

　したがって、北市民館の歴史的意義も、社会福祉への架橋的役割にあるのではなくて、大阪市営の立場にあって、近代的社会福祉の理念を具体的に地域社会において実践し、その優れた手法により、輝かしい成果をあげたことにあろう。

四、地域福祉史における北市民館

(1) 地域福祉とセツルメント

最近の社会福祉においては、地域福祉がますます重要視されるようになり、それにつれてセツルメントに対する関心も高まっている。

もともとセツルメント運動は、現代の地域福祉からみて、重要な意味をもち、評価されるべきものである。まず、社会福祉の歴史において最初に、地域社会全体を問題の対象とし、地域社会を活動基盤として、地域社会そのものの生活改善を目的にしている。次に、地域社会の問題解決能力を高めようとするアプローチをしており、さらに、援助する側ではなく、受ける側すなわち地域住民の立場と利益を重視し、地域住民の能力が向上するにつれ、地域社会の問題に対する責任を感じさせようとしたからである。[9]

(2) 北市民館の史的意義

北市民館の活動には、いくつかの基本原則が見出せるが、そこには欧米セツルメント運動への深い理解もうかがわれる。

1．住民主体の原則

北市民館は、公営であったが、地域住民を事業の主体者としてとらえ、住民が地域に必要な課題を共有し、参画し、活動するよう支援するアプローチをとっている。

このため、組合やクラブを奨励し、構成員みんなで課題を明らかにし、それに対処する方法を模索し、会員の合意により運営するようにはかった。保育組合も愛隣信用組合も、組合員はすべて平等で、「善き隣人の関係の外に如何なる差別の観念も認めない」組織であり、相互主義を旨とする自由平等な人間関係を志向した。単なる住民参加にとどまらず、住民の「自主的経営」（民主的運営と協同の精神）によって、住民主体を貫いたのである。

2．自己責任の原則

自主的経営の重視は、北市民館が、特定者に対して公費・私財で救済する「与える福祉」を目的としていなかったことを反映している。

志賀は、「社会事業は大衆のものである。そして大衆の力によつて行はれる。故に『救つてやる者』がないと同時に『救つて貰ふ者』もゐない。優越者対劣等者の上下関係によつて構成されないのである」[10]と述べている。

このため、とかく陥りやすい公費・寄付金への依存を極力排斥し、住民自身の時間・労力・財力・気力・知識・技術・資材などを出し合う、いわば「自前の事業」を志向した。

信用組合は、住民自らの醵金（預貯金）を活用して、地域の力を開発する手段であった。また、保育組合の費用は会費で賄い、郊外園舎建設に際しては、母親たちは街頭で花売りをして資金を募り、父親たちは技術や労力と時間を投入した。

他からの援助に頼らず、それぞれ持てるものを提供しあう形での事業展開である。メンバーとして、自ら企画・実践するのであって、単なるボランティアでもない。だからこそ、「身銭を切る」のに張り合いがあり、より協同意識を抱かせたのであろう。

3．地域力開発の原則

北市民館は、低所得者の密集する地域にあって、住民の自主的経営と自己責任によって、内在する地域の力を開発し、それによって生活を向上させることを目指した。

志賀は、所得再配分だけで満足せず、これまでの「社会事業は防貧を本流とするといひながらなおそれは仮面」であり、「谷を埋めるために側方の山を削るに過ぎない。防貧の時代になつてその速度が一層早められ且つ合理化された位のものである」。むしろ「谷自身をその内在的の力によつて隆起させる作業」こそ、自らの任務であるとした。[11]

4．協同社会づくりの原則

このため、地域市民を組織化するのに専念し、「教育セツルメントでも、慈恵的セツルメントでもなく、組合セツルメント」を目指した。それは、「個人的接触によつて、未組織の大衆を、協同関係（組合）により、組織ある協同社会関係に織り込む運動」、「接触を通じての協同社会の建設をする運動」であり、真に「自由の追求」が可能な「愛の協同の社会」、すなわち、人と人との直接的な付き合い、ふれあいによる「協同社会関係」をつくることであった。[12]

5．共同歩調の原則

北市民館は、常に地域調査を怠らなかった。志賀自身、地域社会に飛び込み、地域の人たちと銭湯で裸の談義をし、大衆の愛する浪花節を通じて地域住民の機微にふれるよう努力した。それは、住民のナマの声を聞くためでもあるが、なによりも、地域住民とともに歩もうとしたからであり、事業を結実させるまでには、地域の人たちとともに、試行錯誤を繰り返し、壁にぶつかっては、打開のために智恵を絞りあい、汗を流しあった。

たとえば、共同保育にしても、はじめは、「経費を省くために母親が共同交替で幾人か幾十人かの子守をする」方法をとった。しかし、実際にやってみると、見事に失敗した。満足な子ども時代を過ごしていない地域の母親には、保育の経験も知識もなく、手におえないことがわかった。そこで「代わりに幾らかの費用を負担して共同の子守を雇うこと」にする。母親たちは、子どもの指導に巧みな人に委ねる方が効果的であることを、身をもって知り、納得して経費を分担できたのである。

こうしたプロセスのなかで、地域特性（地域事情、住民の生活状態や感情など）を的確に把握するとともに、地域連帯感を高めていくことができたと思われる。

このように、北市民館の活動は、地域福祉推進の基本目的として掲げられているものを、すでに多く実現していたのであり、地域福祉のさきがけとしての歴史的役割を果したものとして、大いに評価できよう。

おわりに

近年、ようやく社会福祉基礎構造改革がなされ、「与える福祉」から「選ばれる福祉」へ、「保護的福祉」より「支援的福祉」へ、国民サイドからいえば「与えられる福祉」から「選ぶ福祉」へ、の転換がみられるようになった。

しかし、北市民館では、すでに「救ってやる者」も「救って貰ふ者」も否定し、職員も地域住民も対等な関係に立って、みんなで力をあわせて歩む、という姿勢を示している。

残念ながら、北市民館の活動原則は、当時の国策に合致するものではなく、内外から注目された北市民館の輝かしい活動がその露骨な干渉を躊躇させていたにせよ、軍事色の高まりとともに圧力が強くなり、志賀らを苦悩させ、ある程度の妥協を余儀なくされたようであるが、志賀の退陣によってもはや抗するすべさえ失い、変質していった。

しかし、だからといって、北市民館を公営セツルメント（市民館）として総括的に評価するのではなく、初期の活動とその理念には、正当な位置が与えられるべきであろう。

この時代はすべての民主的な芽が摘まれていった暗黒の時代であり、その後の北市民館のみの責任ではない。むしろ、戦後の自由な世の中になって半世紀もの間、かつて北市民館が示したような活動を、公営施設のみならず、民営施設においても、ほとんど再現してこなかったことこそ、問題視すべきであろう。

地域福祉の時代になって、いまこそ北市民館の活動を志賀の思想と実践から検証し直し、それを範として、地域福祉が飛躍的に発展していくことが望まれるのである。

注

(1)『社会事業史』大阪市社会部、一九二四年、二三〇―二三一頁。
(2) 池田敬正『日本社会福祉史』法律文化社、一九八六年、四七九―四八六頁。
(3) 一番ケ瀬康子「日本セツルメント史素描」『社会福祉の歴史研究』労働旬報社、一九九四年、二一五―二七〇頁。
(4) 大林宗嗣『セツルメントの研究』同人社書店、一九二六年、一―二頁。
(5) 一番ケ瀬、前掲書。
(6) 志賀志那人「ソオシヤル・セツルメントの精神と其の経営」『社会学雑誌』六号、一九二四年一〇月。
(7) 永岡正己「志賀志那人の生涯と社会事業実践の思想」『戦前期社会事業基本文献集』四八巻、日本図書センター、一九九七年、六八―九九頁。
(8) 同右。
(9) 朴 光駿『社会福祉の思想と歴史―魔女裁判から福祉国家の選択まで―』ミネルヴァ書房、二〇〇四年、一三三頁。
(10) 志賀志那人「社会事業の自主的経営に就いて」『社会事業研究』一八巻六号、一九三〇年六月。
(11) 志賀志那人「ロッチデイル綱領に基ける協同保育」『社会事業研究』一七巻四号、一九二九年四月。
(12) 志賀志那人「何がセツルメントの太初であるか―その下部組織を究明する―」『社会事業研究』一八巻五号、一九三〇年五月。

参考文献

『六十一年を顧みて』大阪市立北市民館、一九八三年。
『北市民館三〇年のあゆみ』同、一九五一年。
『社会事業随想』志賀志那人氏遺稿集刊行会、一九四〇年（復刻版は一九六八年）。
『社会事業史』大阪市社会部、一九二四年。
『保育所のあゆみ』大阪市民生局、一九六七年。
など

志賀志那人の思想的発展と愛隣信用組合

小田康徳

はじめに

志賀志那人が熱心に推進した事業の一つに愛隣信用組合がある。このことは志賀の事績を論じる著作や論文でももちろん必ず取り上げられているのであるが、ただ、現在のところ、その思想の形成過程と歴史の中におけるその展開過程を史料に基づいて歴史的に論じた論考はなく、どちらかといえば、色々な仕事の一部として時期が来たので実施されたように、いわば彼の当初からの思想に存在していたかのように扱われていることが多いように見受けられる(1)。しかし、本論で詳述するようにこの思想は、志賀のまじめな社会事業への取組みとその反省、および市民の実際の活動を見る中から彼の創意工夫として生み出されたものであり、それは志賀志那人という人物の思想的特性を考える上でも、また日本の都市社会事業の歴史的ありようを理解する上でもきわめて重要な意味を持っている。本論では、隣保事業、セツルメント事業にとっての信用組合・協同組合の意義の認識が、どのように、またいつの時期から形成されていったのか、また、彼自身はそれをどのように理論化し、その維持のための活動をどう行ったのかを実証してみたい。

つぎに、そのような考えの下に設立し運営された愛隣信用組合とは、戦前の日本における金融システムの通常の存在と比較して如何なる特徴を有していたか、また、志賀自身もそれをどう意識していたかを実証的に解明しなければならない。思想と経済分析をあわせて行い、それを通して志賀の推進していった信用組合の歴史的評価を行わねばならないということである。そして、最後に志賀の死後、戦時体制の進展する中でのその活動を見ることによって、志賀の死後における時代との関係を見ていきたい。

本論の基礎となった史料については、田辺香苗氏・森田康夫氏および右田紀久恵所長をはじめ大阪市社会福祉研修・情報センターの職員の方々の厚いご協力を得た。はじめに記して謝意を表しておく。

一、愛隣信用組合の使命に関する認識

一九二六（大正一五）年三月一二日、志賀志那人は中川望大阪府知事に宛てて愛隣信用組合設立を願う書簡を直筆で丁寧に書き、巻紙にして翌日大阪市産業部を経由して提出した。彼はこのことを日記の三月一三日のところに記して、「昨年八月以来の結末やっとつく」と感慨をもらしている。(2)

実は、愛隣信用組合の設立申請書は、これよりも少し早く、この年二月二八日に正式に提出していたものであった。これは、別に残っている志賀自身の書いた設立に当っての挨拶文(3)にその旨が明瞭に記載されている。だから、この直筆書簡はそうした公式の申請書とは別に、それにさらに追加し、後押ししようと考えて書かれたものであることは間違いない。しかし、こうした書簡を書き、知事に送付するという行為の中に志賀の愛隣信用組合設立に寄せる深い思いを見ることができる。愛隣信用組合に寄せる社会事業家としての志賀の期待は実に大きいものがあったのである。

さて、志賀の提出した府知事への直筆願書は次のように記されている。(4)あまり紹介されたことがないようなので全文を引用しておく。

（封筒宛名）中川大阪府知事閣下　親展

（封筒裏）大阪市立北市民館長志賀志那人

（本文）

拝啓逐日暖気を加へ候候、愈御安栄之段奉南山候。然者当大阪市立市民館の儀、去る大正十年六月開館以来、教化娯楽其の他諸般の福利増進施設に依り隣保事業の使命遂行に当り、聊か当地方一帯陋巷之面目を改むるに寄与し、社会公共之福祉に貢献する処ありしを乍僭越相信申候。是れ当市当務者之前縦指示と附近篤志の人士の後援と宜しきに諧へるに基くと雖、抑亦閣下始め貴府各位の懇篤なる御提撕あるに非されは今日あるを致すこと難かりし事と感佩至極に存候。

申す迄もなく近時社会問題の解決上、朝野挙けて社会政策の実行に勤しみ、之か施設の一部たる社会事業の勃興亦太た旺に、或ハ衣食住乃至生業扶助の経済的施設に依り、或ハ衛生救療の施設に依り、又或ハ児童青少年乃至婦人保護の施設、教化娯楽矯風奨善の施設に依り、以て各尽する之処あるも、比隣団結、郷保相扶の精神を拡充し、経済的協働の実を挙くるの施設ハ尚一層の周到を図る必要有之、隣保事業の一部としても等閑に附すへからさる事項と愚考仕候。外国に於ける隣保事業に此等の指導薄き観あるは、夫等の諸国に於てハ社会諸保険及相互扶助的組合の発達せるか為にして、之を以て現時の我国隣保事業を律すべからず。我国に於てハ此等の欠隙を補充する上にも、将又隣保事業をして確固たる根底の上に立たしめ十全なる効果を挙けしむる上にも、斯る施設の帮助誘掖ハ最も必要を感する次第に有之候。当館に於ても開館以来貯蓄の奨励斡旋を重要事項の一として施行し来り、今に於て貯蓄累計約弐万円、現在高約壱万円を算するの状況に達し候が、之を隣保地域内の全利益に保留するの途未た到らず、貯蓄ハ挙けて大機関の薄利吸収するに任かせ、小営業者等ハ金融機関利用の便を欠き、若し之を得るあるも高利率に悩まされ候状なるを憾とせる折柄、附近隣保中志篤き人々の提唱に依り、本館の指導せる近隣団体を其の横軸として信用組合を組織し、域内小商工業者・勤労生活者等、或ハ貯蓄を主とするもの、或ハ之と共に資金を活用するの必要と才能とを有するもの等を組合ハせ、以て資金の全能力を地域内の人々自己の為に運用せむとするの企画を為し申候。斯の如きハ啻に隣保団結及相扶の情誼と実行とを培養促進するに資するに止まらす、又以て要改善地域の福祉増進に裨補する処尠少ならすと存候。依て当館に於ても力めて之か成立を幇助する処有之、其の結果機運茲に熟し、今回定款を作成して愛隣信用組合を設け之か許可申請を閣下に呈し候次第に有之候。

閣下夙に社会政策に意を注かれ、社会事業の施行一段御熱心に被為在候事、不肖等の常に欽仰する処に有之、願くは高察を垂れられ、右組合設立の趣旨御斟酌、速に御許可御与被下度希望に不堪候。不遜を顧みず茲にその為一書を裁し閣下に呈し候。

御清鑑を賜ハらは幸甚に候。

頓首拝白

大正十五年三月十二日

大阪市立市民館長志賀志那人

中川明府閣下

志賀志那人はこの書簡の中で、社会事業としての信用組合の役割を、従来行われてきた社会事業においては十分果たしえていなかった課題を解決するものとして注目し、その必要性と重要性を知事に向かって堂々と説いている。すなわち、従来の社会事業においては衣食住ないし生業扶助の経済的施設、衛生・救療の施設、児童青少年ないし婦人保護の施設、教化娯楽・矯風奨善の施設といった方面に力を注いできたのであるが、それらだけでは比隣団結・郷保相扶の精神拡充と経済的協働の実が挙がらないこと、現行金融機関への貯蓄だけでは隣保地域内の利益に結びつかないこと、小営業者の困難を救えないことを指摘し、資金の全能力を地域内の人々が自己のために運用することの重要性を説いたのである。行政機関内部の役人が、自己の関与してきた事業の成果を誇ることはあっても、その不十分性をこれだけ率直に、かつ留保なしに指摘し、新しい課題を自ら積極的に提起するという事例はめったにあるものではない。志賀志那人はこのときまだ三〇歳代前半であった。

ところで、志賀志那人がこの協同組合運動の存在とその意義に気づいたのは、「理論からの到達点でなく、吾人が現に歩みを続けて辿りついた地点である」と述べていることに注目しておかねばならない。[5] 一九二四（大正一三）年一一月二六日の日記に志賀は「毎日毎日聴くのは皆悲しい淋しい話ばかり、失業と貧乏と病気のことばかり、昨日は首切られた青年、妻が子を産んで金がなく普通の質屋に行く勇気なく妻の晴着を携へて玉出から質入に（本館）来る。今日はよるべない七十一才のおばあさんが家を追立てられて警察の裏で寝た話し[6]」と書いている。ちなみに、市民館に質舗を設置する議案が承認されたのは一九二四年九月二八日、この年一二月にはそれは実際に開設されることになっていた。青年はそれを聞いていたから市民館を頼ってきたのかもしれなかった。

このように、志賀の周りには生活に疲れ、社会から冷たく扱われる人々が何人も往来していた。志賀はそれに対して何ができたというのか。このような社会的弱者の境遇に対する問題意識を強く持っていた志賀にとって、自分がその最前線に立って推進している社会事業という名の政策が実は根本的な欠落部分を有しているのではないかという思いはだんだんと募っていたものであった。

こうしたなか、この年一二月二〇日の大阪市予算査定において、要求していた三万九〇〇〇円の予算が三〇〇〇円を減ぜられたとき、志賀は一語も発せず、「自分は其の席上決心してゐた。予算が減額に減額を続けられて、最後無一物になっても、踏み留まらねばならぬ。然し期待せられてゐる事は今日の制度では死力を尽しても出来ない。将来制度の欠陥と人物の精選訓練を以て、我責任に答へなければならぬ[7]」と心に誓っている。志賀はこれまで進めてきた社会事業が、予算の減額という現実に直面する中でも本質的な見通しを持っていないことを痛感させられたのである。

では、「期待せられてゐる事は今日の制度では死力を尽しても出来ない」と志賀が考えるにいたった「今日の制度」の欠陥とはどんなものなのか。そしてそれを克服する鍵はどこにあったのだろうか。「制度の欠陥」とは上から恩恵的に与えるところにあるようだが、これはまだ必ずしも明瞭ではない。しかし、ここにおいて、実践の中に答えを見出す志賀志那人の本領がいよいよ発揮される。すなわち、志賀は、翌一九二五年一月九日豊崎町本庄の木賃宿山口屋の主人小野資弼を訪問し、その経営談、営業苦心談などを聞く中でこの問題に対する解答について大きなヒントを得たようである。この日、彼は色々な談話の末に木賃宿は全く社会政策的に経営すべきものという結論に達し、さっそく山口屋の裏の空き地六〇坪ばかりの所に託児所を造り、山口屋・紀の国屋・河内屋三軒の木賃宿に対して先ず仕事を始めることとしたのである。彼は本庄の木賃宿について社会事業や問題というようなことではなく、「梅谷氏」とよく話し合って、彼に「本当の奉仕」を求めている。(8) 志賀が気づいた点とは、まさしく向上せんとする市民の自治的な工夫の大切さであり、そうした多数の自力の工夫をあわせる協同の意義であったといっていい。志賀はこれを理論からではなく、住民との話の中に発見したのである。この協同こそ社会事業の本質であり、だからこそまたそれは地域に根付き、当然その地域的な特質をも併せ持つべきものであったのである。この点に気づいた志賀が続いて見出したのが、信用組合の創設という課題であったというわけである。

彼は、この新しい課題の発見について、その数年後に別のところで「この頃より新しい指導標を目前に発見した。即ち、吾人の焦点は天上の星より地上の花へ、地上の花より豊富なる収穫へ移動した(9)」と述べている。彼はまた、「理論の前に実行があり、実行の前に顕然たる事実が吾人の活動を要求してゐる。この事実即ち社会的要求の核心を摑み、そこにぴたりと来る仕事を組織するには如何にすればよいか。この問題に対へるために協同組合運動を見出した(10)」と続ける。そしてこの協同組合運動とは一つは協同保育であり、もう一つが産業組合なかでも信用組合であるというのである。

協同組合の妙味は「直接闘争を手段とせずして、階級の向上を結果し、その増大に従ひて多数の平和と幸福とを招来するにある」、「隣保事業は社会の自彊作用である」と志賀は述べる。[11] そして、この活動の意義に気がついた志賀志那人にとっては、一九二五—六（大正一四—五）年に至るまでの市民館の活動は、「顧ればあれもやつた。これもやつた。過去四年決して憩つてはゐなかつた。また憩はれる道理もなかつた。しかしただ働いたと謂ふ事より一歩も出てゐなかつた。そこに基礎を開拓する事を忘れての努力に過ぎなかつた」[12] と総括すべきものであり、決して成果を誇るほどのものではなかったというのである。

愛隣信用組合創設を思い立たせた基礎は、一九二二（大正一一）年ごろから始められていた一日一銭貯金や長保会・共励貯金会の活動であり、それらが附近隣保の志篤き人々の努力によってだんだんと発展していたことであった。志賀の書簡にも、このことが「当館に於ても開館以来貯蓄の奨励斡旋を重要事項の一として施行し来り、今に於て貯蓄累計約弐万円、現在高約壱万円を算するの状況に達し候」と述べられている。

しかし、志賀が愛隣信用組合を設立しようと考えたのは、そこにもう一つの現実への認識があったことを忘れてはならない。志賀の書簡の中で、先ほどの記述にすぐ続けて「之を隣保地域内の全利益に保留するの途未た到らす、貯蓄ハ挙けて大機関の薄利吸収するに任かせ、小営業者等ハ金融機関利用の便を欠き、若し之を得るあるも高利率に悩まされ候状なるを憾とせる」という記述があることに目を向けねばならないということである。つまり、志賀が追求しようとした金融機関は「比隣団結・郷保相扶の精神拡充と経済的協働の実」を挙げることのできる金融機関でなければならないというのである。ここに社会事業家として悩み、苦心を重ねてきた志賀ならではの真骨頂が示されているといわねばならない。

二、志賀志那人の思想の同時代における位置

愛隣信用組合の名称は、志賀自身が後に説明しているとおり、[13]当時市民館の指導の下にあった善隣・共愛の二つの町内会有志十余人が市民館を中心に組合を結成したことにちなんで名付けられたものである。しかし、それはまさしく「比隣団結」・「郷保相扶」の協同組合精神を体現した名称であったことも押さえておきたい。志賀が組合創立に当って述べた挨拶における次のくだりは、この点で大きな示唆を与えている。その草稿の中、志賀は愛隣信用組合が創設された経過を語った後、最後に注意すべき点として次のように述べる。[14]

今我が組合が産声を挙ぐるに当り一言附加へたいと思ひます。我組合が将来完全に生長する為にはお互に非常に強い覚悟を要すると思ひます。今から十九年前に出版せられた内務省地方改良事業講演集の中に、農商務技師有働良夫氏は産業組合の失敗の原因を簡単に次のやうに述べてゐます。第一に組合員は組合が出来れば株式会社の株でも有つたやうな気持になり、すぐによい配当を貫へるものと思ひ、自治と相互扶助の精神を没却する。第二には理事者も早く手柄を立てやうとする。理事者のみならず組合員も理事者に功を急がせる。そのために危ない綱渡りをやり始め、お互に有無相通じ、共に利益を受け、自治の基礎を固めるやうにと法律で保護され、色々の特典を有つて居るに拘らず組合の成績が挙らず、遂に解散せねばならなくなつた例が多数あると申してゐます。また、或人は、日本の信用組合は武士道を以て経営せよと申してゐます。その意味は組合員は凡て義勇奉公の精神を以て組合に仕へ、約束を重んじ、もし借りた金が払へなければ他人の前にてお笑ひ下されと云ふ、昔の侍のやうな恥を知る心をお互に有つたら甘く行くと云ふ所にあると思ひます。

このように述べた後、志賀はすぐに続けて、組合が相互扶助の実を挙げることを目的にすべきこと、また組合を通じて真の自治市民として無限の富を実現することの重要性を訴え、また、ここにこそ「愛隣」と名づける所以がある

のだと明かしている。そのくだりを最後に紹介しよう。[15]

ついては今夜組合員各位と共に、あせらず、急がず、石橋を叩いて渡ろうと云ふ決心をすると共に、組合員の有ってゐる商売は組合の商売であり。組合員の富み栄える事は組合の栄える事であると云ふ組合の根本精神を呑み込んで相互扶助の実を挙げるの覚悟を致度いと存じます。之れ実に我が組合に隣を愛すと名ける所以であります。かくすれば産業組合は米国カリフォルニヤに於ける金鉱の発見と共に十九世紀に於ける二大発見で、共に無限の富を増加する方法であると云つたウォルフと云ふ人の言葉の如く、我が組合と組合員とは無限の繁栄を致し、真の自治市民としての黄金時代に入ることと思ひます。

愛隣信用組合は、まさしく隣保の精神を体現する金融的保障として強く期待されていたのである。従って、それは単なる規模すなわち資金量や預金高・預金者の量的拡大を目的とするものでは決してなかった。

この点でさらに注目しておくべきことは、愛隣信用組合を創設するに当って志賀は関係する地域の有志者を集め、大阪府や大阪市の職員にも指導を仰ぎ、二八回にわたって研究会を重ねていることである。[16]このことは、志賀が出資者になるべき人々の心構えを確立しておくことが先ず何よりも重要と考えていたことをよく示している。と同時に、その中心となるべき人はまさしく関係地域の住民であるべきだという考えに基づくものでもあった。一方、行政当局への支援依頼も決しておろそかにはしていない。ここに志賀が到達した隣保事業の進め方についての認識が示されているのではなかろうかと思う。

愛隣信用組合が大阪府の設立認可を受けるのは一九二六（大正一五）年四月一九日のことであり、設立総会を開いたのは同年五月二〇日のことであった。[17]『大大阪』第二巻第六号（一九一七年六月）には、次のようにその事実が報じられている。

市民館で信用組合

一銭貯金が積つて一万円

大阪市立市民館では数年来館の事業の一として共励貯金会や一銭貯金会を作り専ら町内の人達に対し貯金思想の普及を計る一面、館の目的とする隣保共助の仕事に努力してゐたが、今や是等の貯金は積り積つて一万余円の多額に達したので今回貯金奨励を縦に隣保共助事業を横にして何等か一つ特色ある仕事をしようと計画し、昨夏以来町内の有志は十数回の会合を催し種々協議した結果、有限責任愛隣信用組合を組織することに決し、先般総ての手続を終り、四月十九日附を以て知事から其の認可を得た。そして来る十五日総会を開き二十日から事業を開始することになつたが、其の特色とする処は市街の信用組合の如く手形の割引等をなさず、且つ組合出資者も二百人乃至千人と云ふ様な漠然たるものにせず、全く組織を農村に於ける信用組合に近いものとし、出資者も町内の有志四五十人を一団とする程度に止め、廿円一口のものとしてゐる。恰も市民館が創立されてから五周年になるので之が記念の意味をも含み、今後は町内の人々が挙つて此の特色ある信用組合を守立て、健全なる発達に努めるといふ。

この記事は、少しあいまいで、事業開始の予定日についても疑問を残す所があるが、ほぼ重要な情報は網羅している。「組合出資者も二百人乃至千人と云ふ様な漠然たるものにせず」という文は、出資金高だけでなく、組合を支えるべき出資者の範囲を明確にしておこうという志賀の思想の反映と見ていいだろう。また、二〇円一口というのも、この組合は庶民によって創設するものだという意思を内外に示すものであった。志賀志那人は前記記事を書いた記者かどうかは不明であるが、訪問した記者に対し、「お陰で永年私たちが指導した甲斐あつて近頃漸く何ごとも相互扶助でやつて呉れるやうになりました。今度出来た信用組合や所謂電車幼稚園の保育組合などはみなその現れです。非衛生と生活の不安に虐げられながら刹那の歓楽を求めることに忙しく、清い大阪の市民にならうとの努力は夢にも思ひ及ばなかつた彼等の多くがいまや救ひを求めつゝあつた手を繋ぎ合はさうとする隣保の情誼こそ、我々が八釜しく唱へる愛市精神の出発点ではありますまいか」と雄弁に語っている。[18] 志賀にとって重要なことは、救われることを求めていた市民が自ら手を繋ぎあわすということであって、それこそ彼が求めてやまなかった隣保の精神そのものだというのである。

このような考えで出発した愛隣信用組合では、貯金は一回一〇銭以上、利率は貸付金年一割二分以下、貯金は年七分以下と定められた。また、市中の信用組合のように手形の割引や組合員外の貯金を預かることをしないこととした。生業資本融通のための貸付は四月末までの実績で、三二口、一七〇〇円。借手は一膳飯屋・菓子屋・天ぷら屋・芋屋・氷屋・靴直しなど露台店か行商人で五〇円から二〇〇円までの融資を与えていることが記録されている。[19]

愛隣信用組合の経営思想は、当時の大阪などに創設されていた市街地信用組合の大多数の動きに対し大変ユニークな方向を目指すものであった。一九二七（昭和二）年一一月二二日、この年全国九二の市街地信用組合が加盟して創設されたばかりの同協会は第一回総会を日本工業倶楽部で開き、大蔵省に対し制度の具体的改善策として、当面新設組合の認可中止、出資金五〇万円以上は庶民銀行と改称すること、出資金が五〇万円に満たない組合は合併その他の方法を講じさせること、一定期間内に五〇万円に達しない組合は解散させることなど陳情することを決議している。[20] これは、ちょうど金融恐慌が日本中の金融機関を襲っているさなかであったが、経営規模の拡大を実現し、それによって経営危機を回避しようとする当時の市街地信用組合の大多数の基本的な姿勢を示している。すなわち、当時の市街地信用組合の中においては、その創設の理念よりも、ひたすら存続することのみを求める姿勢が支配的であったといわざるを得ない。愛隣信用組合のめざした方向、そのための経営方針はまことに稀有なものであり、貴重なものであった。

野村銀行の創設や野村證券の独立など野村財閥の創始に大きな役割を果たした二代目野村徳七は、「市営貯蓄銀行可否論」[21]において我国の信用組合の経営実態を分析し、信用組合は「庶民階級によつて彼等相互の利益の為めに存在する金融及貯蓄機関である」と規定した上で、全体としては資金薄弱のため貸出歩合は全国平均一割一分以上、しかも「組合員に対する貸付は僅少」「銀行預金など余りに多い様に思はれる」と指摘し、「要するに外観のみ完備せし如くにして、内容に於いて不満の点が多い」と批判している。そして、この傾向は市街地信用組合において一層はなはだしいとも指摘している。(22)

愛隣信用組合は、このような状況の中で創業したことを確認しておきたい。一九二七年一〇月、志賀志那人は「市営貯蓄銀行か市街地信用組合か(23)」という論文を発表しているが、市街地信用組合の陥っていたこのような全般的な傾向を批判し、その本来的な目的に沿った活動への復帰による長期的な発展への展望を語っている。

志賀はこの論文において、我が国の産業組合、なかでも信用組合は典型的産業組合すなわちロッチデールのシステムとははなはだしく異なってきていることを指摘する。そして、「過般の金融恐慌に際して東京市内外の多くの信用組合が悲鳴を上げて政府に泣き付いた事などは殆ど組合意識のない無数の民衆を駆り立て組合経営の一種の暗礁たる員外貯金を吸収して全然貯蓄銀行の実質を備へて平然と構へて居た折にあの恐慌の襲来に会ひ、大取付を食ひ、三流四流の銀行と同じ破目に陥つたものである」、「一般に今日の我が国の市街地信用組合は多く貯蓄銀行の資質を有してゐる」などと指摘して、「今になつて見れば信用組合の地域制限の如き重大なる問題を軽視し、単に組合法の形式さへ具備すれば直に許可を与へ、始めより大都市の全地域に亘りてその営業を許可したる如き不用意に信用組合をして貯蓄銀行化させる主因であつた(24)」と論じている。志賀においては市街地信用組合の要諦は愛隣信用組合の如く、地域制限を行うことがまず重要だというのである。

志賀は、現況の市街地信用組合の経営方針を続ける限り「その本来の力であつた所の人格的結合と云ふ関係が次第に淡いものとなつて、単に一都市の住民と云ふやうな事より以上の意識を有しないものとなつて来る事は争はれない。そしてその結合は本質的な立場からではなく、利益を主とするものとなつて来る(25)」と論じ、遂に貯蓄銀行と実質上差異がなくなってくることを展望するのである。

志賀にとって市街地信用組合の要諦は、地域制限を守ること、人格的結合に基づくものにすること、そして生業資金の貸出等組合員への利用促進であった。それが現行の市街地信用組合からは消え去ろうとしているというのである。志賀は、このような状況のなかで熊本市信用組合の事例を稀有な成功例として称揚する。[26] そこには、現実を基盤に次の道を見つけようとする志賀の発想法が如実に示されている。ただ、熊本市信用組合が真に志賀が展望したような可能性を持っていたものかどうかの点検については、本論文の趣旨から少し外れるので、ここではこれ以上の言及を避けておく。ここではとりあえず志賀の思想を確認しておくことが重要なのである。

三、愛隣信用組合の展開

愛隣信用組合創設後一一年間の営業記録[27]によれば、この組合はたいへん堅実な経営を続け、組合員とともに歩んできたことが確認できる。いまその数字を少し検討してみよう。

組合員数は創設年（一九二六〈大正一五＝昭和元〉年）末において一一一人だったものが、一九三〇（昭和五）年末まで毎年順調に増大を続け、一九三二（昭和七）年末以降はそれをさらに再現して、一九三五年末にはついに一〇三六人と一〇〇〇人の大台に乗せている。ただ、一九三六年ごろの北市民館（一九二六年二月天王寺に市民館ができ、それ以降市民館の名称は北市民館となる）の地域内全世帯数は約一万六〇〇〇、市民館利用者は四五〇〇世帯であったから、まだまだ発展の余地を残し、一〇年以上かけてやっとここまでという歩みであったともいえる。言い換えれば、規模の拡大において愛隣信用組合は決してあせっておらず、逆にたいへん慎重であったというべきであったのかもしれない。それは、自覚ある組合員の増大を期すという点に目的を置いたこの組合の当初の目的から言えば、まさしくそのことを一貫して追求していたことを示しているものでもあった。

1931〈昭和６〉年末	1932〈昭和７〉年末	1933〈昭和８〉年末	1934〈昭和９〉年末	1935〈昭和10〉年末	1936〈昭和11〉年４月末
427	500	559	764	1,036	1,061
83,560	90,880	96,720	108,820	125,200	125,000
5,126	6,779	8,748	11,548	14,212	16,946
92,091	98,559	107,267	116,364	131,681	162,012
118,297	113,993	138,492	169,777	201,630	217,220
17,024	10,707	59,277	7,791	6,214	6,214
25,480	34,418	58,356	100,880	114,561	124,234
74,575	57,040	102,909	44,878	59,817	33,707
5,128	3,850	6,666	7,499	7,644	–

（出典）野中吉光「表彰に輝く　愛隣信用組合の血涙史」『大大阪』第12巻６号、昭和11年６月

一方、経営は実に順調で、堅実であったことを見てとることができる。出資金および貯金の堅実な増大、一九二九（昭和四）年末以降、一九三三（昭和八）年末における一時的増大を除き減少を続けている借入金の推移、積立金・有価証券の堅実な増大など、いずれの数字を見てもこの事実を動かすことはできない。そして、こうした中になによりも注目できる数字が貸付金の堅実な増大ぶりである。これがどれほどの回収率を示していたのかは示されていないけれども、この組合が庶民の生業資金貸付にその資金の多くを回していたことをよく示している。愛隣信用組合は、市街地信用組合のあるべき姿を示す有力なモデルであったというべきであろう。おそらく、志賀もこの組合と同じものを大阪各地に、あるいは全国の大都市各地に広げていける模範として育てていこうと考えていたのかもしれない。

愛隣信用組合は、市民館の直営事業ではなく、市民有志の結合であったことをもう一度確認しておこう。とりたてて大きな出資者がいなくとも、このような生活の保障を市街地において確保できるという事実を愛隣信用組合は、その活動の姿において実際に示したのである。それはまさに人のつながりによって保障され、そうした方向を粘り強く推進した志賀のような指導者の存在によって実現したものであった。と同時に、行政による上からの資金投入だけではない隣保事業の将来展望を示すモ

表１　愛隣信用組合事業成績表

	1926〈昭和１〉年末	1927〈昭和２〉年末	1928〈昭和３〉年末	1929〈昭和４〉年末	1930〈昭和５〉年末
組合員数（人）	111	222	307	346	425
出資金（円）	29,560	47,740	63,580	71,920	85,300
諸積立金（円）	－	398	1,807	3,140	4,357
貸付金（円）	25,560	35,561	54,381	56,888	71,929
貯　金（円）	19,445	51,121	66,301	93,495	114,336
借入金（円）	－	400	25,400	31,498	13,666
有価証券（円）	－	34,952	47,793	36,936	25,622
預け金（円）	3,802	4,646	34,885	78,979	104,706
剰余金（円）	279	2,425	3,449	3,567	4,212

デルともなったのである。愛隣信用組合の営業に関するこの資料を紹介した第二代館長野中吉光もまた、「協同組合は自力更生の協同体であって、社会事業は救済保護の施設を経とし、教育的努力を緯とし、やがて市民をして自力更生せしむるを以て目的とするものである[28]」と述べて、その要点をまとめている。

一九二九年六月五日昭和天皇は北市民館に行幸し、その中で愛隣信用組合の事務も見、またそれについての説明も受けた[29]。館長の志賀志那人が天皇にこれらを一つ一つ説明したことはいうまでもない。北市民館や大阪市の社会事業の権威が高まると同時に、愛隣信用組合の名もまた上がったのである。

さて、その翌年即ち一九三〇年四月、愛隣信用組合は「組合員各位の協同と役員の熱誠と北市民館の指導とが能く調和してその発達を促し、創立第五年の今日、早くも一人前の組合として恥ずかしからぬ成績を見るに至つた事はお互に喜ばしい次第であります[30]」と述べた上で、利用事業を兼営する必要について組合員に訴えている。

その説明パンフレットには「利用組合と申す種類の組合は組合員に産業経済の発達又は日常生活に必要なる設備を利用させる組合でありまして、組合が自分で設備したものは勿論、借入その他の方法に依つて利用することの出来る設備を組合員に利用させて我々中産以下のものが如何に藻掻いても到底獲得し難い経済上の利益や文化の恵沢を獲るの方法であります。例へば土地、建物、電燈電力その他器具機械等の設備は勿論衛生、医療、児童保護、教育、娯楽等の施設に至るまで皆此の利用組合の経営に依つて達せられるのであります」[31]と、その利点を数えあげている。そして、愛隣信用組合を軌道に乗せ大きな成果を得てはいるのであるが、「けれども唯此の一事を以つて我々の生活の全幅を蔽ふ事は出来ません。近隣に於ける我々の生活には他に多くの欠陥を発見するのであります」[32]として「中にもお互の子供の日常は如何でありませう」[33]と問題を提起する。パンフレットでは、「大部分の子供は煤煙にまみれた汚い狭い所で混濁した空気の裡に自動車や電車に追ひ廻はされ、危険と非衛生と非教育的な境遇に放任せられつつ生長するの他に途がありません」[34]と述べたうえ、一九二五(大正一四)年八月から組合員の子供たちを郊外に送って保育してきた保育組合をこの利用組合に転換しようと提案したのである。保育組合もまた志賀が熱を込めて育ててきた協同組合の一つであった。愛隣信用組合のパンフレットによれば、これはまさしく従来より一段階上がった活動となるものであると結ばれている。

このパンフレットの筆者は誰か明示されていないが、志賀志那人が自ら書いたか、あるいはその意を受けて誰かによって書かれたものであることは、その文体からみても、その内容から見てもほぼ間違いあるまい。志賀の社会事業に対する問題意識はまことに積極的なものであったことを改めて確認できるし、また現実に基盤を置いた思考に貫かれていることも確認できるのではなかろうか。ただ、この保育事業と信用組合が一体化しえたかどうかは、いまよく分からない。改めて調査する必要がある研究課題である。

ところで一九三〇年以降、志賀志那人は、一九二六年の愛隣信用組合創設に関係して、その以前から市民館の近くに住んでいた職工森島正明の人となりをあちこちで語り、森島の精神を協同組合の精神として高く称揚しはじめる。すなわち、志賀はこの時期になって、愛隣信用組合の基礎は、森島が酒におぼれる自らの心もちをたいへんな苦心によって克服する中で始めた一日一銭貯金の集金活動によって築かれたと、その背景を語り始めているのである。[35]志賀は、森島が亡くなったとき、「M様は先月の十七日に死にましたが、まだ私の胸の内に生きてゐる大変強い人物です」[36]と述べるとともに、その事績を具体的に紹介し、最後に「私は疑はず議論せず素直に思った事、聞いた事を失敗しながらも実行して行く生一本のM様に斯うして十年以上も励まされました。M様は何よりも理屈っぽい事がきらひでした。それもどんなに私の薬に成つたか分りません。（中略）M様は私の胸とこの信用組合に何時までも生きて行く事と信じております」[37]と結んでいる。志賀にとって、協同組合とはどこまでも人の心に依拠すべき存在であることを多くの人に分かりやすく説明する必要を感じていたから、この話を繰り返すようになったのかと思う。

協同組合の安定に対する志賀の強い意志は、一九三五（昭和一〇）年三月六日、「愛隣信用組合綱領」という形でさらに示されることとなった。[38]志賀はその前文において愛隣信用組合の創設のいきさつを述べるとともに、この綱領を作成するに至った社会的・時代的な背景、およびそのねらいを次のように述べている。

愛隣信用組合綱領

我が愛隣信用組合は、大正十一年十二月、職工森島正明君が更正記念として同志と共に始めたる一銭貯金会の成功を動機とし、当時市民館の指導下に在りし善隣、共愛二つの町内会の有志十余人市民館を中心として組合を組織し、両会名より各一字を取りて愛隣信用組合と名づけました。其の日は大正十五年二月二十八日でありました。

斯くて協同組合の精神を体し、法規を遵守し、頗る正常なる発達を続くると共に其の発生と生長の過程に基く特種の指導精神と運営方針とを生み之を今日も厳かに維持しております。

然るに今や協同組合は国民自力更生の中枢機構たるの位置に据へられ其の任務は洵に重大となつて来ました。是の時に当り本組合十年の歴史を省察し、培ひたる精神と運営軌道の概略を明かにし置くは最も必要なる事であります。

この文中にある「国民自力更生」という言葉の中に、一九三五年という年における日本の歴史的な事情が集約的に表現されていることはすぐに見て取ることができるであろう。日本社会は昭和初年の金融恐慌およびそれに引き続いた昭和恐慌の中で、経済的な大変動を起こし、産業構造の重化学工業化と生産規模の拡大、金融資本の支配とともに、都市化の進展、農村の疲弊、都市問題の激化といった問題を抱え、国内的には階級対立の激化、そして対外的には満州を始めとする中国大陸への軍事的侵略路線の強行、米英等列強との対立、中国・朝鮮民衆との対立、国際連盟からの脱退といった深刻な問題に直面し始めていた。愛隣信用組合もまたこうした全般的な動きと無関係でいることは許されなくなったのである。と同時に、そうした状況の中でその存在の意義を国民的な視点でもっと大きく主張できる可能性も生じてきたという認識を示していた。この前文に続けて「愛隣信用組合綱領」は、信用組合発展の要諦として以下の五点を列記する。

一、協同組合の細胞は個人でなく、家であり世帯であります。従つて組合の地域内に在る一万五千世帯に組合を拡充しつつある我が組織運動は、常に一家生活の組合化を目ざし、其の家を通じて近隣に及ぼし、やがて全町内を率ゐると云ふ順序を踏むのが我が組合の拡充方法でありました。将来益々之を徹底しなければなりません。

二、現在大衆の窮乏化は愈々甚しく是に伴ひてややもすれば起易き急激なる社会変革の企図を未然に防止し、何人をも犠牲とせず、又他の力に俟たずして共存同栄の新経済機構を建設するは協同組合の使命遂行の経路であります。我が組合の教育目標は牢として此処に存し不断に是の遠大なる未来を見詰めて来たのです。我等は子孫の為めに邦家の為に、目前の小利小欲を捨て一意組合運動による奉公を期せなければなりません。

三、組合の資産は其の一厘一毛と雖も組合員の血と汗との結晶であります。されば之が運用と管理とは至誠と堅実とを以てす可きは勿論であります。然るに我組合は役職員の努力により此の点につき今日まで何等の欠陥を見ざるは欣快の至りであります。将来益々緊張して是の尊き歴史を維持し更に光輝あるものたらしむるやう奮励しなければなりません。

四、協同組合の盛衰は其の組合員がよく組合の施設を利用するか否かによつて岐るゝのであります。組合員の利用率低き組合は、溜り水の如くやがて腐敗して害毒の源となるの外ありません。我が組合は設立以来利用配当を励行してこの意を高調して居ります。今後一段の努力を以て利用率の向上に精進することを期せねばなりません。

五、協同組合は多数世帯の地域的経済的結合たると共に又実に人格の結合であります。即ち善き隣人の関係の外に如何なる差別の観念も認めない所の活ける団体であります。政党、労資、職業、教育等の差別を遙かに超越し名利の感情に打克ち公平に朗に、縦に横に提携協調して隣保生活の発展向上に資するは、協同組合の重大なる且つ目前に果たす可き使命の一であります。我が組合がこの点につき貢献せる所は多大でありまするが、愈々進んで此の精神を組合外の社会に推拡げ、以て郷党を率ゐて理想郷の実現を期するの覚悟を持たなければなりません。

以上、記す所は我が組合十年の歴史を通して獲たる教訓の大要であります。若し将来此の教の一点一画にても毀たるることあらば我が光輝ある組合は自滅に一歩を進めるものである事を銘記し、お互いに相戒めて背戻しないやう固く誓ひませう。

昭和十年三月六日

これらは、まさしくこれまでの愛隣信用組合の歴史的経験を要約するものであり、さらにそれを今後も維持していくことを宣言するものであったといっていい。志賀志那人は、この年五月二四日、すなわちこの綱領発表後八〇日ぐらいで北市民館長の職から大阪市社会部長に転任した。綱領は奇しくも志賀志那人の置き土産といった形となった。ただし、この後北市民館長は第二代・第三代とも長続きせず、その都度志賀は館長事務取扱に就任し、一九三八（昭和一三）年四月八日の死去に至るまで深い関係を有した。

志賀志那人は、一九三三年一二月八日産業組合大阪市部会を設立し、その部会長に就任する。また、一九三五年九月一〇日には大阪市昭和信用組合長に就任した。大阪市昭和信用組合は愛隣信用組合の創設後まもない一九二七年一〇月ごろ大阪市社会部が設置を申請して市立職業紹介所とそこを経て就職三年以上を経過した人物で構成したものであり、天王寺市民館が関与していたものであった。彼は、つづいて一九三六年七月一五日、大阪府信用組合連合会理事にも就任している。志賀にとって協同組合はまさしく未来の希望であり、その全市的な発展をその中心において推進する役割をこの時期には模索し始めていたといっていい。愛隣信用組合は、一九三六年二月一一日大阪府から優良団体として表彰を受け[39]、一方では全国的な産業組合の中でもその存在を光らせ始めていた。

四、志賀志那人没後の愛隣信用組合――終りにかえて――

一九三八（昭和一三）年四月八日志賀志那人は四六歳の若さで他界する。志賀がなき後も愛隣信用組合はしっかりと活動を続けたようであるが、その活動振りを示す記録はあまり残らなくなる。そして、今日ほとんど記録を残さないまま一九四八年九月五日、愛隣信用組合は大阪市民信用組合と合併し、市民信用組合北支所となった。この合併については『北市民館五十年のあゆみ』（一九七一年）[40]に「この歴史ある愛隣信用組合が戦後金融事情の激変のため経営不能に立ち至り、大阪市民信用組合と合併、昭和二三年九月にその幕を閉じたことはまことに惜しまれる次第である」と記載されるのみで、これもまた詳細が明らかにならないのである。要するに、志賀は愛隣信用組合に関するもっとも熱心な情報発信者であり、彼の死とともに、この組合に関する情報も急に途絶えることとなってしまったといわざるをえない。

愛隣信用組合は志賀の没後一〇年間、すなわち戦時体制下において、どのような仕事をし、またどんな経営を行っていたのだろうか。その解明が重要であるのは、広く日本の社会運動や組織がこの時期、戦時体制・戦時統制の強力に進展する中で息の根を止められたり、変質を余儀なくされていった中、行政の指導する社会事業として保護も受けていたこの組合が、そして志賀の唱えた理念がどう維持されていったのか、あるいは変質させられていったのか、ぜひ確認しておく必要があるからである。

しかし、資料はほとんど残っていない。おそらく先述の戦後における合併の中で記録もまた消えていったものではないかと想像される。まことに歯がゆいものであるが、ただ、ここに志賀の死去前後における愛隣信用組合の活動を示す記録としてアルバム帳が二冊残されていることを指摘しておかねばならない。(41) 撮影年月や文書による補足が十分でないためなかなか考察しにくいものであるが、若干の注記を行って本論のまとめに代えてみたい。

写真は大きく分けて、大勢の人々を集めて行われているさまざまな集会の風景、伊勢とか鳥羽とかへの集団での旅行に関する記念写真、興亜奉公日での大量に集めた何かの書物（『家の光』か）を中心とした写真、である。その他に貯金箱を割る写真などがあるが、これはおそらく森島正明氏の貯金会に関する写真で、他のものよりも少し時期が古いものと思われる。

注目すべきなのは集会の写真で、これは一九三六（昭和一一）年かと思われるときに実施された家の光大会の写真三枚（図1・2）、一九三九年三月六日開催された家の光大会の写真二枚（図3・4）、一九三九または四〇年日中戦争開始二年有余のときに催した集会の写真三枚（図5・6）、および一九四一年末か翌年始めごろ対米英戦開始に当っての集会の写真二枚（図7）である。

一九三六年か三七年の家の光大会は、その名前によって愛隣信用組合が全国的な産業組合の一部であることを明瞭に示すもので、子供から老人に至るまで、また男女を問わず会場にびっしりと大勢集まった人々の前で何か踊りを見せるなど、組合員の娯楽を中心にした催しで、まだ平和な感を抱かせている（図1・2）。前に張られた式次第は半分

図１（大阪市社会福祉研修・情報センター所管。以下同じ）

図２

はがれているが、何か表彰も行われたことを示している。会場はおそらく北市民館のホールで、舞台横には左右ともに縦に大きく「愛隣　家の光大会」と書かれた垂れ幕がかけられている。

一九三九年三月六日開催の愛隣信用組合家の光大会の写真は、会場が近くの済美第六小学校（おそらく講堂）で、一枚は何かの表彰式のシーン、もう一枚は女子児童九人が日の丸を染めたエプロンをして手に海軍旗をもって何かを歌い踊っている情景が写されている（図3・4）。これも会場には大勢の人が集まっていることが感じられる。日と場所が特定されるのは、アルバムに明確に書かれているからである。今回も舞台正面に垂れ幕が二本あるが、それには「愛隣」という文字がなく、かわりにそのマークが染められ、その下に「家の光大会」となっている。そして注目されるのはその垂れ幕の横に大きく「総親和総努力」「興亜長□」の文字を書いた白い垂れ幕もかけられ、さらに、舞台正面に「申合せ」と表題の付けられた文章が大きな紙に書かれて張り出されていることである。その文章は写真ではピントがずれていたり、前方に人などの存在があったりして明確には読み取れないが、最初に「支那事変勃発以来大御稜の下忠勇なる云々」とあって、戦時下の緊迫感が示されている。そして、申合せ事項として「時局に方り産業組合精神を益…」とか『さしあたり組合の拡充…』そして「組合精神の…」という文字とともに「雑誌『家の光』を愛…」という文字で終っている。要するに戦時下産業組合としての愛隣信用組合の活動を充実させようという趣旨であることが窺えるものである。

一九三九年か四〇年の催しも済美小学校講堂で行われたものである（図5・6）。これには「愛隣信用組合」とか「家の光」という文字は見られないが、かわって「和衷戦力」「時艱克服」の文字が大書され、正面に「申合せ」の紙が大きく張り出されている。「申合せ」の紙には『聖戦茲ニ二年有余……全土ニ亘リ赫々タル戦果……総動員ノ本旨ニ対……特ニ消費ノ合理……円滑ナル運営ニ貢献シナケレバナリマセン。乃チ我々ハ本大会ニ於テ左記事項ノ□キ実行ヲ申合セマセウ」という文字が読める。そして、その申合せ事項として「一、時局ニ方リ産業組合精神ヲ益々昂揚

図 3

図 4

図5

図6

図７

シテ聖戦目的□成ニ寄与シマセウ。一、組合ノ拡充強化ヲ図リ貯金百万円、組合員二千人達成ニ邁進シマセウ。一、雑誌『家の光』『愛隣』ノ愛読等ニヨリ組合精神ノ普及、生活ノ刷新ヲ図リマセウ。」の各項が列記されている。集会には相変わらず大勢集まっている状況が写されているが、全員起立して万歳している写真があることも注目できる。いよいよ戦争の影は大きく、組合活動にもそれが覆いかぶさってきていたことが分かる。

最後の一九四一年末か四二年初めかの家の光大会の光景写真は、どちらかといえば簡素な感を抱かせるものである（図7）。今度は北市民館で行われたらしいが、正面に「愛隣家の光大会」という文字があるほか、小さく「この一戦何が　なんでも　やりぬくぞ」という文字が時代の雰囲気を表し、正面に掲げられた「申合」も随分簡略化されている。すなわち、「一、宣戦大詔ノ聖旨ヲ奉体シ、吾等組合員ハ愈々組合精神ヲ昂揚シ、敢闘精神ヲ発揮シ、日常生活ヲ規正シ、困苦ヲ克服シ、必勝必得ノ為メ総力ヲ尽クシマセウ。一、決戦下益緊要ナル隣保相扶、共存共栄ヲ図リ、大戦捷ニ応ヘテ組合員ノ拡充、国民貯蓄ノ増倍、感謝貯蓄ノ励行等組合報国ニ邁進シマセウ」。いよいよ、主旨は戦争完遂の協力機関としてか、信用組合としての本来の目的か、あいまいになってきていることが示される。

この間、愛隣信用組合はどんな経営を行っていたのか、あいかわらず大勢の人を集めている様子からは、組織的には健在であったことが感じられるのであるが、その目的はどこまで貫徹できる状況であったのか、だんだん分からなくなってきたといわざるを得ない。

愛隣信用組合は、戦後もしばらくは営業を継続できたのであるが、一九四八年ついに持ちこたえられなくなる。その背景や具体的事情はいま全く不明であるが、戦時中における国家的目的への追従という、こうした状況がそこに影響していなかったかどうか、大いに検討してみる必要もあるように感じられる。志賀志那人の思想は、彼の死去と戦時体制の進展という状況の中で、一体どう展開させられたのかということである。そして、もし志賀が元気で生きていたら、彼はこうした事態をどう評価し、どう舵を取って行ったのだろうかと思う。このことを問題提起して本論をとりあえず終えることにしたい。

注

（1）たとえば、森田康夫「セツルメントとしての北市民館と志賀志那人の協同組合主義について」『大阪の歴史』二〇号、一九八七年一月、永岡正己「志賀志那人の生涯と社会事業実践の思想」『戦前期社会事業基本文献集』四八巻、日本図書センター、一九九七年、永岡正己「大林宗嗣の生涯と『セツルメントの研究』」『同上文献集』三〇巻、日本図書センター、一九九六年、後に『第六回全国地域福祉施設研修会　セツルメント運動関係資料集』二〇〇二年に採録。

（2）志賀志那人「日誌（抄）」『社会事業随想』（志賀志那人遺稿集）一九六八年復刊版、大阪市立北市民館後援会、二六二頁。

（3）志賀志那人「愛隣信用組合の誕生（愛隣信用組合発会式の挨拶）」（草稿、田辺香苗氏蔵）。

（4）大阪市社会福祉研修・情報センター所管。

(5) 志賀志那人「遅々たる歩み」『社会事業随想』一五六頁。
(6) 志賀志那人「日誌（抄）」『社会事業随想』二五四頁。
(7) 同右、二五八頁。
(8) 同右、二五八頁。
(9) 志賀志那人「遅々たる歩み」『社会事業随想』一五五頁。
(10) 同右、一五五頁。
(11) 同右、一五六頁。
(12) 同右、一五五頁。
(13) 「愛隣信用組合綱領」（一九三五年三月六日策定）『社会事業随想』一六一―一六二頁。『大阪市民生事業史』大阪市民生局、一九七八年、七八―八〇頁にも採録。なお、大阪市社会福祉研修・情報センターには筆書きで抄録したものを所管している。
(14) 志賀志那人「愛隣信用組合の誕生（愛隣信用組合発会式の挨拶）」注3参照。
(15) 同右。
(16) 同右。
(17) 同右、および、志賀志那人「日誌（抄）」『社会事業随想』所収、二六三頁。
(18) 「市立北市民館の巻―我国隣保事業の先駆志賀志那人氏―」『大大阪』二巻七号、一九二六年七月、七八―七九頁。
(19) 同右。ただし、この記述にある四月末というのは愛隣信用組合開業よりも少し早い時期に当り、疑問がある。市民館の事業として実施されていた生業貸付業務にかかわるものかもしれない。
(20) 「市街地信用組合を基に」『大大阪』三巻一号、一九二七年一月、一三二頁。
(21) 野村徳七「市営貯蓄銀行可否論」『大大阪』三巻一二号、一九二七年一二月、一九―二二頁。
(22) 同右。
(23) 志賀志那人「市営貯蓄銀行か市街地信用組合か」『大大阪』三巻一〇号、六九―七五頁。
(24) 同右、六九―七〇頁。
(25) 同右、七〇頁。
(26) 同右、七二―七五頁。

(27) 野中吉光「表彰に輝く　愛隣信用組合の血涙史」『大大阪』一二巻六号、一九三六年六月、二六―三三頁。三〇頁に営業成績の一覧表がある。
(28) 同前、三三頁。
(29) 『行幸記念帖』大阪市社会福祉研修・情報センター所管。
(30) 「本組合に利用事業を兼営するの必要について」一九三〇年四月（田辺香苗氏蔵）。
(31) 同右。
(32) 同右。
(33) 同右。
(34) 同右。
(35) 志賀志那人「自らを洗う」（草稿、田辺香苗氏蔵、一九二五―六年）、筆者不詳「小指を截つて」『大大阪』六巻一〇号、一九三〇年一〇月、一〇五―一〇七頁。
(36) 志賀志那人、同右。
(37) 同右。
(38) 『社会事業随想』一六一―一六二頁。注13参照。
(39) 愛隣信用組合アルバム帳に表彰状の写真がある。
(40) 大阪市社会福祉研修・情報センター所管の草稿から読み取った。
(41) 大阪市社会福祉研修・情報センター所管。

北市民館保育組合における母親の協同と郊外保育

福元真由美

はじめに

北市民館保育組合は、我が国最初の協同組合による保育所として、一九二五（大正一四）年八月に大阪市立北市民館に誕生した。北市民館保育組合を設立した志賀志那人は、セツルメントに協同組合を導入した社会事業を展開し、国内外から多くの注目を集めていた。北市民館保育組合の特徴は、第一に、これまでの保育所とは異なって母親を組合員とする協同組合を基盤に組織、運営された点、第二に、子どもたちを郊外に連れ出して自然中心の保育を実践した点にある。そこで本稿では、志賀志那人が北市民館保育組合を協同組合により組織した経緯と、そこでの親の相互的結合の意味を明らかにするとともに、郊外で展開された志賀の自然中心の保育の思想と実践について検討したい。(1)

一、北市民館保育組合の設立と母親の協同

(1) 露天保育所から保育組合へ

大阪市立北市民館の設立（一九二一年）された天神橋筋六丁目から北の長柄地区にかけては、南の釜ヶ崎にならんで当時の大阪を代表するスラムが形成されていた。周囲の紡績工場地帯への労働者の流入にともない、急激な都市化

とスラムの拡大が進んだのである。[2]この地域には、数多くの中小工場がひしめき、周囲の大工場との間には労働者の住宅、小店舗、飲食店、二〇戸内外の長屋、木賃宿などが密集している。このため、失業、貧困、犯罪、疾病、不衛生など社会生活上の多くの問題が深刻化していた。

北市民館周辺の不良住宅地帯は、幼い子どもにとっては生命の危機にもさらされる過酷な環境だった。市民館事業の一つの柱に児童保護がおかれたのも、都市部の子どもの「遺棄状態」のすさまじさ、きわめて高い乳幼児死亡率に、志賀の気持ちが突き動かされたからである。[3]スラムでは夫婦の婚姻関係が一時的なものになる場合が多く、私生児・庶子の世話が放棄される状況は深刻だった。志賀は、このような「児童の環境として不良住宅が身体上甚だ好ましからざる事」だけでなく、「殆ど暴露されたる性欲生活と、賭博」によって子どもの精神面も損なわれることを大いに危惧した。[4]志賀は「子供の国」（一九二五年）で子どもたちの様子を次のように記している。

遊び所もなく、邪魔者扱いにされ、四十数万本の煙突から噴き出される煤煙の量幾千貫と謂う恐ろしい産業の地獄、地腥い生存の戦、音響と振動の襲来、草は黒く、土は油じんだこの街に彼らは泥鼠のようにかけ廻っている。[5]

このように街中に放置された子どもたちに対して、志賀は一九二五年三月に露天保育所をつくり乳幼児の保育に本格的に乗り出した。北市民館では一九二二年九月から子守学校が開かれ、乳幼児の託児にも着手されていた。[6]志賀は、市民館付近の豊崎町本庄にある木賃宿街に託児所をつくり、ここを住民に対する社会事業の一つの拠点にしようとした。この地域の生活調査によると、木賃宿は全体で三〇軒、三五八室あり、居住者は七五世帯三四五人で、このうち保育を必要とする幼児は二五人だったという。大阪朝日新聞社から一、一〇〇円の寄付をうけた志賀は、山口正社会部長との協議により、この地に露天保育所をつくる計画を立てた。一九二二年に大阪郊外の池田室町では、橋詰せみ郎（本名：良一）が家なき幼稚園という園舎のない幼稚園を設立して評判になっていた。[7]志賀の露天保育所の着想も、橋詰の影響を受けたものだった。志賀は、木賃宿主の小野資弼が提供してくれた空き地に、淀川善隣館のS．F．モランから贈られた天幕を張って保育所を開始した。対象は三歳児から学齢児まで、定員四〇名で保育時間は午前八時から午後五時、保育内容は遊戯・唱歌・談話・工作などだった。また、子守学校の託児の延長で周辺の貧しい家庭の子どもを対象とした託児所が北市民館に設置され、無料で乳幼児を預かった。

北市民館保育組合は、これらの取り組みをふまえて、保育を目的とする協同組合への出資金を負担できる家庭を対象に一九二五年八月に設立された。大阪市社会部の調査報告「本市託児施設の利用者に関する調査」（一九三六年）によると、北市民館保育組合に通う子どもの親の職業は、その七四％が鉄工及び鍛冶業、洋装品や食品の加工・製造、販売などの自営業である。彼らは作業場や店舗を有するため、三〇円以上の高い家賃を支払う家庭が組合全体で三六％の二六家庭あり、全市二二保育所の中でもその割合が最も高かった。このように志賀の手がける保育事業の対象となる子どもと家庭は広がっていき、北市民館のセツルメントの内容を充実させていく機能を保育組合はもつようになったといえる。

(2) 母親の協同から地域の協同へ

北市民館保育組合は母親を中心に組織され、組合を基盤に子育てにおいて母親の協同する関係を生み出すものだった。志賀は二、三人の親と相談して、一九二五年七月に次のような「協同保育の宣言」を発表した。

> 私共の家庭では忙しいやら手不足やらで子供の守をおろそかにして（…）わが子の一生を台なしにして了う（ママ）事がままあると思います。然し今日の時勢では自分の家庭の力だけでは子供を立派に育て上げる事は困難です。（…）私共はここにお母様お姉様達の協力を求めます。（…）皆様の心と力を一つにして協同で子供を保育し、その幸福を増進するに必要な事業を致しましょう。

ここで志賀が「お母様お姉様」という女性に「協同保育」を呼びかけているのには、地域における協同組合の組織化に向けた彼の意図があった。志賀は保育組合の「一つの特色」として、家庭での保育に「直接関係あるもの、即ち原則として母親もしくはそれに準ずるもの」を組合員にすることをあげている。その理由は、愛隣信用組合の組合員に家庭の父親の多くを組織しつつあることに対して、母親同士を結びつける働きを保育組合に期待したからである。保育組合の事業の目的も「(1) 組合員の児童を共同保育すること」「(2) 保育及家事に関する組合員の智能の向上を図ること」とされ、家庭の女性に照準があてられていた。

さらに子どもの保育を委託する母親のみならず、地域の人々を協同組合に参加させることで、保育により結びつく関係を地域に定着させることも企図されていた。当初の「組合の規約」では、「本組合員は北市民館付近に居住し児童の保育を組合に委託するもの又は組合の事業を援助するもの」とされた。そして組合員の負担する費用については、組合費一口一〇銭を一月二五口以上納めると示されていた。けれども組合費と保育の経費とが混同して捉えられ、「子供を委託しないものの組合に対する協同意識が薄くなる」ということが生じてしまった。そこで志賀は、新しい「北市民館保育組合規約」で組合費の他に子どもの保育を委託する組合員が納める「保育委託料」についても明記し、組合の維持運営費と事業の利用料とを区別した。彼によれば、このことにより「子を持つと持たざるとに拘わらず一地区の人人の全部が協同してその地区の子供を協同で保育するために組合費を出して協力」することが実現できたという。保育組合の組合員は、組合費一月一〇銭以上と、保育を委託する場合は保育費一月二円五〇銭を支払った。保育費や、場合によっては組合費も、組合員の経済力に応じて減額、免除されることがあった。[8] このように地域の人々が経済力の格差を補い合いながら保育組合に参加し、協同保育の目的を共有できることが目指されたのだった。

このような保育組合の組織と展開は、志賀の「協同社会」構想に位置づけられていたといえる。[9] 彼は「本組合に利用事業を兼営するの必要について」で、北市民館に信用組合と保育組合の二つの組合を設置することによって、「子供か、金かのどちらかを縁にして隣近所の結び合いが出来」るという。そして、これが「次第に発達」することで

「真に日常生活にぴたりと当て嵌(は)まる隣保生活の組み立てが出来」「協同の利益のみを受ける」ことになるとしている。保育組合への着手は、志賀にとって「共存共栄の社会を実現」することに接近する「一歩」であった(10)。

二、保育者の役割

(1) セツルメントの保育者として

北市民館保育組合の設立当初、志賀は近隣の母親たちが交替で保育をするという協同保育を試行していた。けれども、この試みは「母親たちの教養や訓練がなかった」ために、早々に失敗してしまう(11)。そこで保育組合では三人の保母を雇い入れ、翌年にはその人数を七人に増員させた。一九二六年一〇月現在で組合員は三七九人、在籍幼児二三一人、一日の平均出席は一九五人だった。保母たちは、午前九時から午後四時まで、郊外での自由遊び、童謡、律動遊戯、自由画などの内容で幼児を保育するとともに、家庭訪問をして母親の個別相談にものっていた。

保母たちが自らの保育活動にやりがいを見いだしていく過程には、母親達の自主的な取り組みや、志賀との対等な議論、医師や看護婦との協力があった。保母の一人の鵜飼百合子は、十分な経済的報酬は得られなかったが、組合員約三〇〇人の資金募集活動によって、郊外の豊津村に組合園舎が建設されたことを誇りに思っていた(12)。久保房は、おやつの是非をめぐる志賀とのやり取り、子どもの健康状態の向上、郊外での保育活動に、保育者としての充実感と達成感を感じていた(13)。

その一方で、保母たちはセツルメントの使命感において、献身や博愛という言葉では言い表せない心情を抱かざるをえなかった。比嘉正子は、沖縄に生まれたクリスチャンで、社会事業に大きな関心をもって北市民館保育組合の保母になった。当初の彼女は、昼食の弁当をもってこないで友達の食べ残りや、サンドイッチのくずまでも奪い合って食べる子どもの姿に驚いている。彼女の自伝には、「学生時代に習った保育理念を実践しようとする以前に、こどもをとりまく生活環境の改善に、心を砕かなければならなかった」とある。また、セツルメントの従事者としての思いを次のように語っている。

私たちのやっていること、セツルメント活動の理念は正しい。それが住民によく理解され、彼らの生活に実際に取り入れられ、環境が改善されてこそ効果がある。（…）私はハダカになってとびこもうと決心した。頭ではそう思っても、真実、実感が伴うかどうか。上から押しつけてはだめだ。血の通った交流でなければ。それに相手も、胸襟をひらいてとびこんできてくれなくてはだめだ。それは可能なのか不可能なのか。[14]

保母たちは、比嘉の語るように強い社会的使命感を抱きながらも、その胸の内には常に曖昧さと傷つきやすさともろさを内在させていた。保母たちの活動は、セツルメントの目的を遂行するために、子どもの家庭環境やスラムの貧困、失業問題を抱え込まざるをえない。このため彼女らは、さまざまな生活問題を抱えて市民館に集う人々との話し合いを通じて、相互的な理解と問題の解決にあたろうとしていたのだった。

(2) 母親の支え手として

志賀は、型どおりの保育を行う「単なる保育技師」ではなく、子どもの「お母様」「お姉様」であることに保母の資格を求めている。保母が「お母様」「お姉様」であるとは、彼によれば「いきいきしさ」と「思いやり」を兼ね備えた人を意味していた。つまり、子どもの心身を育てるために多くの配慮とまなざしを子どもに向け、子どもたちと一つになって彼らを「本当に愛し本当に怒る事」ができる人である。そして職業的な「先生」らしさは求められていないが、「お母様やお姉様に折々不足する理知の閃き」だけは保母に必要だと考えられていた。

志賀が保母に「お母様」「お姉様」であってほしいと望んだのは、彼女たちが保育組合に子ども預ける母親とつながっていくことを重視していたからだった。「子供の国（続稿）」（一九二七年）では、保育組合への加入、脱退は任意であるが、「毎月二割位に止まって」いると記されている。保育組合を辞める人が少ないのは、「保母様と子供、保母様と母親との間にこの自由なつながりのうちに強いられぬ深い関係が出来ている」からだと志賀は捉えていた。そして、これらの「つながり」を続ける「一つの力」は、「子供等の保母様に対する親しみと母親の保母様に対する親しみ」とともに、保母の「自分たちの仕事と云う相当に強い自覚」がそれぞれあることとされた。保母たちの「仕事」に対する「自覚」は、次のように母親と子どもたちを保育組合に結びつけていくものだった。

毎朝の集まりに子どもをつれてくる人達と保母との親しい挨拶や、雨降りのために保育を休んだりする時保母達が第一の任務として課せられている子どもの家への訪問の際に於ける膝つきあわせての距てのない会話に溶けあった心が親と子と組合とをむすびあわせる親しみの強い源である。

保母は、母親と子どもを保育組合に「むすびあわせ」て、地域に協同的な関係が生み出されていくように働きかける媒介者となる役割を担っていた。そのためには、「単なる話し上手や交際家」ではなく、彼女たちが「人の友としての温かい力や母性に対する理解や家庭苦やその禍福の同情者」となれる資質をもっていることが望まれていた。(15)

三、郊外における保育

(1)　自然中心の思想と実践

北市民館保育組合の保育は、最初は市民館の建物を利用して行われた。イスもトイレも子ども用のものはないところで、三階の講堂のベンチを窓際に集めて真ん中をあけて保育に活用した。四階の屋上にも馬車一台分の砂を運び上げて砂場をつくり、二、三の遊具を持ち込んで子どもの遊び場をつくった。志賀は橋詰の家なき幼稚園の実践から着想をえて、周囲の寺院、神社、公園を保育活動の場にすることを思いついた。最もよく利用したのは、長柄にある鶴満寺だったそうである。これらの試行錯誤をしながら、志賀は「最後にはやはり如何なる建物や設備よりも青空の下

が一番よい」という考えにいたったという。(16)

志賀は自然と子どもの調和的な関係を思い描いて、自然中心の保育を構想していた。「凝視する小さな眼―子供の国㈥保育事項の一―」(一九二七年)で、彼は「子供はおとなよりも強い融合性を自然に対して持って」おり、「自然に対する知覚」が「鋭い」という。このような彼の自然と子どもの結びつきは、雄大な阿蘇山を眺めて育ったことによる彼自身の「故郷の観念」から捉えられていた。さらに志賀は、「豊かな心の生活を築く第一歩は自然に親しむ事にある」ということも考えていた。子どもは自然の中で落ち着き情緒を安定させ、生き物に親しんで自らの「観察」「理解」により「愛」することを学んでいくという。また、幼児は生き物の「観察」や自然を眺めることを通して、対象についての認識や観念を形成していくと考えられた。このことから志賀は、「保育場としての自然」と「保育上の理想として自然」を強調したのである。(17) 志賀は、十分に具体化されていないが、「自然」との関わりを基盤に「社会」との関係を学ぶ保育のカリキュラムも考えていた。(18)

北市民館保育組合は、自然を重視した志賀の発案で、新京阪電車を利用して郊外の下新庄で保育をすることにした。天神橋筋六丁目と京都市河原町を結ぶ千里山線の開通を機に、志賀は鉄道会社と交渉して、割安の運賃で日曜・祭日以外の混雑時を除いて幼児を郊外の希望する駅まで乗車させてもらうことに成功した。彼は沿線各地を歩き回り、市民館から比較的近くて空も澄み渡り、水田と草原の広がる自然に恵まれた下新庄を選んだ。そして、この村にある覚林寺の青年住職の理解をえて、村の子どもたちも保育組合の活動に参加させることを条件に、寺院と青年会館を自由に使用する許可もえることができた。こうして保育組合の子どもたちを電車で連れて行き、自然の中で虫遊びや穴掘り、かけっこなど自由に遊ばせる郊外保育が実践されることになった。(19) こののち下新庄で土地会社の開発が進むにつれて、志賀たちは郊外保育の場をより北方の千里丘陵に求めて豊津村にたどりついた。

豊津村で志賀がつくろうとした郊外園舎は、子どもが自然と交渉しやすく、仲間と憩うことができるように工夫されていた。彼は土地会社に交渉して保育の中心となる園舎の建築許可をもらい、設計を担当する南信氏に一三の建築の希望を出した。その中には、「九、全体として屋内と屋外とを接近し屋内にいても屋外にいるような感を与えること。」とあり、窓もできるだけ多くつけることが望まれた。また、子どもが自由に扱える花壇や菜園、スズメ・ウサギ・リスなどの小動物や子馬などの小屋をつくることも含まれている。志賀が建物の機能として期待したのは、「(1) 寒暑の避け所として (2) 遊場として (3) 身体を清潔にするところとして (4) 休息時には昼寝の場所として (5) 親達が遊びに来ても便利な所として。欲を言うならば簡単な家庭としてサナトリウムとして自然の運動場としての要求を満たすようにしたい」ということだった。不良住宅地帯に住む子どもたちの生活を目の当たりにしてきた志賀には、「都市に於ける乳幼児は自分の住居に於て最も虐待せられている」という思いが強かった。[20] このことから、豊津村の郊外園舎は、幼児が心地よく過ごして眠れる部屋、太陽の下で自由に遊べる遊び場を用意し、子どもたちが心と体を休めて回復できる場所として築かれたのだった。

(2) 親たちの協同の軌跡

北市民館保育組合の郊外保育は、親たちにとって保育活動への協力を通じて、多様な個性を発揮しながら協同のネットワークを形成する場となった。保育組合の活動が開始されてから三ヵ月後、親たちの要望により千里山花壇で第一回運動会が開催された。運動会の準備と進行は、すべて組合員の親たちの手で行われた。このとき志賀は、運動会のために玩具製造業の父親が頑丈な協同遊具をつくり、呉服屋の親が幼児の運動に適した衣服を用意するなど、職業の技能を生かして親たちが運動会で協働する様子に感銘を受けている。「子供の国」（一九二五年）には次のようにつづられている。

彼ら（親たち：筆者注）の頭にはこの幼稚園はお上の御厄介や、恩恵によって支えられるものでない、自分達の子供を自分達が協力して養護するのであるとの意識の下に、完全なる協力が行われる。協力の基礎が等質である時には弱い。しかしその場合の協力は不等質な成分によって行われる。即ち親銘々の職業と技能と個性はそれを色づける。

このように「子供のために親達の協力も行われる」姿に志賀がみたものは、彼らの「立派な社会を建設する美しい働き」だった。[21] 上述した「協同社会」が創りあげられつつあることを、彼は郊外保育の中に垣間見たのである。

豊津村の郊外園舎は、このような親達の協同関係の生み出した保育組合のモニュメントでもある。保育組合の活動拠点は、下新庄の都市化にともない一九二六年秋に千里山の一角にある豊津村に移動した。このとき郊外園舎の建設計画がもちあがった。志賀の日記や「子供の国（続稿）」によると、園舎建設資金の調達のため、組合員三〇〇人の母親が浪花節演芸会を企画し、一枚五〇銭の会員券を一月に二、四〇〇枚売りさばくことに成功した。保母も日曜日に建設資金券を売り歩いたという。その結果、一九二六年九月に建設資金二、七五〇円、五一・七坪の開放的なロッジ風の園舎が完成する。[22]

この郊外園舎は、母親や保母、市民館職員が自分たちの協同と連帯の意義と成果を見いだす象徴的な空間となったに違いないだろう。経費不足による園舎の老朽化や管理不足のために一九三二年春には郊外保育の廃止案が出され、その後五年の間に三度の台風水害で園舎はひどく破損した。けれども、いずれの場合にも保母と職員が中心になって郊外保育の存続と園舎の維持に必死になり、自分たちの活動の軌跡をとどめようとしたのである。[23]

おわりに

北市民館保育組合は、子育ての領域において志賀の「協同社会」建設の構想を現実化していくものだった。そこでは、女性が担ってきた子育てを家庭という私生活の領域から引き出し、地域の人々との「相互主義」に基づく協同の営みに変革することが試みられていた。[24] 行政と市場による社会統制が強化され発展してきた産業社会に対し、志賀の「協同社会」というオルタナティブな社会を生み出していくという、もう一つの近代化の筋道が、北市民館保育組合の活動を通して示されようとしていたと見なせるだろう。

また、北市民館保育組合の郊外で産出された自然中心の保育も、その後の幼児教育の思想と実践の一つの潮流を形成していった。橋詰せみ郎の家なき幼稚園をはじめ都市の郊外に成立した幼稚園では、日常的な子どもと自然との関わりを重視する保育を展開した。市街地の保育所でも、転住保育などを通して自然の中で子どもの心身の健康を回復させる取り組みが広がっていった。

けれども、北市民館保育組合の協同組合組織は長くは続かなかった。一九三五年に志賀が大阪市社会部長に転任した後に、市は保育組合に一般の公立保育所となることを勧告した。一九三八年に保育組合は解散し、かわって市の管轄の北市民館託児部が一九八二年の市民館廃館まで保育活動を続けた。この間、母親たちには全てを行政任せにするという態度が広がったという。[25] 保育組合の解散は、人々の任意による協同組合が行政のシステムと折り合っていく問題の難しさを示していた。

付記

1. 本稿は、平成一四・一五年度文部科学省科学研究費補助金（若手研究B）の給付を受けて行われた研究の成果の一部である。
2. 引用文中の旧字体は新字体に、旧仮名づかいは現代仮名づかいに書き改めた。

注

（1）本稿は、拙著「志賀志那人のセツルメントにおける北市民館保育組合とその保育」（『保育学研究』三七巻二号、日本保育学会、一九九九年）をもとに大幅に加筆・修正したものである。志賀が都市部の「家族」を主題化して児童保護事業を構想したことについては、上記論文を参照のこと。
(2) 杉原薫、玉井金五『大正・大阪・スラム　もう一つの日本近代史』新評論、一九九六年、九―二八頁。
(3) 志賀志那人「ロッチデイル綱領に基ける協同保育」『社会事業随想』大阪市立北市民館後援会、一九八七年、六一頁。
(4) 志賀志那人「児童の環境としての不良住宅」『大大阪』六巻一号、一九三〇年一月、一八八頁。
(5) 志賀志那人「子供の国」『社会事業随想』大阪市立北市民館後援会、一九八七年、二二六頁。
(6) 北市民館の子守学校については、森田康夫『地に這いて』大阪都市協会、一九八七年を参照のこと。
(7) 福元真由美「橋詰せみ郎の家なき幼稚園における教育―郊外住宅地における保育空間の構成―」、藤田英典他編『教育学年報7　ジェンダーと教育』世織書房、一九九九年。
(8) 志賀志那人「保育の協同組合に就いて」『社会事業』一三巻三号、社会事業協会、一九二九年六月。
(9) 志賀志那人「社会事業の自主的経営について」『社会事業随想』大阪市立北市民館後援会、一九八七年、三四頁。
(10) 「本組合に利用事業を兼営するの必要について」一九三〇年四月（田辺香苗氏蔵）。
(11) 志賀志那人「街頭のこどもを如何にするかその一解決法　北市民館保育組合のあらまし」『大大阪』二巻一号、大阪都市協会、一九二六年一月、五三―五四頁。
(12) 鵜飼貫三郎「大阪市立北市民館回想―社会事業と社会教育―」『信州白樺』、発行元不詳、一九八四年、二七八頁。
(13) 久保房「北市民館での保育の思ひ出」『健康報国』三号、大阪市立北市民館内社会医学研究会、一九四〇年、一二―一三頁。
(14) 比嘉正子『女の闘い　死者よりも生者への愛を求めて』日本実業出版社、一九七一年、一四一―一四三頁。
(15) 志賀志那人「子供の国（続稿）」『子供の世紀』五巻二号、大阪児童愛護連盟、一九二七年二月。
(16) 志賀志那人「子供の保育場としての建物に就いて」『子供之世紀』五巻七号、大阪児童愛護連盟、一九二七年七月、三一―三三頁。
(17) 志賀志那人「凝視する小さな眼―子供の国（六）保育事項の一―」『子供之世紀』五巻九号、大阪児童愛護連盟、一九二七年九月、六―一〇頁。
(18) 志賀志那人「こどもに成つて―子供の国（六）保育事項についての序説―」『子供之世紀』五巻八号、大阪児童愛護連盟、一九二七年八月、八頁。

(19) 志賀「子供の国」前掲書、二一七―二二二頁。
(20) 志賀「子供の保育場としての建物に就いて」前掲書、三四―三七頁。
(21) 志賀「子供の国」前掲書、二二二―二二三頁。
(22) 志賀志那人「日誌（抄）」『社会事業随想』大阪市立北市民館後援会、一九八七年、二五一―二六五頁、志賀「子供の国（続稿）」前掲書。
(23) 鵜飼貫三郎「郊外園舎の思ひ出」『健康報国』二号、大阪市立北市民館内社会医学研究会、一九三九年、三一―三三頁。
(24) 志賀「街頭のこどもを如何にするかその一解決法　北市民館保育組合のあらまし」前掲書。
(25) 上笙一郎・山崎朋子『日本の幼稚園』理論社、一九六五年。

芸術化への意志
——浪花節改良をめぐる実践と志賀志那人——

真鍋昌賢

はじめに

「民衆娯楽」という概念が知識人のあいだで本格的に受容されていくのは、一九二〇年代のことである。[1] 余暇において楽しまれる対象が、民衆の生活を支える一部として認識され、娯楽についての理念的な議論、さらには実態調査が希求されていく。一九二〇年代以降、都市・農村の境界をのみこむかたちで生活世界と芸術思想を結びつける思想・実践が、日本でも様々に展開されたといっていいだろう。北市民館が創設され、志賀志那人が館長として就任する一九二一年には、「民衆娯楽」が社会問題を論じる際の争点のひとつとして、すでに共有されはじめていた。「民衆」とは、知識人の側から切り出された集合的な表象に他ならない。観念的に扱われがちであり、ときに論者の思い入れを含み込むことになる「民衆」に、都市というフィールドにおいて、極めて具体的に関わろうとした社会事業家、それが志賀であった。

本稿の目的は浪花節（浪曲）の「芸術化」という側面に注目しつつ、志賀が浪曲師・宮川松安、作曲家・藤井清水らとともにとりくんだ実践の性格を明らかにすることにある。[2] 以下で言及する「芸術化」とは、「民衆」の社会生活において大切な娯楽として浪花節を認めつつも、その現状に満足せず、「文学」・「音楽」として承認される作品を提供し、ジャンルそのものを改良していこうとする試行を指している。残された志賀の言説のうち、浪花節にまつわるものは決して多いとは言えない。しかしながら志賀の浪花節への関わり方への接近を断念する必要はない。娯楽についての理念よりもむしろ創作と交流の痕跡が残されていることこそが、志賀の娯楽への実践的な関与を知るうえで重要である。本稿では、宮川松安を焦点として、松安にまつわる言説と実践を追尾し、業界内で位置づけることにより、志賀が目指した「芸術化」について考察する。まずは志賀自身の浪花節観について述べてみたい。

一、志賀の浪花節観

まず注意しておくべきは、「民衆娯楽」という概念そのものを、志賀が自らの娯楽論に積極的に適応していたのではないということである。このことは、慎重に見極められるべきである。志賀の娯楽観が具体的に顔を出している一九二七（昭和二）年の記述を取り上げてみよう。それはまさに浪花節と知識人のつきあい方を論じる文脈において記されている。志賀は浪花節業界に、青年達の団結により、ストライキがおこったことを評価している。「国粋主義の鼓吹」の御用をかって出ていた者たちのあいだに「時代精神」の影響が見受けられるということであった。ここでいう「時代精神」とは社会主義的な批判精神を指していると考えられる。志賀は、当時の浪花節が「社会不安の避雷針」であっても「思想善導の道具」ではありえないと述べる。それはむしろ「時代精神宣伝」の可能性を秘めていると示唆する。浪花節は時代・聴衆とともに変容する「即興芸術」であり、「御用を勤めるにも反対するにも便利」であり、志賀が論じる文脈においては、浪花節は「国粋芸術」というより「社会芸術」なのであった。[3] 志賀は浪花節の性格を次のようにたとえている。

芸術と言ふことをいやがつて顔をゆがめる神経家を遠慮するならば民衆創作である。壇上人の創作でなくて聴衆創作である。演者は聴衆の顔にかゝれたる筋書を読んでやり表現してやる丈けである。指導と言ふより共鳴に近く、共鳴と言ふよりは同情に近く、同情と言ふより粋をきかした相談の心理に近いものである。民衆の程度相応に民衆を謡ふ語りもの芸術である。だから効果に於て指導よりも慰安に勝り教化よりも同情に勝る。(4)

つまり、浪花節は聴衆に寄り添いその心境を代弁する芸能であり、「指導」・「教化」という文脈に回収できない側面をもっているのだという。この説明は、明らかに教化主義的な立ち場から浪花節に接近する立場への批判が読みとれる。そもそも政治的宣伝・教化のための手段として浪花節をまなざす知識人の視線は、この頃には一定のリアリティーをもたれていたと考えていい。象徴的であったのは、第一回国勢調査（一九二〇年）に積極的にかかわる浪花節演者の姿であっただろう。志賀にしてみれば、演者／聴衆の関係からひきはがして浪花節を道具化する側面に批判的であったと考えられる。したがって次のように付け加えるのであった。

社会教育家の愛用語民衆娯楽の言葉が一時の思付きでない事を示すためには其の一材料として尊重さるゝ浪花節についても相当の用意と研究とを要する。そして理解ある方策に基いて応用したならば其の効能の下手な説法に勝ることは疑ひを容れぬ所である。(5)

浪花節が聴衆に影響を与えたり啓蒙したりするための手段となりうる可能性を見いだしていた点においては、「指導」・「教化」の手段とみなす立場と同じ地平に立っている。しかしながら、そのうえで注意深く読みとるべきは「民衆娯楽」が濫用される状況そのものを批評する視点である。すなわち志賀がその語の無自覚な使用者とならなかったことを念頭においておく必要があるだろう。それは、観念主義に陥らず、実践に取り組んでいく点と呼応している。

志賀の芸術実践は、浪花節においてのみ展開されたのではなかった。浪花節の他に普及のために力を注いでいたのは、浄瑠璃であった。浄瑠璃を味わうサークルは「北義会」と名付けられ、大正末年からはじめられた。(6)市民館主催でおこなわれた上演会は若手文楽演者の育成とともに、大阪文化の保存という意図がこめられていたとされる。(7)一九二六（大正一五）年に「館長」として質問を受けた際には、浄瑠璃は「大阪の郷土芸術」でありまた「世界的のもの」でもあるという見解を述べている。[8] 若者に聞かせて「娯楽の内に感化に資せん」と思うのだが、浄瑠璃に関心をもつ若者の数は、浪花節よりも少ないのが現状であった。浄瑠璃を世界的なものにするために考案されたのは、洋楽との合奏であった。[9] この洋楽合奏は、浄瑠璃のみならず浪花節にも試みられていた。むしろ浪花節においてねばり強く試されていくことになる。

以下では、志賀とともに実践に取り組んだ宮川松安という人物の批評を通じて、志賀の芸術実践の位置を測定してみたい。その前提として、松安の紹介をしておくことにしよう。

二、伝説化する謹厳居士

現在の浪曲業界で、松安を知る浪曲師たちによって語られる記憶とは、カタイ読み物をネタとする厳格で実直な性格である。それは一方で言うと、松安の芸風には笑いを誘うようなユーモラスさは希薄であったということでもある。松安の人柄を伝えるエピソードとしては、たとえば次のようなものがある。

また、或る時何かの会合の帰りに、今里の料亭に寄って、酒席を共にした事があるが、その席へ出た若い芸妓が、我々の話に耳を傾けて、彼のさした盃に気づかず、再三促されて漸く、不承無精に片手を差出したので、色をなして坐り直した彼が、芸妓の心得について、諄々と説き出したので、到頭若い芸妓が泣き出してしまった、という挿話もある。野暮といえば野暮だが、根が真面目な彼の、謹厳居士としての本領を、この時ほどまざまざと、見せつけられた事はなかつた。[10]

松安は「謹厳居士」と批評された。もうひとつ引用しておこう。

関西浪曲界において、今日も人格者というと、直ちにこの人の名前を聞く。まことにその節調も人格者の名にそむかず、謹厳そのものである。上品そのものである。（中略）東宝名人会で漫談家・井口静波が例の東北弁のズーズーの浪花節を演って笑わせたとき、あとへ上がった故重友は、「あれを私の門人にしようとおもうがどうしてもなりません」と言ってさらに笑わせたが、そののちに静波がまた東宝へ出演してこれを演ったときたまたま一座して聴いていた松安は、「いまどきあのような浪曲師はおめへんやろ」と大真面目で抗議を申込んで、いたく静波を困らせていた。(11)

東京の寄席で活躍した重友の洒落たサービス精神と、松安の謹厳な、また裏を返せば融通のきかない態度が、漫談家のパロディーを焦点として対照的に紹介されている。結果として正岡は、松安の人柄を浮き彫りにしているといえるだろう。

宮川松安は一八八六（明治一九）年に兵庫県で生まれた。(12) 一八九八（明治三一）年に初舞台をふんでいる。その後、松安は一五歳のときに宮川松朝に弟子入りをした。その後、数年の修行ののちに、松安は吉田奈良丸に教えをこうようになる。奈良丸宅に寄宿していた頃には、「言葉つきから立ち居ふる舞いまで」真似をするほどに心酔していた。(13) 奈良丸は明治期末の大阪において最も売れっ子の浪花節演者であった。一九〇六（明治三九）年には、当時大阪の浪花節席のなかで代表的な席であった国光席（天満）に出演している。大正期前半における松安は、奈良丸に影響を受けて義士伝の修得に励み、それ以外にも「鬼景清」、「曾我」、「勧進帳」などを口演していた。(14) すなわち松安は、若手時代には、業界で頻繁に演じられる演目、あるいは語り物として古典的な演目を得意としていたことが分かる。

ところが、一九三一（昭和六）年の浪花節名鑑を開くと、自らの趣味を問われて、「新作研究」だとこたえている。(15) 他の演者が娯楽を挙げるなかで、仕事を趣味と答えるところはいかにも松安らしいのであるが、注目したいのは、なぜ「新作研究」を趣味とするようになったのかということである。その方向付けを与えたのが志賀であった。

三、北市民館での出会い――夢にむけての試行錯誤――

一九二一（大正一〇）年六月一九日すなわち北市民館開館式の日に、志賀と松安は出会った。志賀は浪花節改良の必要性を説き、松安はそれに感銘を受けたという。この出会いがきっかけとなり、志賀と松安は浪花節改良への協力を約束したと言われる。また改良の目論みが遂行されるうえで重要な存在であったのは、藤井清水である。藤井は広島県呉市生まれの作曲家であった。小倉高等女学校に勤務していた藤井を市民館の音楽指導者として推したのは、山田耕筰であったとされる。志賀は、「日本古来の音楽を愛好し、それのよきものを近代化し発展させ普及させたい」[16]という藤井の見解に賛同していた。藤井は市民館において、管弦楽団の組織、合唱団の指導、演奏会の開催などに取組んだ。そうした活動のうちに組み込まれていたのが、浪花節の改良である。改良にあたって藤井が担った役割とは、音楽理論を浪花節に接合することであった。具体的には、新作台本の譜面化、浪花節の発声法の改良などであった。志賀によって藤井に引き合わされた松安は「音楽」のいろはを藤井から学んでいく。藤井と松安は浪花節の口演を音楽として固定できるか否か、あるいは声楽と浪花節の間でどのような発声法を勘案すべきかという問題に取組んでいくことになる。北市民館が開館した年の八月に、藤井の旧友であった声楽家・権藤円立が上阪したことを契機として、志賀らは「楽浪園」という会を結成する。のちに野口雨情も同人となっている。楽浪園では社会改造の原動力となる「うた」の創造を旨とした活動がおこなわれていく[17]。

松安は藤井・志賀とともに、浪花節改良について対話を交わしていく。松安と藤井は共鳴し試行錯誤を繰り返し、その一方で志賀は数々の台本を提供した。最初の試みは、「南部坂雪の別れ」の「訂正」版を藤井がつくったことだったとされる[18]。志賀がはじめて書き下ろした浪花節台本は、高山樗牛の小説をふまえた「瀧口入道」（「治承の春」）であった[19]。平家物語から材料をとった時頼と横笛の恋物語であるが、それを読んだ村島帰之は「少し高踏的過ぎてモノにならなかった」と述べている。[20]これに藤井がピアノで伴奏をつけて、松安はその口演を練習した。[21]ピアノ伴奏をつけた浪花節は、志賀の恩師である社会学者・建部遯吾によって「楽浪曲」と名付けられた。

一九二三（大正一二）年頃から松安はレコードの吹き込みを量産しはじめるのだが、そのうちのひとつが「一太郎やあい」である。出征兵士とその母をめぐる軍国美談であるが、そもそもの執筆のきっかけは、松安の娘が教科書に掲載されていた「一太郎やあい」に感動したことをヒントとして、松安が志賀に台本作成を依頼したことであった。志賀は、松安に一太郎とその母が住んでいた場所の実地調査をすることを求めたという。「一太郎やあい」は同年にレコード化されて、松安はその印税を市民館保育組合の郊外園舎建設資金として寄贈した。[22]この年、志賀は松安に「本能寺」も執筆している。[23]「一太郎やあい」にみられるような実地調査による「史実」の確認は、志賀にとって大事な執筆前提であった。一九二五（大正一四）年には、志賀と松安は京都伏見大黒寺まででかけて平田靭負の墓を訪れて、所蔵記録を借り出している。このような台本執筆のための取材は、精力的におこなわれていたと考えられる。[24]

藤井は民謡・童謡など他ジャンルの作曲も精力的にこなしたが、一九二六（大正一五）年三月に、中央の楽壇で活躍する目的で東京に移住する。野口雨情の勧めがきっかけであったという。しかし、藤井の上京後もつきあいは続いた。昭和期に入っても、松安は志賀の作品をしばしば口演することになる。「明治大帝」の口演はそのひとつであった。[25]ラジオ口演された演目としては、たとえば「旅順攻撃」があった。林彌三吉中将の実話をもとにした軍事物であり、「一太郎やあい」と同じく日露戦争から材料をとった演目であった。激戦のために「幾十万」の兵士が死んだ旅順において、当時歩兵大尉であった林のエピソードをもとに旅順攻撃の苦心談が語られる。すでに過去のものとなりつつあった日露戦争の記憶をとどめるために、書き下ろされたという意図が、演目の冒頭で語られる外題付けから察することができる。[26]

一九三三（昭和八）年頃には、長年苦心を重ねてきた「楽浪曲」の発表がなされたと考えられる。[27]一九三一（昭和七）年七月には、「大楠公」を三味線の助奏としてピアノを入れて口演したのだが、「改造する以上は三味線やかけ声は全然やめてピアノ伴奏だけにしなくては」という思いが背景にはあったという。[28] ピアノのみで挑戦する発表演目は「出城の太子」（釈尊伝）であった。「即興本意の場当たり主義」から脱却して「昔からの浪花節の諸名流の至芸を分析し、誰でも法則を心得れば歌い、且つ語り得るよう一定の楽器と歌詞と地とを組立て」新時代と伴奏しつつ聴衆層の拡大をねらったのだという。[29] 野口雨情は「楽浪曲」では従来の浪花節の声を活かすことができないので、「浪曲」と「楽浪曲」の間を模索してみてはどうかと助言したという。松安は頑固に妥協せず、苦心を重ねた。一方、藤井は浪花節の伴奏を音楽として「絶対的に定める事は出来ぬ」と考え、伴奏の「伸縮性」を想定して作曲をするべきと述べている。[30] しかしながら、その後のラジオ放送出演の機会の際には、「いまだ研究の余地がある」として「新浪花節は遠慮し」て「南部坂雪の別れ」を口演している。[31]

四、松安の思想・実践への影響

当時における業界外部の知識人たちとの交流の密度という点では、松安は関西・関東を含めて突出した位置にあったとみていい。志賀・藤井との交流は、作品のやりとりをこえた影響を松安にもたらしていった。本章では、松安が事実上浪花節親友派の重鎮の位置についていく昭和期以降においての思想・実践をかいま見ることにしよう。

一九二五（大正一四）年には日本でラジオ放送が開始された。その試験放送期間中に大阪放送局から口演された最初の演芸は、松安の浪花節であったり、この年大阪放送局から放送された浪花節のうち圧倒的に放送回数が多かったのも松安の口演であった。ニューメディアであるラジオ放送に「謹厳な芸風」が開局当時の放送方針に最も適合していたことがうかがえる。[32]

松安は定席興行に出演する一方で、浪花節親友派の組織運営においても重要な位置を占めるようになる。一九二七

（昭和二）年一月には、親友派の「相談役」（当時の最高名誉職）人事をめぐって不満をもった若手・中堅演者がストライキをおこなったが、その中核にあったのは「青年会長」だった松安であったという。浪花節業界において「耳新しい出来事」であったというストライキの先頭に立ち、上層部を批判する立場をまとめていたのが松安だったのである。(33)その後松安自身が取締役に就くことになる。その在任期間中のできごととして、一九三〇（昭和五）年九月には、ラジオ出演拒否の問題がおこっている。争点は出演者指名権であり、松安は大阪放送局との交渉役を担っていた。一度は決裂した大阪放送局と松安であったが、その後同年の年末には合議に至った。交渉や闘争という側面において集団の代表を担う立場は業界内での位置づけを言わずもがな表現しているといっていいだろう。

当時、志賀や土屋大夢、あるいは行友李風らから続々と新作を仕入れていた松安は、まさに改良の先鋒ともいえる存在であった。その頃の新聞記事には、松安のような文芸作品を口演する立場がある一方で、肩の凝らない「ナンセンス」な演目が「飛ぶように売れて」いくという二面性が記されている。(34)問題なのは「堅くなりすぎてしまう」ことにより「大衆」と距離ができてしまうのではないかという懸念である。なかには、「浪花節は向上は不必要だ、むしろもっと下へ下へと深く掘り下げていかねばやがて衰滅する」という忠告をする著名人もいた。そうした意見に対して、松安は「私の理想はあくまで突進主義です。ともすれば人から馬鹿にされる浪花節にも千載にのこす大きな語りものができねばならぬ」という立場をとるのだった。(35)

革新をとなえ、浪花節の地位を向上させたいという立場はその後も変わらなかった。たとえば、引退を機会としたインタビューには、次のように答えている。

　私の持論として浪曲は明日のものでもなければ昨日のものでもない。今日のものでなければならない。つまり時代と共に進まねばならないと信じています(36)

こうした立場からすれば、浪曲が「歌謡曲調」を帯びてくることこそが「今日的」なのだった。また「下品」だといわれる浪花節を藤井清水らとともに「芸術」に引き上げることに努力したことも松安は自負していた。また松安は、次のようにも述べている。

舞台でやるよりもラジオの方が思う存分やれるようです。舞台ですと、お客の気持にある程度妥協するようになるからです(37)

ともすれば客の満足よりも、自分の理念を徹底することを望むとも受け取れる発言である。「芸術化」に邁進した松安らしいことばであるだろう。松安は一九五三(昭和二八)年八月初頭に引退披露をおこない、一九六四(昭和三九)年七月二五日に没している。

断片的ではあるが、ここにとりあげたエピソードからは、志賀らとのつきあいを経るなかで獲得していった浪曲師としての立場をかいま見ることができる。ひとつは新作の探求心であり、「芸術化」を目指す姿勢である。厳格な人柄あるいは業界で最も保守的な立場にありながら、新作にどん欲であったことは、一見矛盾するようにも思える。しかし同時代性の追求という点においてまったく矛盾することではなかった。また闘争の前面に立つ実践感覚も、おそらく芸能界内部での人的交流のみからは生まれてこなかったのではないだろうか。業界内の調整役・ご意見番、さらには業界とその外部の折衝役としての立ち居振る舞いは、厳格さと進歩的態度のないまぜになった位置にあっただろう。松安はみずからの浪花節(浪曲)観あるいは、浪曲師としてあるべき姿を、志賀や藤井との交流のなかで自覚していったことは間違いないだろう。

おわりに

志賀の浪花節の改良、もしくは「芸術化」への意志は、具体的には国家・戦争・天皇・歴史上の偉人などをとりあげた台本の作成によって遂行されていった。それは、とりもなおさず宮川松安という演者を通じて具現化していったのである。ここに挙げた要素を軸としながら、志賀は、浪花節を文芸作品に近づける努力を続けたわけだが、裏を返せば、浪花節のなかでも俠客物、ケレン物などは「芸術化」の路線にはふさわしくないものであったということになる。台本執筆の際に注意が払われた点の一つとして重要と思われるのは、物語の史実性であった。語り物が客受け・演じやすさなどを考慮して縦横無尽に作り替えられる演目の性格は、志賀にとって無批判に受け入れることはできなかったと考えられる。その意味で、近過去の天皇を語りあげた「明治大帝」などは、商業的・興行的受容の文脈から離れて、芸術として自律した作品を目指していたといえる。それは浪花節にとってはあまりに前衛的であった。志賀が「文学」に浪花節を近づけようとしたその一方で、藤井は「音楽」に近づけようと試みた。保守と革新が共存する松安の立場の体現は、「文学」・「音楽」という権威との対話の末に得られたのである。松安は一九二〇年代後半から一九三〇年代において、浪花節業界の社会的位置の向上という方向性を突出的に体現した人物であったといえるのではないだろうか。

志賀の娯楽をめぐる実践とは、まずもって創作家という側面において明瞭に現れていた。数々の浪花節の台本がそれを物語っている。しかしその創作活動は机上でおこなわれた独創とみるべきではないだろう。すなわち、ここまで述べてきたように、志賀の実践は、創発的な連携のコーディネートという性格をはらんでいた。それは、松安と藤井の出会いを演出したのみならず、それに触発されるかたちで野口雨情、権藤円立らがからんだつながりがひろがっていったことを意味している。志賀の「芸術化」への意志は、個人でなしとげられたものでは決してなく、松安・藤井らのネットワークのなかでたえずその方向性が確認されていたのである。また志賀は、演奏会のプロデュースの側面にも積極的であった。それは言うまでもなく浄瑠璃・浪花節の公演を指している。創作・連携・公演、この三側面は切り離して論じられるべきではなく、互いに深く関係しあっていたわけだが、こうした三つの側面を明確に体現していたのが浪花節という芸能への関わりであったと言えるだろう。「楽浪曲」の試みは大成することはなかったが、夢と野心に満ちた試みであったことは間違いない。

注

（1）安田常雄や吉見俊哉によって「民衆芸術」もしくは「民衆娯楽」についてはこれまでにもその思想の位置づけがおこなわれてきた（安田常雄「民衆思想の転回」『暮らしの社会思想』勁草書房、一九八七年、一七―五五頁、吉見俊哉「コミュニケーションとしての大衆文化」『メディア時代の文化社会学』新曜社、一九九四年、二一八―二五七頁）。

（2）すでに森田康夫によって、志賀の浪花節をめぐる実践については、「大阪文化を高めるために」という視点などから言及されている（森田康夫『地に這いて―近代福祉の開拓者・志賀志那人―』大阪都市協会、一九八七年、一〇三―一〇九、一六六―一六七頁）。

（3）志賀志那人「浪花節とコクテル」『大大阪』三巻三号、一九二七年三月、一一四―一一五頁。

（4）志賀前掲記事、一一五頁。

（5）同右。

（6）『浄瑠璃雑誌』に掲載された公演報告欄に、北義会のレポートが掲載されている。管見の限りでは、「北義会第六回」（『浄瑠璃雑誌』二五二号、一九二六年八月、三四頁）、「市民館の北義会」（『浄瑠璃雑誌』二五五号、一九二六年一一月、三四頁）、「北義会第十回」（『浄瑠璃雑誌』二六二号、一九二七年七月、一九頁）がある。

（7）森田前掲書、一〇六頁。

（8）北義会を聴きに出掛けたレポート執筆者が、その会の主旨を「館長」にインタビューしている。志賀自身の名前は記されていないが、「館長」が志賀であることは間違いないであろう（前掲注6「市民館の北義会」）。

（9）この会で、洋楽伴奏をつけた対象は「野崎村」の道行であった。レポート執筆者の感想は、「賑か過ぎて糸が聞え難くかった、声は全くで只だ太夫の口の動き様が眼に入るのみであった」というものであった（前掲注6「市民館の北義会」）。

（10）真木肇「解説」日本浪曲研究会編『台本浪曲百選集　明治大帝』八こう社、一九五六年、五―六頁。

（11）正岡容『日本浪曲史』南北社、一九六八年、三〇四頁。

（12）浪花節奨励会編纂『浪花節名鑑』歌舞伎書房、一九三一年、四三頁。

(13)「浪曲とともに五十年―引退する宮川松安氏の話」『朝日新聞』一九五三年七月二〇日付夕刊、四面。
(14) 杉岡惣吉編『浪花節名鑑』杉岡文楽堂、一九一四年、八七頁。
(15) 前掲注12に同じ。
(16) 呉市昭和地区郷土史研究会編『作曲家　藤井清水』(増訂版) 大空社、一九九六年、三四頁。
(17) 同右。
(18)「楽浪曲　ピアノ伴奏で語る新浪花節生る　発表は今秋十月中旬の予定」『読売新聞』一九三三年八月一五日付朝刊、一〇面。あるいは「出城の太子」に声楽の楽譜をつけて研究したのが最初の試みであったという説もある(前掲注16、三四、二六二頁)。
(19) 前掲注18、新聞記事。森田康夫作成の年表によると、発表は一九二二(大正一一)年二月とされる(森田前掲書、二六五頁)。
(20) 村島帰之「公営隣保施設の創始―大阪の社会事業昔話20」『大阪の社会事業』一三〇、一九六一年。
(21) 前掲注18、新聞記事。前掲書注16、三四頁。
(22) 森田前掲書、一〇五頁。
(23) 国立劇場芸能調査室『演芸レコード発売目録』国立劇場、一九九〇年、二二三頁。
(24) 森田前掲書、一〇五頁。
(25) 一九二八年一一月三日、一九三〇年三月一五日にラジオ放送されている。一九三〇年八月には、仁寿講堂で口演された(前掲注10、六頁)。その際の台本のタイトルは、「御製より拝し奉れる明治大帝」となっていた。
(26)「旅順攻撃」『都新聞』一九二九年四月二三日付、八面。
(27) 楽浪曲の発表会の詳細についてはいくつかの説がある。一九三三(昭和八)年八月予告記事が見られ、そこには一〇月中旬に発表の予定と記されている(前掲注18)。また同年同月に口演されたとする記述もある(前掲注16、三五頁)。その後、一九三三(昭和八)年一二月二六日付の新聞記事にみられるラジオ番組欄には、同年一二月一二日に大阪中央公会堂で初演したとしるされている(「新浪花節は遠慮し十八番を語る」『読売新聞』一九三三年一二月二六日付朝刊、一〇面)。その一方で、一九三四(昭和九)年に初演されたという記述もある(上井榊「浪の曲譜」『大阪に光を掲げた人々』企研本社、一九六六年、一〇六頁。森田前掲書、一六七頁)。また、一九三五(昭和一〇)年五月二六日に中之島公会堂で催された「大楠公敬慕の夕」と題した楠正成死後六百年を記念したイベントでは新浪曲「大楠公」が口演されたという記録がある（「集まるもの三千名　講演に映画に　大楠公を偲ぶ夕」『大阪毎日新聞』一九三五年五月二六日付朝刊、五面）。しかし、この「新浪曲」にピアノが用いられていたかどうかは不明である。これらの記事以前にも発表の予告記事を目にすることができるが、実際の口演については不詳である。いずれにせよ松安の試みは新聞紙上で取り上げられる斬新な報道ネタであったこと、さらに未経験の領域にある楽浪曲をものにすることの苦心がうかがえる。

(28) 前掲注18、新聞記事。
(29) 前掲注16、三五頁。
(30) 前掲注18、新聞記事。
(31) 前掲注27、一九三三年一二月二六日付新聞記事。
(32) 熊谷富夫「NHKラジオ・前期」井上宏編『放送演芸史』世界思想社、一九八五年、三三頁。
(33) 志賀前掲論文、一一三頁。
(34) 「どこへ『突進』？　ナンセンス流行の當今教訓節義でもあるまい　上へか、下へか、浪花節」『大阪朝日新聞』一九三〇年八月二二日付、九面。
(35) 同右。
(36) 前掲注13に同じ。
(37) 同右。

＊原則として、引用文献中の旧字体の漢字は新字体に改めた。
＊森田康夫先生、堀田穣先生、田辺香苗先生から、執筆にあたっての資料を御提供いただいた。記して深謝申し上げます。

『子供の世紀』と児童愛護連盟

堀田　穣

一、運動のはじまり

この運動について、主事として長く携わった伊藤悌二（いとうていじ）は、その始まりについて記念アルバム（図1）に次のように書き残している。

大正十年六月、当時大阪市社会部に奉職して居ったドクトル三田谷啓（さんだやひらく）氏が主唱して、児童保護教育のために宣伝する事を企図したのであるが、時あたかも教育部の山桝儀重（やますのりしげ）（現衆議院議員）及び高尾亮雄（たかおあきお）の二氏が参加し、力をあわせて諸種の運動を熟慮計画する処があった。その第一着としてコドモ愛護の標語を募集した。しかるに全市の各新聞は非常なる賛意を表して、この趣旨目的を力説したので幾多の応募者があった。それらを右の三氏と大阪市政記者団とが協力して厳密に審査した結果、左の六氏のモットーが

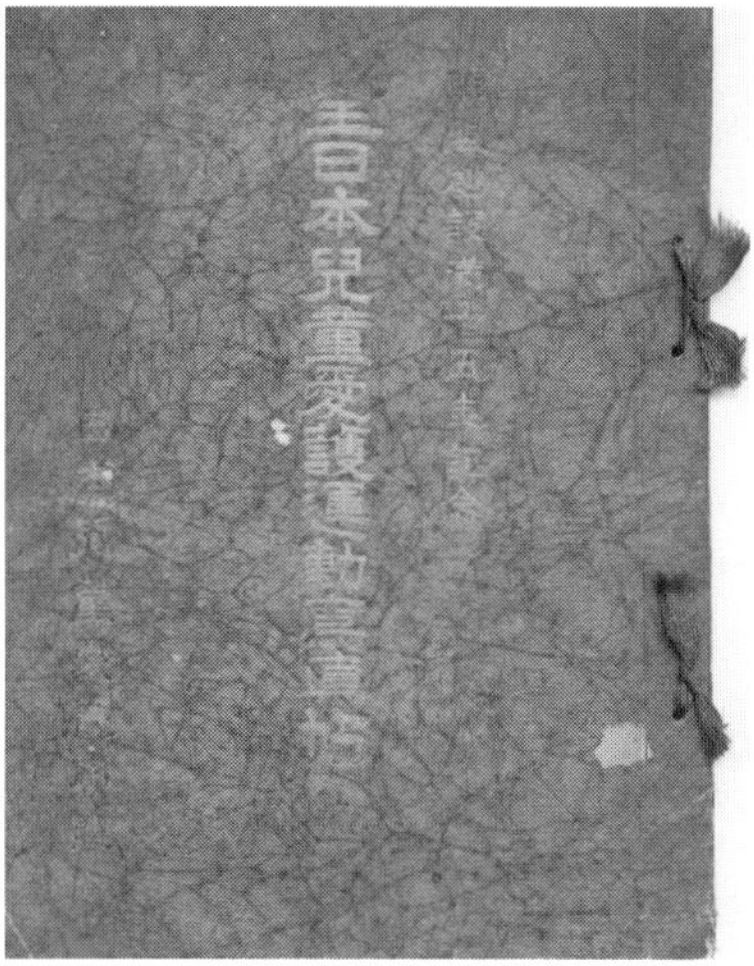

図1　「全日本児童愛護連盟写真帖」

当選したのである。

一等　愛せよ、敬せよ、強く育てよ　（秋山六郎）
二等　子ども育てよ、まず真直にまんまるに　（石上　盛）
　　　自然と自由はこどもの生命　（山口とし子）
三等　目玉でおどすな、笑顔でさとせ　（中谷くめ子）
　　　打つな、叱るな、甘やかすな　（河田　清）
　　　小言の雨はこどもの心をしめらす　（側垣基雄）

中にも秋山氏の標語は好評嘖々たるもので、津々浦々にまで知れ渡るありさまであった（図2）。かくして市内四百猶予の児童に諒解と共鳴を持つ団体に交渉したる処、諸団体は進んで協力一致し実際運動をなす決議をし、喜んで責任の費用を負担、支出することとなり、さらに一般有志より運動費を募集したるにその額実に一千円に及んだ。いよいよ十一月六日を児童愛護宣伝デーとして実施する事となったが、その数日前より市内各要所要所に、児童愛護宣伝デー開催の美麗なるポスターを貼布して、市民の興味を喚起した。当日は自動車十数台を繰出して十万枚のビラを撒布し、各協力団体は市内十数ヶ所を分担して、繁華なる地点に五万の愛護花（胸につける）を売った。

また午後二時より市内五ヶ所において児童のためにお伽噺の会を催し、夜は十五ヶ所にて諸名士を聘して児童問題の講演会を開いた。かくて第一回の運動を終わったのであるが、諸経費の剰余金は一千余円であった。

この後十一月下旬東京市において帝国教育会の主催にかかる全国保育会大会が開かれたので、その席上にて山桝氏が大阪における児童愛護宣伝デーの状況を報告し、邦家将来のため閑却してはならぬ緊急時である所以を説明したるに満場の賛同を得、大正十一年五月に全国一斉に宣伝デーを開催する申し合わせが成立し、すぐにその

図２　標語と「愛の暦」の看板（大正12年頃と思われる絵ハガキ）

斡旋の労を日本幼稚園協会に委託した。児童愛護の運動が全国に普及拡大の源泉をなしたのは実にこの時であった(1)。

このように、大阪市に関わる、三田谷、山桝と高尾の三人によってはじめられたとしている。三田谷はこの時のことを自伝で回想していた。文中彼というのは三田谷自身のことである。

> 大正十年秋十一月天長の佳節をトし大阪において児童愛護宣伝デーなるものを挙行した。この運動の動機を一寸ここで述べておく必要がある。
>
> 彼がロンドン滞在中の春、ロンドンの年中行事の一つである花の日なるものを見た。これは道行く人に花を売ったその売上高を社会事業に献げるという趣旨であった。
>
> 日東の名もなき一青年はこの企てに対し多大の興味をもって目撃して居た。彼の頭には日本でもこれを実行したいという希望がひらめいた。
>
> 爾来七年は夢のようにして過ぎたが、ロンドンで深く印象された花の日のことは夢のようではあったが彼の頭の中に残っていた。この夢が大正十年の秋になって実現した。
>
> 運動は幸いに成功した。
>
> 愛せよ、敬せよ、強く育てよ

との標語を選定したのもこの時であった。

この運動は彼の外に現代議士山桝儀重、大阪朝日新聞記者高尾亮雄とが主脳となり他の会の人々が大いに斡旋して、効果を挙げることができたのである。それから漸次同様の企てが興り、ついに東京では中央社会事業協会が骨を折ることになり今日では乳幼児保護週間と称えられて全国的に春陽五月の五日を基点として其の前後におこなわるることになって居るのである。(2)

三田谷啓（一八八一―一九六二）については、彼の創設した三田谷治療教育院が社会福祉法人として芦屋の地に現存しており、彼の業績も顕彰されているので、(3)ここではこれ以上触れない。一九二一（大正一〇）年当時、四〇歳、これ以降大阪市を離れ、学究生活に戻るので児童愛護連盟運動には関わらないが、医学と文化、教育を結ぶという志向は『子供の世紀』に生かされていく。

山桝儀重（一八八九―一九三七）も、大阪市の後、郷里の鳥取から衆議院議員当選五回と名も仕事も知れた人。ただ『子供の世紀』刊行中に没したので、一六巻二号（一九三八年）に高尾が「児童愛護運動の産みの親　山桝儀重氏」という追悼文を書いている。

二、子どもをめぐる運動

問題は高尾亮雄（一八七九―一九六四）である。一九二一年当時四二歳。伊藤悌二の報告にあるように、「市内四百有余の児童に諒解と共鳴を持つ団体」に呼びかけて児童愛護運動がはじまったのであれば、その四百有余の児童関係の団体とは、どのように発生し、どのように活動していたのであるかが、問題になってくる。そして、関西での子どもをめぐる運動の中心にいたのが、「大阪の巌谷(いわや)小波(さざなみ)」と言われた、この楓蔭(ふういん)という号を持つ、高尾亮雄だったのである。

図3　コドモ愛護船宮島に入港（「コドモ愛護」23年8月号から）

彼の活動は一九〇七（明治四〇）年の、子ども相手の近代演劇、お伽芝居から、すでにはじまっている。もともとこれは巌谷小波が、ドイツの子どものための演劇を紹介して、それが川上音二郎、貞奴劇団によって実現されたものなのだ。関西では、上演活動、社会教育的な活動として高尾たちのグループに担われた。これらの回想は、実は『子供の世紀』に頻繁に掲載されている。(4) 小児科の医学的な記事が中心ではあるが、『子供の世紀』が関西児童文化史研究にも欠かせない雑誌である所以なのだ。

そこから発展し、お伽船といって、大阪から別府まで、子どもたちを募って、船に乗せ、お伽話を聞かせながらの子ども観光ツアーを、一九一〇（明治四三）年にはじめた。これは大阪の子どもの夏の年中行事になり、大正期を通じて発展し、一九四三（昭和一八）年まで続けられた。(5) この船を出すという発想は、児童愛護運動の際も応用され、一九二三（大正一二）年には、コドモ愛護船を大阪築港から出している。先の伊藤の記事によると

本連盟よりは大阪築港より愛護船を別府に送りて

彼の地の運動を援け、広島、尾道、宮島等にも立ち寄りまた講師を送りて徹底的の運動をした。

とあり、ちょうど、このお伽船のネットワークで、「瀬戸内海コドモ連盟」が構想されていた時期であった。なお、この時のコドモ愛護船の写真（図3）と、その活動の記事は、『子供の世紀』の前身である『コドモ愛護』八月号に掲載されている。

それだけではない、一九一三（大正二）年には大阪こども研究会が発足、これは大阪三越百貨店を根拠地にしたもので、東京三越の巌谷小波や坪井正五郎などをメンバーとする、児童用品研究会に対応するものであった。[6] この幹事として、高尾の他に、橋詰良一、辻村又男がいた。橋詰は号をせみ郎といい、大阪毎日新聞記者でありながら、「家なき幼稚園」を創設する。[7] 辻村は号を秋峰、高尾を後に朝日新聞大阪本社に呼ぶのはこの人で、初の絵雑誌『お伽絵解こども』を発行した。関西のコドモ党の主要メンバーがここにそろったわけだ。

続いて一九一四（大正三）年、宝塚少女歌劇の第一回公演がおこなわれ、その振り付けに、お伽芝居の実績を買われた高尾とその仲間、久松一声が起用された。久松はこのまま歌劇作者として宝塚に定着、高尾はこれが契機なのかはわからないが、小林一三とこの後も協力関係を持っている。少女歌劇は、現在のものよりもずっと子ども向き演劇の性格が強く、お伽芝居の後継であった。[8]

これらお伽芝居や少年団的活動は、東京の巌谷小波、久留島武彦（くるしまたけひこ）などと呼応しながら進められ、大きくくくると、口演童話運動ということができようか。口演童話という用語自体もうなじみがなくなってしまった言葉だが、文字通り、口で演じる童話である。現代の公共図書館などで行われているストーリーテリングも、広義には同じものであるが、近代児童文学のパイオニア巌谷小波は、明治大正期、子どものための文学の楽しみを、語り言葉で子どもたちに広めたのだった。巌谷が全国行脚して語るばかりでなく、全国に童話を語る人々を生み出し、児童文化運動を起こした。[9]

大阪にあった「市内四百有余の児童に諒解と共鳴を持つ団体」とは、このような口演童話によって広がった児童文化運動の団体であったと推察できる。実際、大阪こども研究会は前述したとおりだし、同じようによく協力した大阪毎日新聞社婦人見学団は橋詰が組織していた。

三、志賀志那人のかかわり

一九二三年五月児童愛護連盟の機関誌として『コドモ愛護』が創刊される。これは一九二四年一月までで、二月から『子供の世紀』と改称する。書誌的にはこの、『コドモ愛護』が『子供の世紀』の第一巻と数えられるようだが、国立情報学研究所総合目録データベースＷＥＢｃａｔによって調べても、『コドモ愛護』を所蔵している図書館はないようだ。たまたま筆者が所蔵している『コドモ愛護』一九二三年八月号（図4）の奥付には、発行兼編集人が大阪府西成郡粉浜村四二七の阪田桝造、発行所が大阪氏北区西梅ヶ枝町梅ヶ枝ビルディング内コドモ愛護社とあった。これが『子供の世紀』になると発行所が大阪市北区天神橋筋六丁目大阪市立市民館（後の北市民館）内大阪児童愛護連盟になり、発行兼編集人が伊藤悌二になっていく。これは一九二一年四月、二九歳の若さで大阪市立市民館長になり、一〇月五日に日本児童愛護連盟の創設理事に就任した志賀志那人が、児童愛護運動にいよいよ本格的にかかわりだしたことを示している。『子供の世紀』と改称することを提唱したのも志賀だったという。もちろん、すでに一九一六（大正五）年に邦訳されたエレン・ケイの『児童の世紀』の子ども観と書名か

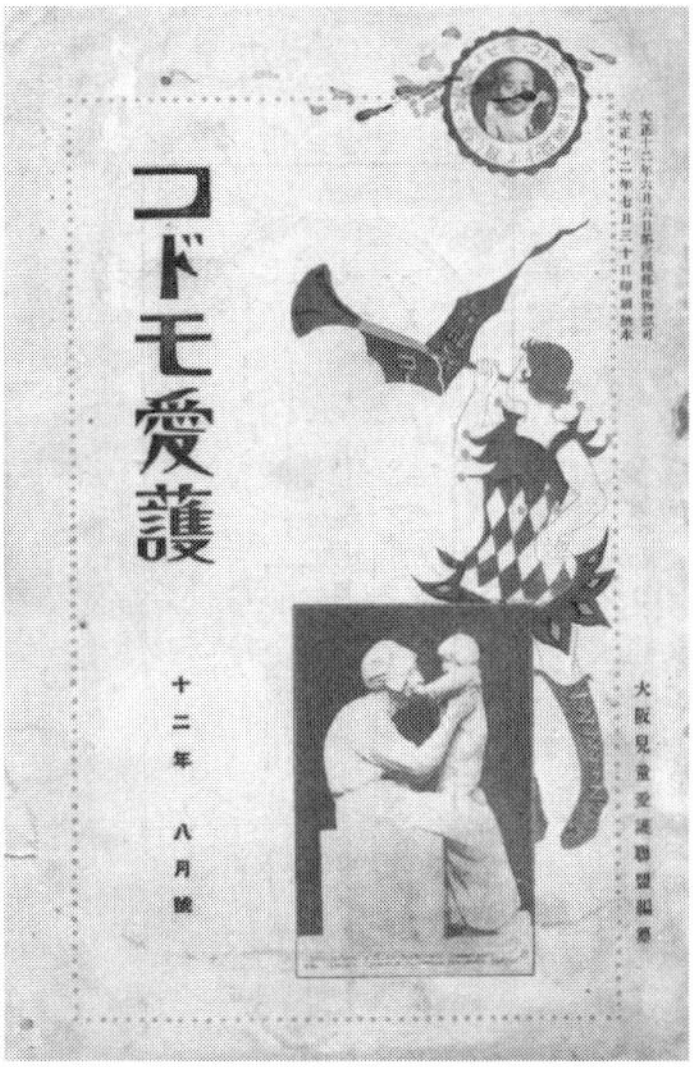

図4　「コドモ愛護」23年8月号表紙

ら、そのヒントを得ているのはいうまでもない。

そしてこれは大阪における地方公共団体の都市社会事業と、民間ボランティア運動との幸福な出会いであった。しかし、それは戦後から現在の自治体が、まちづくりへの市民参画としてボランティアを募るようなイメージではない。ちょうど、一九二二年に賀川豊彦が『空中征服』というSF小説を改造社から刊行するが、そこでは賀川自身が大阪市長になったと仮定されている。大阪は名だたる煙の都で、工場からの煤煙によって、貧民ばかりか金持ち有力者の子弟までもが肺の病気で死んでいく。

『とにかく、私は泣いて泣いて大阪を涙漬けにしてやろう』

彼は煙筒文明の破壊、資本主義文化の最後の崩壊の日などのことにつき、次から次へとすこぶるローマンチックなことを考えて泣き続けた。

神経が昂進するとともに、彼は自分の脈管の中に血潮の沸騰する音を聞いた。

彼が血潮の沸騰することに気のついた時には、すでに彼の身体は見る見る膨張している時であった。

彼は水銀が熱によって膨張するごとく膨張した。彼は超人のごとく市中を見下ろした。天王寺の通天閣がはるか下に見えるようになった。(10)

怪獣のように大きくなった賀川市長の涙で、大阪の街に洪水が起こってしまうくだりだが、大げさでSF的であるとはいえ、社会事業を担当していた者の心情と、当時の雰囲気がよくうかがえる。志賀と賀川には交流があり、社会事業の両雄としてよく並び称されていたことも、裏づけになる。

志賀の個々の事業については他の論考に譲るが、保育組合に関して『子供の世紀』三巻一一号(一九二五年)付録として志賀が書いた文章「子供の国」には、橋詰の「家なき幼稚園」に直接触れた部分がある。

我等より前に大阪毎日新聞の橋詰氏は、家なき幼稚園を創立し、フホード乗合自動車二台を以て郊外保育に力を尽くしていたが、ただ困るのは経費の大きなことである。私共はこれを郊外電車に代えるのである。[11]

これについて、橋詰や志賀の仕事をとりあげて先駆的な著書であった『日本の幼稚園』において、上笙一郎・山崎朋子は

わたしたちは、前章であつかった家なき幼稚園の自然保育について、こういう意味のことを書きました。――それは、当時のいわゆる文化生活をたのしみ得た中間層の幼児教育のひとつの理想を、現実化したものであり、いわば大正デモクラシーの開かせた一つの特異な花である、と。

それになぞらえていうならば、時はおなじ大正の末年、所もおなじ大阪で、しかし階層だけはまったくちがって、どん底生活にあえぐ貧民のなかでおこなわれた北市民館保育組合の野外保育運動は、家なき幼稚園を表として、その裏がわに咲いた一輪の花であったのではないでしょうか。[12]

と、評する。なるほどそうではあるが、前述のように志賀は情報として橋詰のことを書いているのではなく、同志の事業として書いていたのだと考えられる。中間層のボランティアは、大阪市の社会事業をチャンネルとして、貧民層の子ども救済に関わりだしたので、その鍵を握ったのが志賀志那人なのであった。

それでは、志賀志那人のコドモ党の同志としての子ども観とはいかなるものだったのだろうか。先の「子供の国」には、このような子どもの姿が描写されていた。

私の所に預かった子供の内にどうしても歌わぬ子供があった。唱歌の時になると、他の子供の頭をがんがんぐって廻った。けれども、一度踊りの時間が来ると、彼は鬼の如うに逞しく、燕の如うにすばしこく、そして力のこもった踊り方をした。同じ一つの歌が彼には音とならず、運動となって表現せらるのであると唱歌の先生は感心した。（中略）又どうしてもお昼の御飯を食べない子が三、四人あった。これはあまり間食癖が高じているからである。一人の先生はこの子供達を自分の周りに置いて食べてしまうまで自分も暇をかけて一週間程一緒に

食べた。遂にその子等は皆食べて帰るようになった。これ等は愛の小さい果実である。[13]

これだけでは、キリスト教的な教育観というような印象しか与えないかもしれない。しかし、『コドモ愛護』一九二三年八月号に志賀が書いた、都島橋の下の四十あまりのボロ小屋村を訪ねた文章「遍路と其の子」には、彼の方法と姿勢が示されている。

　ここの人々の生活に就いては、度々紹介されている。しかし、往って、話してみなければ、その本当の生活に触れる事はできない。そして、探訪記者としてでなく、役人としてでなく、慈善事業家としてでなく、教育家としてでなく、謙遜な人の子として、訪ねなければ、あの人達の優しい、人生観に触れる事はできない。[14]

そして、次のような生々しい聞き書きを記した。

『子供、大分おますっしゃろなあ、ここの沙子（すなご）中で、五十人位おまっかなあ、働きゆうて、しめんけど、内の子は、こない柄は、ちいそうおまっけど、十四だす、毎日七時頃から、辻占売りさしてまんね。

『あてはなあ、癩病の気は、おまへんけど、総体弱うおますよってに、遍路していまんね。

『子供を学校？　いえめっそうな。[15]

実は志賀は、子どもたちの中で、字を習いたいという子どもを、市民館で教育し、父兄を啓蒙し、根無し草の遍路生活を改善させたいと考えていたようだ。しかし、それを口に出して問いかけてみると答えはこうである。

『あんたも、何時まで、遍路するつもり？　どこぞ、家を探してやるから、そこで何なりと働いて、子供を（この遍路には二人の立派な子供がある）立派に成人さしたらどうや？

『ほんまに、忝けのうおます、すりゃそう出来りゃ、ほんまに仕合せだすが、あて達は、今日あって明日は、どねぇ、なるやら、分からん身だすよってに、きめて貰う訳にゃ、いきめんがなあ。[16]

これを聞いて、志賀たちは、自分の生活や教育という考えを押し付けるのは、彼らには無用かもしれないと思ってしまうのだ。ここに表現されている思想や感性だけでなく、記述の仕方そのものについて、注目する必要があるのではないか。つまり、極めて正確に耳で聞いた、遍路たちの発言が記述されているのではないか、ということである。子どもの姿の描写にも共通する、偏見も建前もなく、すっと相手の懐に入ってしまうこの姿勢こそが、泣いて泣いて大阪を涙漬けにしてしまう、志賀志那人という巨人のあり方だったのだ。

四、子ども愛護事業

記念アルバムには「大阪児童愛護連盟実施事業要目」という年表がある。一九二一（大正一〇）年の始まりから一九三五（昭和一〇）年までをまとめているので以下に引用する。

大正十年　こども愛護の標語募集、児童愛護宣伝デー挙行（十一月六日）びら撒布、花売、児童お伽噺会、講演会（十一月六日、七日、八日）。

大正十一年　児童愛護宣伝デー挙行（五月五日、六日、七日）びら撒布、講演会、活動写真会、巡回活動写真会、花売。東京、神戸、広島等に於ても同様宣伝をなす、第一回大阪乳幼児審査会（十月）。

大正十二年　第一回大阪乳幼児愛護宣伝デー挙行（四月十三日、十四日、十五日）「愛の暦」乳児の巻頒布、自動車及モータボートによる撒布、講演会。京都、広島、尾道、宮島、別府等に於ける宣伝の応援をなす、機関雑誌『コドモ愛護』創刊（五月）

大正十三年　機関雑誌を本連盟の直営に移し題号を『子供の世紀』と改め内容を充実せしむ（二月）児童愛護宣伝デー挙行（五月）、ポスター及びら撒布（ボーイスカウトの援助を受く）愛護叢書及愛児カレンダーの頒布、支那青島に於て国際児童愛護週として次に配する各種事業を執行したるに際し役員三名を派遣し援助をなす。〔乳幼児審査会、児童愛護展覧会、日本語こども大会、国際児童大会、日

本婦人講演会、中国婦人講演会、日本人一般講演会、中国人一般講演会、各学校出張講演）第二回大阪乳幼児審査会（九月）。

大正十四年　岐阜県下各郡市役所所在地に於て児童審査会、展覧会、講演会、開催（五月）、ラジオにより児童愛護講演放送（五月）小学児童のための林間学校（八月）第三回大阪乳幼児審査会（九月）第一回東京乳幼児審査会（十月）皇孫照宮御降誕を記念して児童愛護週間を施行し、連日本連盟の役員交代にてラジオ放送をなし大阪市婦人連合会八〇余の団体と協力して記念マークを売り、その実収にて市内の公園に植樹す。

大正十五年　第一回全関西小学児童健康（口腔）審査会（三月二十七日より四日間）第二回東京乳幼児審査会（七月一日より五日間）小学児童のための林間学校（八月）第四回大阪乳幼児審査会（九月十六日より五日間）。

昭和二年　乳幼児愛護週間（五月一日より九日まで）児童大会、映画大会、街頭児童愛護講演会、室内講演会、びら撒布、愛護叢書頒布、第二回全関西小学児童健康（口腔）審査会（五月七日より三日間）第三回東京乳幼児審査会（九月―人員二千五百名）第五回大阪乳幼児審査会（九月―人員三千名）第一回北海道乳幼児審査会（十月札幌市に於て―人員五百名）第一回堺乳幼児審査会（十二月堺市に於て―人員六百名）『子供の世紀』第五巻第六十号迄発行。

昭和三年　学問と実際によるコドモ必需優良品展覧会（四月）第一回岸和田乳幼児審査会（五月）第一回五条乳幼児審査会（六月）京城乳幼児審査会（九月）神戸乳幼児審査会（九月）第六回大阪乳幼児審査会（十月）

昭和四年　和歌山市に於て児童愛護講演会（五月）仙台各学校に於て講演会、ラジオにより講演放送（六月）

昭和五年　第二回五条児童愛護大会挙行（六月八、九日）乳幼児審査会（第二回）お伽大会、女学校に於ける児童愛護講演会、口腔衛生展、小学児童口腔審査会、第七回大阪乳幼児審査会（十月）

昭和六年　第三回五条乳幼児審査会、児童愛護講演会挙行（七月）第八回大阪乳幼児審査会（九月）宮城県下に於ける童話会、講演会、ラジオにより児童愛護講演放送（十一月）

昭和七年　第一回和歌山乳幼児愛護大会挙行（五月）乳幼児審査会、児童愛護講演会、育児参考品展覧会、第四回五条児童愛護大会挙行（六月十三、十四日）乳幼児審査会（第四回）お伽大会、児童愛護講演会、口腔衛生審査会、育児参考品展覧会、小児婦人健康相談所、虚弱児童のための夏季林間学園（八月）第九回大阪乳幼児審査会（九月）

昭和八年　第五回五条児童愛護大会挙行（六月）乳幼児審査会（第五回）児童愛護講演会、良き歯の会、小児婦人健康相談所、第四回全東京乳幼児審査会（六月）第十回大阪乳幼児審査会（九月）第一回中京乳幼児審査会（十月）

昭和九年　大毎慈善団主催の鶴橋コドモ、セツルメントに於ける赤ちゃん健康審査会を応援す、第五回全東京乳幼児審査会（六月）第十一回大阪乳幼児審査会（九月）東京優良児（前年度表彰）の再審査会（十月）

昭和十年　第一回東京子供優良必需品展覧会（六月）第六回全東京乳幼児審査会（六月）読売新聞社主催第二回海国赤ちゃん写真大会を後援（八月）第十二回大阪乳幼児審査会（九月）第一回東京優良児母の会（十月）第一回東京クリスマス母の会（十二月）

昭和十一年　第一回台湾全島児童愛護運動挙行（四月二日より二十日迄）各地に於ける児童審査会、女学校、婦人団体のために講演会（日程表省略）第七回全東京乳幼児審査会（七月）第二回東京子供優良必需品

展覧会（七月）第十三回大阪乳幼児審査会（九月）東京高島屋主催第三回海国赤ちゃん写真大会を後援（九月）。

一覧すればわかるが、乳幼児審査会、通称赤ん坊審査会が、児童愛護連盟の主要な事業になっていっている。一九三八（昭和一三）年に志賀志那人が急逝し、日本の体制が戦争に傾いていく中で、これは天皇の赤子としての優秀な兵士を生み育てるという、国策にも一致した運動として陸軍省や海軍省が後援を行うようになる。

五、『子供の世紀』主事、伊藤悌二

『子供の世紀』がいつまで続いたのか、今の所、一九四四（昭和一九）年四月号までの書誌情報が確認できる。二二巻までということだが、筆者が大阪府立図書館で確認できたのは二〇巻（一九四二年）までである。これを一貫して編集発行を続け、児童愛護連盟の運動を続けてきたのが伊藤悌二であった。志賀が東京帝国大学の学生だった時に知り合い、一九二〇（大正九）年五月大阪市に勤めだした志賀と再会する。[17] これが、児童愛護連盟主事になるきっかけだったにちがいない。

伊藤悌二は宮城県伊具郡金山村（現在は丸森町金山）に一八八九（明治二二）年三月一八日に生まれた。

伊藤家は伊達政宗公が仙台に藩政を布く以前から医を業として、十代に垂んとしておる旧家で、元禄、天正はいうも更なり、慶長、元和から文化、文政という年号のある墓標は数多くあって、それらには良医大学居士とかいう種類の法名がかなり多い[18]という医院の本家を持っており、『子供の世紀』にはしばしば故郷に帰る記録を載せている。その上に「子供の世紀掲載帰郷記事」というリストまで作っている。[19] それによると、五巻一二号の「十年ぶりに故郷を訪うの記」に始まって一九四一年までに一二本ほども帰郷記を書いていた。

東京での学業や活動については、まだわからないことが多いが、久留島武彦の口演童話の勉強会、回字会（かいじかい）に関係を持っていたらしいことが古田誠一郎の記述にある。(20) そうだとすると、高尾と志賀を結びつけたのは伊藤だったかも知れない。

児童愛護連盟と『子供の世紀』は太平洋戦争敗戦という荒波に飲まれて消滅する。その壊滅の頃と、伊藤の敗戦後についてはまだ調査がいたっておらず、ここには報告ができないことをおわびする。

伊藤悌二は一九五八（昭和三三）年一一月二二日永眠。神戸松蔭女学校二年の時に病没した長女、恵子の墓碑もある、故郷丸森町金山の古刹、金龍山瑞雲寺に夫妻ともに墓があるという。生没年をご教示いただいたご遺族に感謝を捧げたい。

注

（1）伊藤「大阪児童愛護連盟の起源及び其の発達」『連盟創設満十五年記念全日本児童愛護運動写真帖』日本児童愛護連盟、一九三六年（図1）。アルバム仕立てのためか、頁番号が打っていない。旧漢字、仮名遣いは読みやすくするために現代風に改めてある。引用については以後も同じ方針である。

（2）三田谷啓『山路越えて』日曜世界社、一九三二年、引用は復刻版『山路越えて』（伝記叢書一一二）三田谷啓、大空社、一九八七年、六〇―六一頁。

（3）三、社会福祉法人、三田谷治療教育院のホームページ http://www32.ocn.ne.jp/˜sandaya/hiraku_story.html には創設者三田谷啓ストーリーとして業績が掲載されている。

（4）たとえば高尾「お伽芝居『うかれ胡弓』の脚本を記録しておくに就て」は『子供の世紀』七巻（一九二九年）一月号から五月号まで、お伽芝居「うかれ胡弓」台本とともに五回に分けて連載された。これは現在、堀田編纂による『大阪お伽芝居事始め―「うかれ胡弓」回想と台本―』高尾亮雄著、関西児童文化史研究会、一九九一年、に収められている。

（5）堀田「観光と児童文化―別府と大阪を結んだお伽船―」『京都文化短期大学紀要』二四号、一九九六年三月、「『瀬戸内海コドモ連盟』について―続観光と児童文化」『京都文化短期大学紀要』二五号、一九九六年一二月、「高松お伽倶楽部と蓮井玄英―観光と児童文化3」『京都文化短期大学紀要』二六号、一九九七年三月、「蓮井玄英とお伽船―観光と児童文化4」『京都文化短期大学紀要』二七号、一九九七年一一月、など参照。

(6) 児童用品研究会については、香川雅信「坪井正五郎の玩具研究―趣味と人類学的知―」『比較日本文化研究』五号、一九九八年一二月、を参照のこと。

(7) 橋詰『家なき幼稚園の主張と実際』東洋図書、一九二八年、読みやすく現在でも入手できるものとして山崎千恵子編『橋詰せみ郎エッセイ集―「愛と美」誌より―』関西児童文化史研究会、一九九〇年、がある。

(8) 小林一三については、津金澤聰廣『宝塚戦略―小林一三の生活文化論』講談社現代新書、一九九一年、が総合的にその方法をとらえている。そこに私としては児童文化運動ネットワークを付け加えたいと考えている。

(9) 内山憲尚編『日本口演童話史』文化書房博文社、一九七二年が「正史」だが、不備欠落が多い。『語りの世界』三五巻(二〇〇二年)から連載している堀田の「口演童話研究ノート」も参照されたい。年二回刊、語り手たちの会。

(10) 賀川『空中征服』改造社、一九二二年、二〇八頁。

(11) 志賀「子供の国」『子供の世紀』三巻一一号付録、一九二五年、五頁。

(12) 上・山崎『日本の幼稚園』理論社、一九六五年。引用は光文社文庫版、一九八五年、一八八頁。

(13) 志賀「子供の国」三―四頁。

(14) 志賀「遍路と其の子」『コドモ愛護』一九二三年八月、二七頁。

(15) 同右、二八頁。

(16) 同右、三〇頁。

(17) 森田康夫『地に這いて』大阪都市協会、一九八七年、三三頁。

(18) 伊藤「帰郷日記　緑地帯金山郷に帰る」『子供の世紀』一九巻二号、一九四一年二月。

(19) 『子供の世紀』一九巻三号、一九四一年三月。

(20) 古田「第一部・東京都、七、回字会」『日本口演童話史』六三頁。

北市民館と大正デモクラシー

久保在久

一、大正デモクラシーのなかの米騒動

「大正デモクラシー」という用語は、戦後使われ始めた言葉で、研究の深まりとともにさまざまな見解が打ち出され、諸説あるものの、「日露戦争後から大正末年にかけ、政治の世界を中心に、社会・文化の分野にまで顕著に現れた民主主義的、自由主義的傾向」(1)という定義が一般的であろう。

しかし、この大正デモクラシーと呼ばれる期間の中でも、一九一八(大正七)年夏に起こった米騒動は、その与えた影響の大きさや深さから考えても、特別な位置付けがなされるべき出来事だというべきである。

同年七月、富山県内で米の廉売を求める米商人や資産家に対する大衆運動が広がった。八月に入って新聞がこれを報道すると、米価の高騰に悩む民衆の運動はうねりのように盛り上がった。騒動は自然発生的にたちまち全国の主要都市から地方都市や農村にまで及び、各地で大規模な騒擾事件に発展した。

大阪では八月九日西成郡今宮町(現大阪市西成区)での騒動が発火点となった。都市貧民層の多いこの地域では、折柄の米価急騰で休業する小売店が相次ぎ、なじみのない客を断った米穀店が、打ち壊しに遭おうかという殺気だった雰囲気となった。出動した警察官の制止で、なんとか押し止めたものの、同月一一日に天王寺公会堂で開かれた「米

価調節大阪市民大会」には超満員の三〇〇〇人ともいわれる人が集まり、入りきれぬ群衆が場外に五〇〇〇人もがたむろする状況となった。

あふれ出た群衆は、米屋に押し掛けて安売りを強要し、応じなければ有無を言わさず店を打ち壊すという行動を起こし、瞬時に市内各所に、そして津波のような速さで府内全域に広がった。そしてこの大騒動は遂に焼き討ちを含む暴動にまで発展し、同月二〇日までのわずか一〇日ほどの間に、警察力では鎮圧が困難となるほどの規模となり、大阪府知事は陸軍第四師団に出動を要請、三七連隊の兵士を動員して鎮圧につぎ込むという事態に追い込まれた。全国の示威運動発生地点は三六八か所、検挙者は数万人にのぼり、起訴されたもの七七七六人に達した。

多くの人びとが指摘してきたように、米騒動は近代日本における社会運動史上、画期的な意義を持っている。民衆が自らの力に目覚めて散発的な運動から組織的な運動に転換するきっかけとなった重大な事件であるとともに、巨大な民衆の底力を見せつけられた政府や資産階級などにかつてない危機意識を持たせ、これを機縁に労働者の福祉向上を含む労務対策の充実に一段と腐心するようになった。

二、米騒動とその影響

米騒動当時、志賀志那人は大阪歩兵第八連隊に入営していたので、騒動の現場を見聞していたかどうかについては明らかでない。だが、二七歳という人生で最も充実した時期に起こったこの事件が、すでに東京帝国大学在学中から大正デモクラシーの息吹に触れていたインテリゲンチャの彼に与えた影響は少なくないものと考えられる。第一次大戦後の日本における資本主義経済の急速な発展と、それに伴う諸矛盾が一気に吹き出した結果だと捕らえた彼が、「資本主義社会が生み出す富の偏在こそ、都市が生み出す社会的疾患」(2)と考えたのは当然の成り行きで、「大衆は社会歴史をつくる主体であると規定し、大衆が歴史に参加するために組織化されなければならない。その組織化の役割を担当するものが社会福祉である」[3]との見地に到達し、「近代福祉の開拓者」[4]と評される彼の果たした大きな役割の一端の形成はここに求められるのではないかと考えられるのである。

米騒動が世間にどのような影響を与えたかを知るために、代表的な二人の人物を紹介しよう。高田鉱造は大阪市内の貧しい家庭に育ち、小学校を中退して心斎橋筋商店街の時計店の住み込み店員をしていた。同年八月一二日店主の所用で町に出て湊町（現ＪＲ難波）駅前の深里橋に差し掛かった時、抜刀した騎馬隊と群衆が対峙している現場に遭遇する。騎馬隊の威圧に押されながらも、前ににじり出ようとする民衆の底力に高田は「米騒動を通じて民衆の姿に逞しさ、エネルギーを感じた」[5]と記した。これに触発され日本革命を夢見るようになった若き日の高田は、一九二八（昭和三）年二月非合法下の日本共産党に入党、直後の「三・一五事件」で検挙され、三四年三月の仮出獄まで長い獄中生活を送ることになる。

一方、高田とは逆の意味で民衆の底力に衝撃を受けたのは在阪の資産家や経営陣であり、その一人が陸軍省直轄の兵器工場・大阪砲兵工廠の提理（工廠長）村岡恒利中将であった。陸軍士官学校の秀才で順調に出世コースを歩んでいた村岡は、時代の流れを読む能力にも長けていたのであろう。これを機に労働問題の研究に手を染めるようになり、工廠労働者の労務管理に一段と心を砕くようになった。村岡は、この後「救済金分配問題」で職工側と対立した事件を機に、職工側が求めた労働組合の公認を打ち出し、陸軍省当局との粘り強い交渉の末、労組「向上会」を公認、これを実現させている。村岡の思惑は、「もはや強圧一方の労務管理では制御出来る時代ではない、むしろ当局側の「健全なパートナー」として労働組合を育成した方が得策だ」との計算があったものと思われる。

三、協調会と大原社研

米騒動を軍隊まで繰り出してようやく鎮圧したものの、時の政府に与えたショックも大きかった。一九一九（大正八）年一二月、米騒動後の盛りあがる社会・労働運動に対抗するため、原敬内閣の床次竹二郎内相の発議により政府補助と資本家の寄付によって財団法人協調会が東京に設立され、社会政策・社会運動についての調査、研究発表、政府への進言、争議の仲裁、調停を行うこととされた。大阪支所は一九二〇（大正九）年一一月大阪市役所内に開設され、初代所長は藤沢穆（きよし）、理事に神部正雄（京都帝国大学教授）、小河滋二郎（大阪府社会課）、関一（大阪市助役）らが就任した。

これより先、倉敷紡績の社長だった大原孫三郎（一八八〇―一九四三）は、米騒動後の広がる労働問題を深く憂い、京都帝国大学教授河上肇の紹介で、高野岩三郎（東京帝国大学教授）に就任を要請して、一九一九年二月私費を投じて大原社会問題研究所を大阪に設立し、研究誌の発刊など活発な活動を展開した。大原はすでに「愛染園」など隣保事業を行っていたが、「社会の病弊たる貧民、孤児、売笑婦などを救済するだけでは不十分で、進んでこれらの病弊を生み出す根源をさぐり、これを救治する方策を研究せねばならぬ」との認識[6]を持っていて、これを具現化するために、研究所の設立に踏み切ったのだった。大原の死去後、研究所は戦後法政大学大原社会問題研究所として新発足し、集められた膨大な資料は研究者にとって第一級の史料の宝庫として活用され、学術研究の発展に大きく寄与している。

米騒動をきっかけに結成された大原社研と協調会は、その設立趣旨からみても、志賀の思想と相通じるところがあり、講演活動等を通じて以後彼の活躍の場の一つとなる。

四、労働運動の質的転換、一九一九年

先述したように一九一九（大正八）年は、労働組合や労働団体の結成が相次ぎ、散発的な運動が、組織化された運動に大きく転換を遂げた年であり、その意味で大阪の労働運動史上「組織的運動の元年」といって差し支えないかと思われる。だが、このことは同時に、多くの思想的な潮流を生みだし、労働戦線の錯綜、対立など複雑な様相を呈す

ることにもつながった。

この年に結成された労働団体は多数にのぼり、内務省警保局の資料では大阪府が全国で断然トップの一二〇団体、三万九〇〇〇人が組織されたとされている。大阪砲兵工廠の「向上会」もその一つであり、同年一一月九日砲兵工廠の筆生（事務職員）八木信一のリーダーシップのもと、発会式を挙行した。

同じ年、これより少し先の五月一四日に結成されていたのが大阪鉄工組合で、久保田鉄工、栗本鉄工所、大阪鉄工所など大阪市内の有力企業の労働者を組織し、指導部には坂本孝三郎らがいて、八月時点の組織人員は九五八人であった。

砲兵工廠が労働組合の公認を打ち出した一九一九年秋、真っ先に名乗りを上げたのがこの大阪鉄工組合であった。砲兵工廠職工を組織し「玉造支部」を結成しようとしたが、砲兵工廠当局は自前で育成しようとした向上会に肩入れし、「よそ者」である大阪鉄工組合を忌避したので、同組合は砲兵工廠内で僅かの組合員を獲得したに止まり、向上会が圧倒的多数を擁する主力組合となった。

砲兵工廠内で組合員獲得競争に敗れた大阪鉄工組合だったが、向上会の指導者八木信一も、大阪鉄工組合の坂本孝三郎（一八九四―一九三五）ら幹部も、労働運動の指導精神は穏健な労資協調主義者であり、過激な運動を排斥する立場であったため、組合員争奪戦のわだかまりを捨ててやがて両者は歩み寄り、ともに普選運動などに力を尽くすようになる。

一方労働運動は、この時期を境にしてラジカルな運動を目指す勢力の台頭も著しかった。友愛会は一九二一年日本労働総同盟と改称し、共産主義を信奉する会員も増加した。このため労資協調路線の大阪鉄工組合とは犬猿の仲となり、ことごとく対立する関係にあった。また向上会も当初は穏健な八木の思想にリードされ、普選運動で関西を代表する組合になっていたが、総同盟の左派グループなどの影響を受けた組合員が増加するに伴い、八木批判派が台頭し、後述するようにやがて向上会を放逐されることになる。

五、大阪鉄工組合と志賀

一九二〇（大正九）年一一月大阪鉄工組合は、大阪工業会の長谷川柳太郎の提案による労資研究会に参加した。この研究会は「労働問題解決の唯一の道は、労資相互の理解による両者の調和」を目的に掲げ、労資協調により労働者の地位の向上を図ろうとするものであった。第一回会合は同年一二月七日に開催され、翌二一年八月までに五回開催された。これと併行して大阪鉄工組合は、労働者の「知識の不足、思想の不統一、不完全」の欠陥を補うためとして「常識講座」と「労働学校」を開設した。第一回の常識講座は一九二一年二月五日に開かれ、ほぼ一か月に一度のペースで開催されている。三月一〇日の第三回目には志賀志那人が登壇し「性欲と近代思想」というテーマで講演している。講座録が残されていないので、志賀がどのような内容の講演をしたのかつまびらかではないが、恐らく彼の持論である「独善的な男性の性道徳批判」を展開したものと考えられる。

志賀と大阪鉄工組合との関わりはこれだけに止まらなかった。同組合の三周年大会が志賀が館長を務める北市民館で、開館からわずか一週間後の六月二六日午後二時から実施された。恐らくこれが、同館を使用した労働組合の先鞭であったかと思われ、そこに同組合のリーダーたちと志賀の人間的な面を含む深い繋がりを窺うことができよう。大会の模様は『大阪社会労働運動史』第一巻五五二頁以下に、概略次のように書かれている。(7)

二一年六月二六日午後二時から開館されたばかりの天神橋六丁目市立市民館で開かれた。最初に支部旗が奏楽裡に横田千代吉組合長より坂本孝三郎理事長の手を経て各支部代表に渡され、ついで内田文市の開会の辞ののち座長に杉浦市太郎を選出、尾関憲城が宣言書（坂本孝三郎・福田竜雄起草）を朗読、杉浦座長の経過報告、会計審査のあと組合長・理事長の改選が行われ、組合長に坂本孝三郎、常任理事長に福田竜雄を選出して四時前大会を終わった。それより演説会に移り、有馬頼寧が「労働者教育」と題して「人間は何でもかでも愛でなければならぬ」と一時間余り説き、次に坂本組合長が「鉄工組合の方針」として、「我々は日本の産業を盛大にしなければならぬ。そうすることによって、我々の幸福を増進」との持論を披瀝し、閉会。夜は懇親会を開き、薩摩琵琶や浪曲の余興を楽しんだ。

六、志賀と八木信一

八木信一（一八八二―一九五五、「しんいち」と呼び習わされているが、「のぶいち」が正しい）は、香川県の生まれ、日露戦争従軍後、大阪砲兵工廠の筆生となった。持ち前の指導力で頭角を現し、村岡提理が労働組合を公認したのを機に、「向上会」を組織し、のちにその初代会長となった。一九二一（大正一〇）年五月一日大阪最初のメーデーの総指揮者を務め、普選運動を提起して大阪労働界のリーダーとなったが、労資協調・産業立憲を掲げる彼の運動方針は、運動の左傾化・急進化とともに批判の対象とされた。一九二二年八月の大会で会長に再選されたものの、くすぶる普選無用、八木排斥論に業を煮やした彼は憤然と向上会から離脱し、同年一一月同じ大阪砲兵工廠で「純向上会」を組織してその会長となった。向上会と砲兵工廠内の組合員獲得競争にしのぎを削り、ほぼ互角の勢力を保つ一方、民間労働者にも組織化の手を延ばし組織拡大に成功した。その余勢を駆って八木は一九二六年一〇月関西民衆党を組織、その党首にも就任した。彼は「私の憧れは日比谷の議政治壇上には微塵もない、塵芥積もる工場の中、機械の轟々たる音、ハンマーの響き、それこそ私にとっての天来の音楽である。その音楽を聴きつつ、多くの兄弟たちと堅き握手の下に理想の実現に努力すること、それに私は無上の生き甲斐を感じつつあるものである」と述べているが、彼の運動とその主張に志賀も共感するところが多かったと思われる。

志賀と八木とが記録の上で最初の接点となるのは、一九二〇年七月一九日中之島中央公会堂で千余名を集めて開かれた「労働組合法制定・失業救済関西労働者大会」である。この大会は大阪鉄工組合などが加盟する関西労働団体懇話会の主催になるもので、八木が座長を務め、「労働組合法制定」と「失業労働者の徹底的救済」などを決議した後、当時大阪市社会課所属だった志賀、村島帰之（よりゆき）（後述）、賀川豊彦などが演説を行った。

以後、八木とは親しい間柄になっていったようで、八木が向上会の会長であった頃の一九二〇年一一月七日の発会一周年総会で、志賀が講演した。『大阪朝日新聞』（一九二〇年一一月八日付）は、次のように記している。

> 砲兵工廠従業職工を以て組織してゐる向上会は創立満一周年を記念して七日午前九時から中之島中央公会堂で秋季大会を開いた、赤地に向上の二字を白く染抜いた小会旗を手に手に詰蒐けた会員は定刻既に二千名に達し遠くは名古屋支部からも馳せ加はり同伴の家族や約三百名の女会員をも網羅して三千名と云ふ大盛況である（中略）斯て正午友誼団体として西尾友愛会大阪主事、金子鉄工組合理事の祝辞が済むと賀川豊彦、志賀品人氏等が中心になって生産者の歌を高唱し場を揺がす裡に今井嘉幸博士の講演を最後に幕を閉じた。

志賀が西尾末広、金子忠吉、賀川豊彦、今井嘉幸らの関西を代表するそうそうたるメンバーとともに招かれ講演したことがわかる。

続いて一九二一年一月二三日普選実現を目標に掲げた関西労働組合連合会が天王寺公会堂で結成され、その連合会が主宰する労働講座が同年三月二日以降毎日曜日夜ごとに実施された。講師陣には志賀のほか「普選博士」の異名を持つ今井嘉幸や村島帰之、荒畑寒村、金子徳伸、古市春彦ら多彩な顔触れが揃っている。前年の東京に続いて、この年五月一日の大阪最初のメーデーを企画・実行したのはこの連合会である。

八木が向上会と決別し、純向上会のリーダーになった後も、志賀との交流は続いた。純向上会は、一九二五年一一月二一日、前年に引き続き第二回雄弁大会を、次いで翌二六年四月一〇日第三回を開催したほか、少し前の同年三月一三日労働者啓発のための「純向講座」を開設、これの講師陣に志賀志那人も加わった。志賀の担当は「社会問題」

で、他の講師は労働問題に久留弘三、政治問題を今井嘉幸、経済問題を河野三通士（大阪毎日新聞）が担当した。

志賀の『日誌』(8)には一九二五（大正一四）年二月一五日の項に「日本労働組合連合に一寸行って見る、八木君の議長振り頗るよくなった」と記されているあたりにも、八木との深い交流が窺われ、一〇歳年長の八木を「八木君」と呼んでいるのも親しさの裏返しであろうか。ちなみに日本労働組合連合というのは、一九二三（大正一二）年一二月一五日志を同じくする大阪鉄工組合、純向上会、電機工組合、友禅工組合、立憲労働党、土工組合の一四七〇名によって結成されていた連合体であり、「経済運動の傍ら政治運動をなす」という穏健な主張を掲げた団体で、八木はその常任幹事に就任している。

大阪鉄工組合や八木との交流に見られるように、志賀は極左的な労働運動とは距離を置く思想を持っていた。そのことは、彼の『日誌』一九二五年二月二六日付に「夜国分南市場の商人を集め貯金を勧め、之れによりて納税組合を造ると云う計画、某青年頻りに反対論を唱える。労働運動者の演説にかぶれたものである」と記され、非合法下の日本共産党の結成や、日本労働組合評議会の活動など、このところ盛んになりつつあった左派的な思潮の台頭に影響を受け始めていた青年たちに不快感を抱いていたことが窺われる。

七、協調会とのかかわり

一九二〇（大正九）年一一月大阪市役所内に設立された協調会は、翌二一年から労働学院を開設した。一九一九（大正八）年八月から大阪市労働調査事務の嘱託として市役所に奉職していた志賀が、協調会の設立に共鳴し、初代所長に任命された藤沢穆と深い繋がりをもつようになったのは当然の成り行きだった。

藤沢は岡山県の生まれ、一九一〇年京都帝国大学卒、同志社大学教授、大阪朝日新聞調査部長、神戸高商講師を経て協調会に入所という経歴を持つ。社会福祉、労働問題に深い関心を抱いていた志賀が、所長の藤沢と交流があったのは当然で、志賀の『日誌』一九二四年九月一日付に「Social case work ノ研究始ム。協調会藤沢氏ト語ル」との記述が見られる。藤沢と会見したのは、恐らく翌年の協調会が主催する社会政策学院の講師を依頼され、その打ち合わせのためだったかと推測される。

『日誌』には、一九二五年四月二六日付に「今夜より協調会社会政策学院の研究科に社会学の初歩を講ず。日本社会学院教科書を用う」とされ、同年六月一七日付には「今日にて労働学院の講義を終る。将来のために大に勉強しておく要あり」と記しているので、志賀にとっても、よき自己研鑽の場であったようだ。しかも、その学院の講座は非常に好評だったようで、終了後の同年七月一二日には「協調会労働学院にて余の社会学講義をきゝたる十名余の熟練工諸君、引続き話をきき度き由にてトインビークラブを作り毎週一回来る事とする」との記述が見られる。「トインビー」というのは、イギリスにおける労働者のための社会福祉トインビー・ホールを語源とするものであった。さらに同年八月三〇日には「トインビー倶楽部員八名来る。共に昼食を食い語る。松安来る」との記述があり、協調会で学んだ熟練労働者との間で深い人間的な絆ができつつあったことを物語っている。もっともこのトインビー倶楽部は、講義終了後に持ち上がった話ではなく、もっと早い段階で計画されていたようで、講義が始まって一か月あまり経った一九二五年六月一六日付の『日誌』に「住友伸銅所吉田支配人の案内にてホテルに会食、トインビークラブ員の事を話したるに感心し居たり。同氏は教養ある紳士にて頗る快感を与えらる」との記述もみられることから、志賀自身も、このトインビー倶楽部については、内心誇りに思っており、そのことを高く評価してくれた住友伸銅所の吉田氏には強い親近感を抱いたものと思われる。

協調会の講義はなおもつづけられ、一九二五年九月一五日「協調会労働学院のため再び講議、今回は心理学、今日より始む」。一九二六年二月二日「今日より毎火曜五回、労働学院に論理学の講義を頼まれる」と『日誌』に記されていることからも、協調会事業の推進に彼の果たした役割の大きさが窺える。

ちなみに藤沢は、一九三〇年鐘紡の大争議に当たり、協調会大阪支所長の職を擲ち、寝食を忘れて斡旋に尽力し、解決に漕ぎつけたが、過労がたたり同年六月八日盲腸炎で四九歳を一期として急逝した。(9)

八、大原社研と大阪労働学校など

大阪労働学校は賀川豊彦を校長に松沢兼人を主事として一九二二（大正一一）年六月一日安治川教会内で産声を上げた。創立構想の中心メンバーは村島帰之、西尾末広、山名義鶴、今井嘉幸、賀川らであり、とくに設立運動の最初の呼びかけ人で、学校の運営にも大きな役割を果たした村島とは志賀も交流があることから、開講時から志賀が講師陣に加わり、「民衆芸術論」を担当した。(10)また、志賀は友人の同愛会関西総支部理事の青木律彦牧師とともに、梅田水平社同人有志と協議し、被差別部落民と部落外の市民との連帯をはかるため、毎月一〇日に市民館で啓発講演を開いた。(11)

少し時代が下がるが先述の大原社会問題研究所が実施していた一九三五（昭和一〇）年の月次講演会の七月九日の例会に、志賀が「在館十五年」と題して、彼の北市民館長在任を振り返る講演をしている。(12)また消費組合「共益社」の家庭会が実施した一九三一（昭和六）年八月七日から一五日かけての夏季婦人大学講座で志賀が「婦人協同組合」と題して講演した。(13)

九、村島帰之との交流

村島帰之（一八九一―一九六五）は奈良県生まれ、一九一四（大正三）年早稲田大学卒業後、大阪毎日新聞記者となった。社会・労働問題に深い関心を抱き、一六年堂前孫三郎らとともに職工組合期成同志会を結成、一九年友愛会関西労働同盟会理事、二二年官業労働総同盟の評議員などを務めつつ、下層社会の実情を見事に描き上げた『ドン底生活』（一九一八年）などの著書も著した。[14]

その村島が北市民館を訪れたことが『日誌』から窺える。一九二六年三月一九日の項に「村島君トインビー倶楽部の為め来る。労働運動内幕話あり」と記されている。村島が市民館を訪れるのは初めてではないが、恐らく村島は、新聞記者らしい独特の嗅覚でトインビー倶楽部を探り出し、志賀が協調会労働学院の生徒たちに慕われてこの倶楽部を立ち上げた経緯や実情などについて、取材かたがた訪問してきたのであろう。「労働運動内幕話あり」との記述は、労働問題に関心を抱く両者が、問わず語らずのうちに、その問題に話題が転じたものと考えられ、自ら労働団体の役職に就き、実情に詳しい村島の話に志賀が身を乗り出すようにして聞き入る状況が目に浮かぶようだ。

なお、村島は志賀について「公営隣保施設の創始、大阪の社会事業昔話20」[15]のなかで、次のように述べている。志賀のことをよく知る村島だけに、その文面には志賀の人格が見事に浮き彫りにされている。少々長いが引用しておく。

なお志賀氏について付言しておきたいのは、氏が労働問題に関心をもっていて、労働組合の演説会にたえず出演していたことだ。大正七、八年ごろは労働者問題がようやく盛んになり、組合員の教育のため、たえず演説会や労働講座が開かれていた。今と違って知識分子のリーダーが少なく、中央公会堂のような大集会には関一、岡村司、小河滋次郎諸博士や賀川豊彦氏らも出演したが、聴衆四、五十名そこその組合支部演説会にはそうしたオエラガタは来てはくれず、天六に近い中津の六斎橋の貸席とか、北野のお寺での集会などには、きまって志賀氏と私がひっぱり出された、志賀氏の演説は闘士型の激しいものではなく、静かな座談風のものだったに反し、私はやや煽動演説風だったので、私と一しょになると「ぼくに先にやらせて下さい、その方がやりいいから」といって前座を買って出た。市民館ホールも労働組合の集会に喜んで提供した。昭和五年の鐘紡の大争議の際、労働総同盟と総連合が対立し、西尾末広氏と阪本孝三郎氏が公開立会演説会を開いた折も志賀館長は市民館のホールの使用を許した。

一〇、むすびにかえて

以上述べてきたように、大正デモクラシーの風潮の中で最も多感な時期を過ごした志賀は、自身の持っていたキリスト教人道主義の信念に基づき、彼の理想を具現化するために様々な努力を惜しまなかった。すでに見てきたように、志賀が大阪の労働運動の中で、就中労働者教育の面で果たした役割は決して小さいものではなかったことが断言できる。しかし、彼の掲げた指導理念は極左的なものを排し、あくまでも合法主義的な枠内での労働運動と社会福祉の質的向上を目指すものであった。このため彼の運動は、戦後の労働運動史研究が左翼偏重に陥っていたこともあって、必ずしも正当に評価されてきていないといっても差し支えないであろう。これを機会に彼の果たした役割とその歴史的な位置づけを明らかにしておく必要があろう。

最後に志賀が書いた「ノー・サンキュー」(16)という随筆を掲げておこう。社会の下層で汗を流す勤労者に対する暖かいまなざしと、彼の労働観、社会福祉観がよく言い表されているからである（旧漢字は新漢字に改めた）。

大阪の理髪師の組合の中の感心な有志が社会事業家や、学校の教員達と連絡を取って、月に何回か可哀相な人達に無料散髪をしてやってゐる。自分達は金を有たないから労力を以て此の頃の失業者や、貧乏人に奉仕するのだと云ふ。この篤志によって毎月理髪師が出掛けて往ったり、無料理髪券が出されたりしてゐる。善い事に相違ない。

次の番として、女髪結―この職業の名は少し失礼であるが―が同じやうな事をやつて呉れるやうになつたら、もつと善い事に相違ない。少くとも人ごみの内の不愉快な臭気を相当に防（ふせ）ぎうるから。

その次の番には、按摩様が月に何回か無料按摩をして呉れたら、毎日烈しい労働に疲れて帰る人々はどんなに助かるか判らない。

その次の番は何でせう。少し贅沢だがタクシイの運転手諸君が労力奉仕をするやうになればガソリンやオイル代丈けで病院にでも、火事見舞にでも、家族慰安にでも出掛けられて、もつともつと善い事に相違ない。

次々と出て来るものには風呂屋の三助君、料理屋のコック様、電車の車掌様、工場労働者、何でもかでも自分の労力で生活してゐるものがそうしたら、そして上は総理大臣より下は一判任官までの皆そうしたら、此の世の中に賃銀と給料とは必要が無くなり、資本家と窮貧家とに取つての天国が建設される訳である。諸君、くぎりをつけないで押し詰めれば斯うなるんだから仕方がない。この点から見れば官吏一割減俸に反対した司法官などと云ふものは実にけちな人々で理髪師諸君の風下に立つて、その刈り散らした蓬髪を浴びるの資格もないと云ふ変な事になる。

×

人その友の為めに生命をすつる之れより大なる愛はなし。奉仕の頂点は之れである。減俸や一部の労力奉仕はまだまだ小さい事になる。少くとも労働を以て生きるものの総てが斯うする事によつて過剰人口の整理丈けでも出来る。

×

なさけない話はやめてもつと考へて見なければなるまい。額の汗で生きるものを捉へてその唯一の生活資源たる労力の奉仕を勧誘したり、うぶな名誉心をそそつたりするから斯んな見当違ひの弾道が出来るのだ。この不自然非合理な軌道の上に置かれた政治や教育や産業がどんな悲劇に終るか本当に怖ろしい事である。小さい時から斯んな風に煽動されて居る国民のどれ丈けが正しい自分の道に帰つて往けるだらう。

×

社会機構の知識を有たぬ純な労働者や給料取を斯んな英雄（ヒーロー）にする事をやめて、その往く途がもつと外にある事を教へなければならぬ。また斯かる奉仕を要しないやうにせなければならぬ。今までこの尊い犠牲によつて何を穫たか、無料で髪を刈つて貰つた貧窮家は、風呂に無料で入る事を想像し、無料で電車に乗る事を考へ、たゞで飯を食ふ事を想ふ。と同じやうに一割の減給を甘んじた賃銀や給料生活者を英雄（ヒーロー）感に浸らせた次には二割減の英雄（ヒーろー）を造らうとする不心得な資本家も出て来るにきまつてゐる。

×

今私達の考へねばならぬ事は、斯かる英雄（ヒーロー）の製造や、その賞讃よりは、もつと外にある。差当つては手を牽（ひ）けば負（お）へと云ふやうな貧窮心理の持主に気力をつけて、経済闘争線に立たす事。と同時に英雄の申出でに対してはノー・サンキューを以て答へねばなるまい。そして根本的には成就すべきもつと大きな必要事のある事を忘れてはなるまい。

注

(1) 『国史大辞典』吉川弘文館。
(2) 森田康夫『地に這いて—近代福祉の開拓者・志賀志那人』大阪都市協会、一九八七年、三三頁。
(3) 『大阪市民生事業史』大阪市民生局、一九八三年、六九頁。
(4) 森田前掲書。
(5) 高田鉱造『一粒の種』大阪労働運動史研究会、一九九一年。
(6) 『大原社会問題研究所五十年史』法政大学大原社会問題研究所、一九七一年、四頁以下。
(7) 『大阪社会労働運動史』一巻、大阪社会運動協会、一九八六年。
(8) 森田前掲書所収『志賀志那人・日誌』。
(9) 『協調会の研究』法政大学大原社会問題研究所、二〇〇四年、一四一頁。
(10) 同右、九三五頁以下。

(11) 森田前掲書、一四六頁。
(12) 『大原社会問題研究所三十年史』法政大学大原社会問題研究所、一九五四年、九三頁。
(13) 『大阪社会労働運動史』二巻、大阪社会運動協会、一九八九年、一六〇五頁。
(14) 『村島帰之著作選集』一―五巻、柏書房、二〇〇四―五年参照。
(15) 『大阪の社会事業』一九六一年七月一五日。
(16) 一九三五年（田辺香苗氏蔵）。

社会事業施設としての北市民館の建築的特色

新谷昭夫

はじめに

大阪市立北市民館は一九二一（大正一〇）年、北区天神橋筋六丁目に設立された日本で初めての公営隣保館である。周知のようにその初代館長は、大阪において先駆的な社会事業を実践してきた志賀志那人であった。そして北市民館は、志賀をはじめとする館員や協力者の努力により日本を代表する隣保館として知られるようになり、またその後も大阪における市民館の中心的役割を果たしてきた。しかし、一九八二年一二月に館は老朽化のために閉館し、建物も取り壊されてしまった。社会事業施設として輝かしい歴史を有する北市民館であったが、その建築については、志賀志那人の事績や北市民館の歴史を紹介するなかで簡単に触れられているにすぎない(1)。そこでここでは、社会事業施設としての北市民館に焦点をあて、その建築的特色を明らかにするとともに、志賀志那人が実践してきた社会事業とこの建物がどのように関わっていたのかについて述べてみたい。

一、市民館の建設経緯

一九一八（大正七）年に富山で始まった米騒動は全国各地へ広がり、大阪においては応急策として大阪府・大阪市などが中心となって廉売米の義捐金が集められた。ところが義捐金は約五五万円の剰余金が生じ、検討の結果、残金は大阪府と大阪市が折半してそれぞれへ寄付されることになった。そしてこの寄付金は、大阪府では方面委員制度の事業資金とされたのに対して、大阪市では公営隣保館の創設資金に充てることが決定された。こうして建設されたのが市民館である。(2)

一九二〇年二月に開かれた大阪市会では、市民館の設置とともに寄付収受及び追加予算の議案が提出された。(3)まず寄付金は、救済事業資金として総額が三〇万八六二六円三一銭二厘で、内訳は大阪市救済事業後援資金として三万一七〇七円、市民館創設資金として廉売米事業残金二七万六九一九円三一銭二厘となっていた。大阪市救済事業後援資金というのは、一九一八年九月に発足した大阪市救援事業後援会により集められた社会事業資金のことで、それまで七回にわたり七八万円余りが寄付されており、今回は八回目であった。そして追加予算では、寄付金による歳入三〇万八六二六円に対して、歳出は住宅費一六五〇円、児童相談所費四九〇〇円、少年職業相談所創設費一万四八三七円、市民館創設費二八万七二三九円が計上されていた。つまり大阪市救済事業後援資金のうち一万円余りが市民館創設費へ回されていたのである。

つぎの表1は、市民館創設費の内訳を示したものである。創設費には建築の工事費である建物費のほか、用地購入のための用地費、建築設計等に携わる技手などの給料及び賞与、開館後の事業で用いる物品購入費などが挙げられている。このうち最も大きな額を占めているのが建物費で、本館のほか付属家二棟、正面の埒、周囲の塀などが含まれ、本館のみの建設費としては約一九万六〇〇〇円となっていた。

さて、こうして建設が決まった市民館は、一九二〇年七月に着工され、竣工は翌年の五月であった。(4)表2はその決算書（抄）、また表3は建物費の支出明細である。(5)表2をみると、剰余額が二万円余り出ており、このうち建物費では一万五六〇〇円余りとなっていた。その理由は「敷地ノ関係上工事ノ一部ヲ遂行シ得ザリシニ由ル」とあり、具体

表１　市民館創設費内訳

科　目	予算額（円）	内　訳（円）	
1　給料	6,510		
		技手（月平均120円、３人）	4,320.00
		雇（日平均２円、２人）	1,460.00
		雑役夫（２円、延365人）	730.00
2　雑給	983		
		普通賞与	722.50
		特別賞与	260.10
3　需要費	27,170		
		建築事業用品	450.00
		事務用諸品	5,094.00
		事業用諸品	20,906.00
		講演部用品	3,815.00
		幼稚部用品	2,370.00
		教育部用品	2,995.00
		相談及紹介部用品	255.00
		図書部用品	8,238.00
		医務用品	1,040.00
		体育部用品	398.00
		教師、生徒控室用品	328.00
		応接室用品	217.00
		音楽室用品	1,250.00
		運送及広告費	270.00
		電話架設費	450.00
4　用地費	10,320	坪27円強、382坪２合	
5　建物費	241,856		
		本館（鉄筋コンクリート４階建）（1850円、106坪175）	196,403.75
		付属家（木造２階建地下室付）（250円、71坪15）	17,787.50
		同（木造平家建）（300円、23坪75）	7,125.00
		正面埒（石柱建鉄柵）（100円、27間）	2,700.00
		周囲三方塀（鉄筋コンクリート造）（180円、59間）	10,620.00
		排水工事	1,500.00
		樹木植付	500.00
		整地費	1,200.00
		防火給水工事	4,000.00
6　雑費	400		
		諸雑費	400.00
計	287,239		

出典　「大正九年度大阪府大阪市歳入出追加予算」（『大阪市会会議録』）より作成。

表2　市民館創設費決算書（抄）

科目	予算額（円）	決算		
		支出額（円）	剰余額（円）	理由
1　給料	6,510	6,322.81	187.19	技手ニ欠員アリタルニ由ル
2　雑給	983	645.09	337.91	賞与ノ支給予定ヨリ少ナカリシニ由ル
3　需要費	27,170	23,480.31	3,689.69	物品購入ヲ節約シタルニ由ル
4　用地費	10,320	10,320.00	0.00	
5　建物費	241,856	226,217.75	15,638.25	敷地ノ関係上工事ノ一部ヲ遂行シ得ザリシニ由ル
6　雑費	400	31.95	368.05	諸雑費ヲ要スル事項予定ヨリ少ナカリシニ由ル
計	287,239	267,017.91	20,221.09	

出典　北市民館関係資料（簿冊「重要書類」）、大阪市公文書館蔵、より作成。

的な内容は不明であるが、予定していた工事の一部が未着工のためであった。表3の支出明細は表1の創設費内訳と項目的に合致していないため正確に比べるのは困難であるが、付属家新築工事六八四〇円は明らかに一棟分である。予算額からみて建設されたのは、付属家二棟のうち面積二三坪七五の建物であったと判断される。そして支出明細には館長公舎の電燈工事・瓦斯新設工事の項目が含まれていることから、建設されたこの付属家は館長公舎であったのだろう。(6)

二、市民館の建築的特色

竣工した市民館は、鉄筋コンクリート造の地下一階地上四階建てで、建築面積一一四坪、延べ床面積五一三坪の規模を誇り、また軒高も五三尺と当時の天六地域では群を抜いて大規模な建物であった。設計は、『近代建築画譜』（近代建築画譜刊行会、一九三六年）には大阪市建築課とあるのみで担当した建築家の名前は不明であるが、一九二一（大正一〇）年六月七日付け建築物使用認可證(7)には建築工事管理者として大阪市営繕課長花岡十五郎の名が記されている。また施工は葛城理三郎であった。

外観は、正面図・立面図を欠くために写真で判断せざるをえ

表3　建物費支出明細

摘　　要	金　額(円)
地ならし杭打其他工事	590.000
本館新築工事一切	187,500.000
仝追加	1,730.000
電燈電話電鈴配線工事	6,643.000
給水配水工事	1,059.000
仝追加	66.300
鉄柵及周囲塀	9,200.000
建具金物外27点	1,714.000
松田式タービンポンプ外1点	155.500
中芝植木（土付）外3点	219.500
ニトラ朝日印電球外2点	242.430
瓦斯屋内受・敷設工事	394.540
館長公舎電燈工事	68.820
館長公舎瓦斯新設工事	120.500
電燈照明器及取付	2,930.000
配水工事	4,480.000
付属家新築工事	6,840.000
西洋料理釜	1,100.000
水道専用栓工事	230.650
仝追加	44.580
タングステン電球	17.350
計	225,346.170
外ニ社会部長専決購入	871.580
合計	226,217.750

出典　北市民館関係資料（簿冊「重要書類」）、大阪市公文書館蔵、より作成。

ないが、正面は中央に玄関ポーチが突出し、外壁は柱型を見せて垂直線を強調するいっぽう、二層目と三層目との間に幅の広い装飾的な水平帯を通し、さらに最上層にも軒蛇腹をまわして意匠的なアクセントとしている。また正面中央の二本の柱型はそのまま上へ伸び、柱の間にはペディメント様の三角壁を立ち上げて、全体としては古典的な雰囲気をもった外観に仕上げられている（図1・2）。『近代建築画譜』では「近世式」様式として紹介されている。

内部の間取りについては「市民館新築設計図」[8]が参考となる（図3）。地階から屋上までの各階の平面を描いたもので（ただし図3では、屋上階は図面の破損が著しいため省略した）、図面には年紀や署名などが入っておらず、いつ、どういう目的で作成されたのか、また計画図なのか竣工図なのかも不明である。いっぽう、『建築と社会　第四集第八

図１　市民館全景（大阪市社会福祉研修・情報センター蔵）

図２　市民館側面（同上）

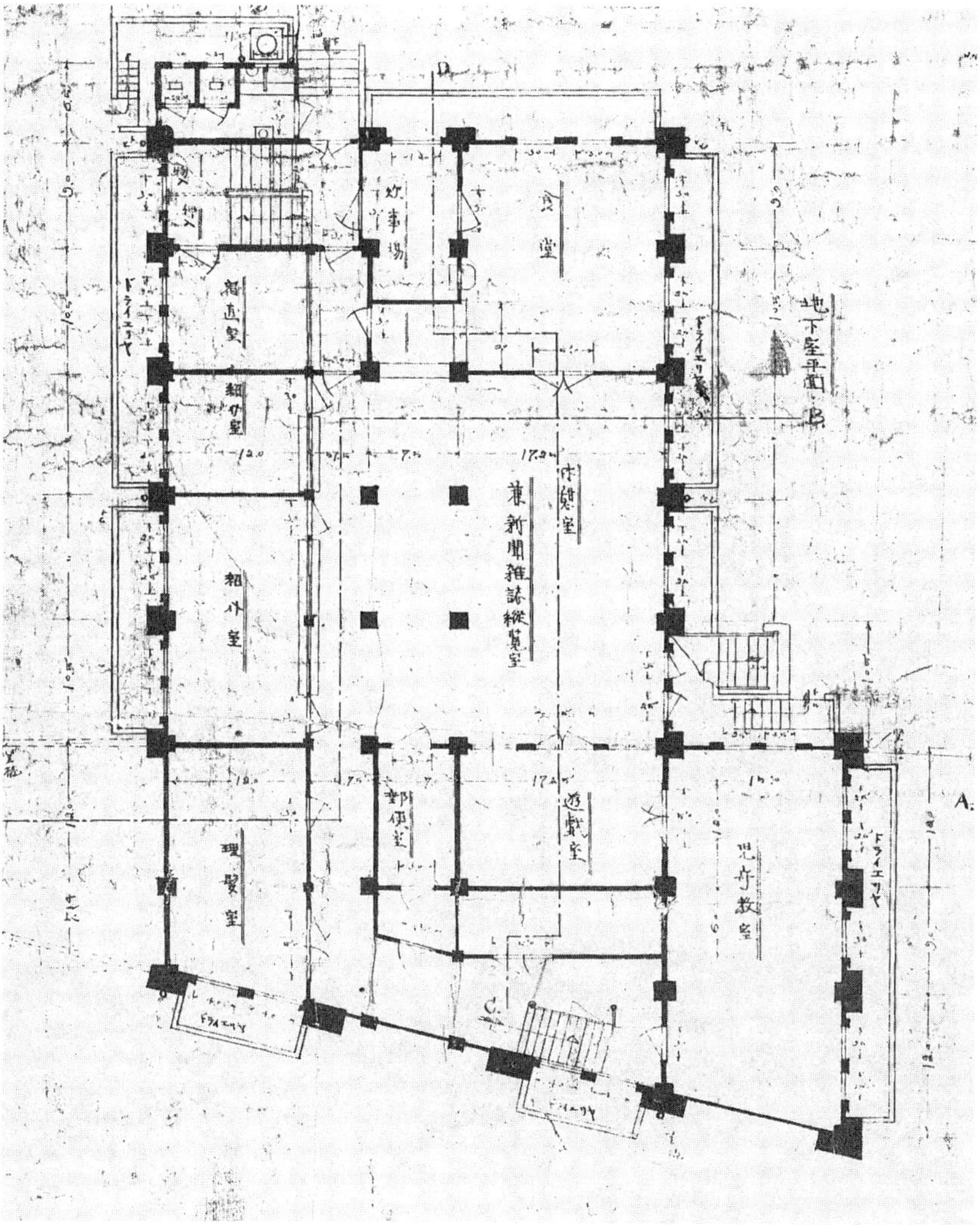

図３－１　市民館新築設計図（大阪市公文書館蔵）**地階平面図**

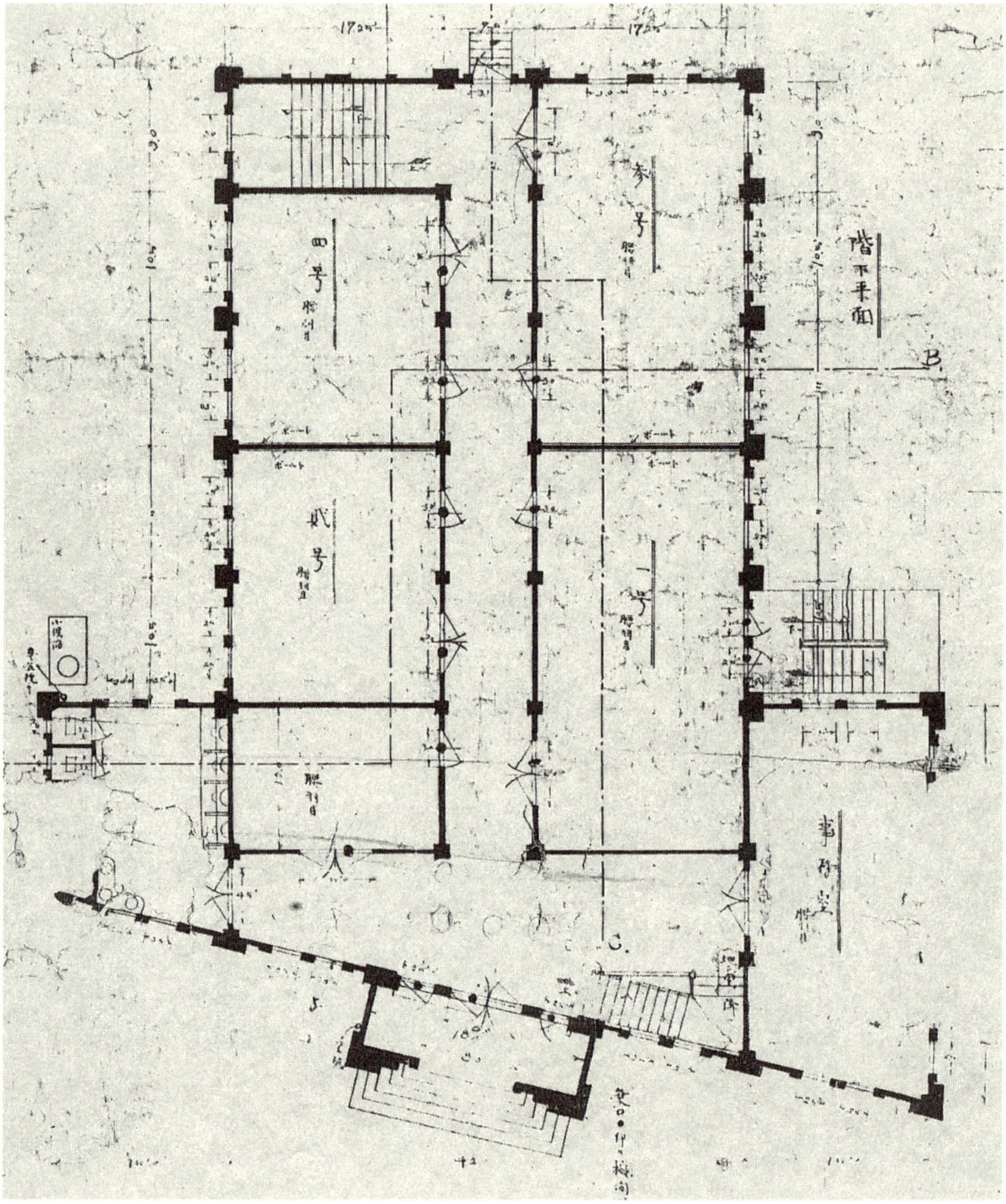

図３－２　同　１階平面図

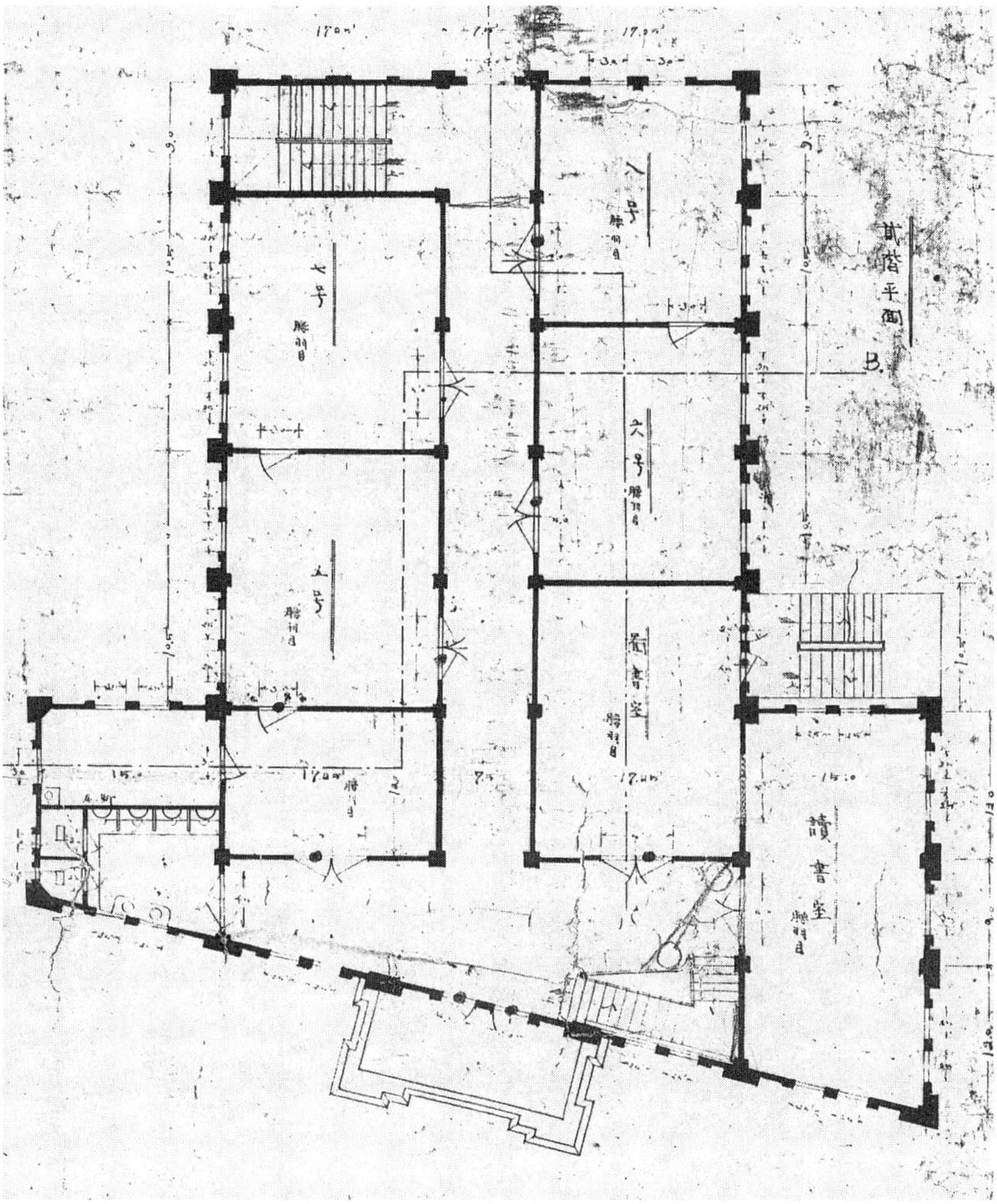

図３－３　同　２階平面図

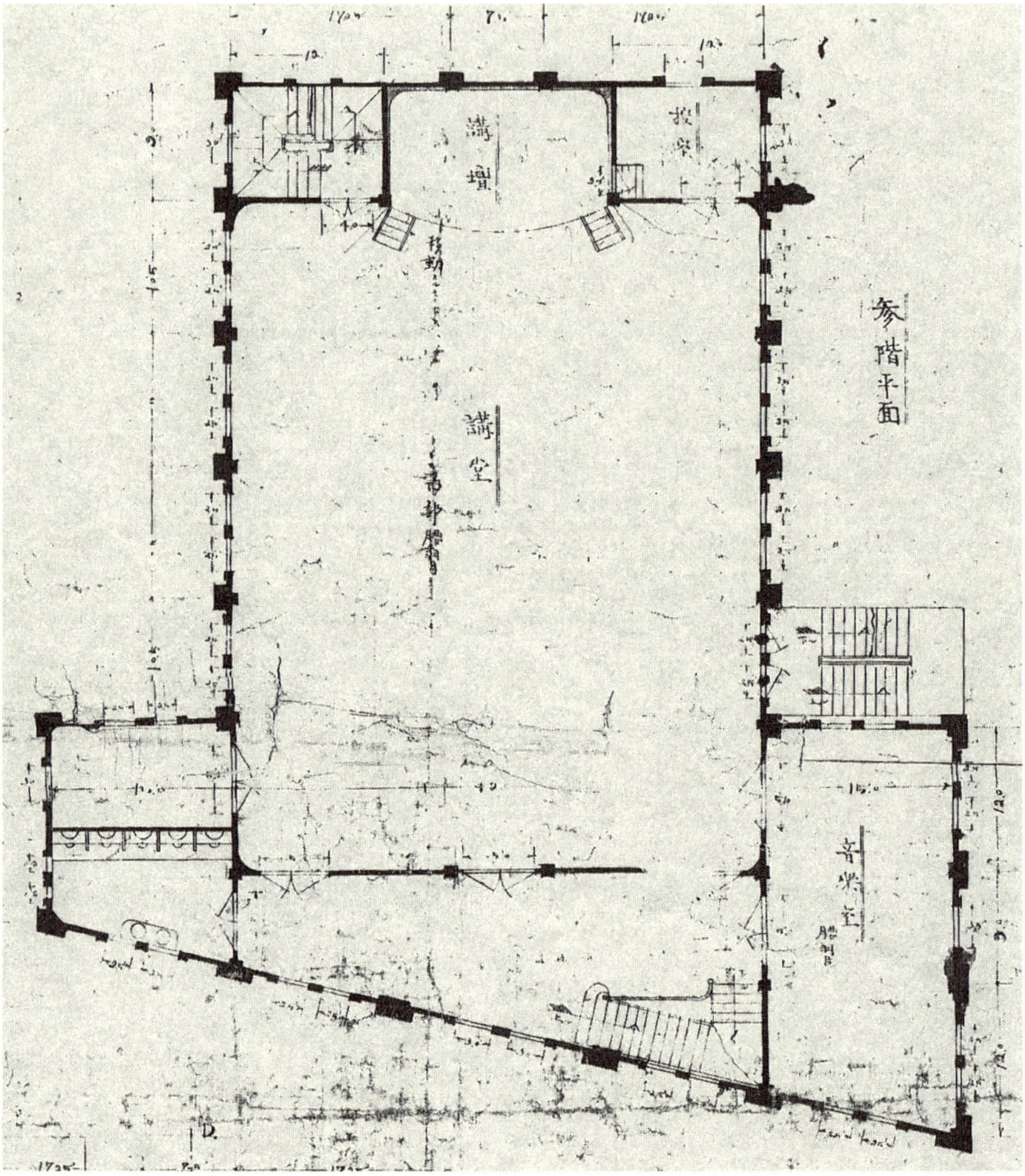

図３－４　同　３階平面図

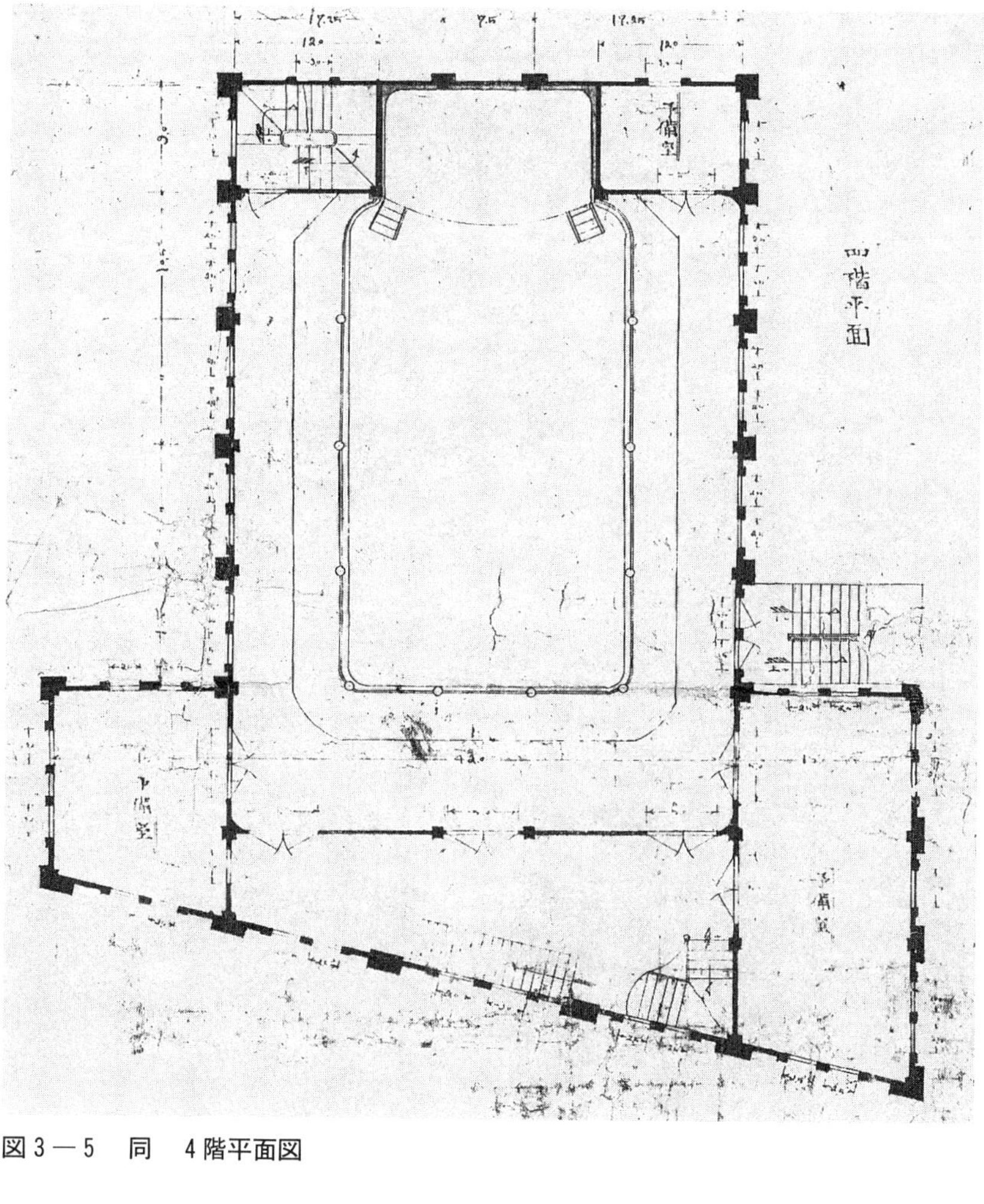

図３―５　同　４階平面図

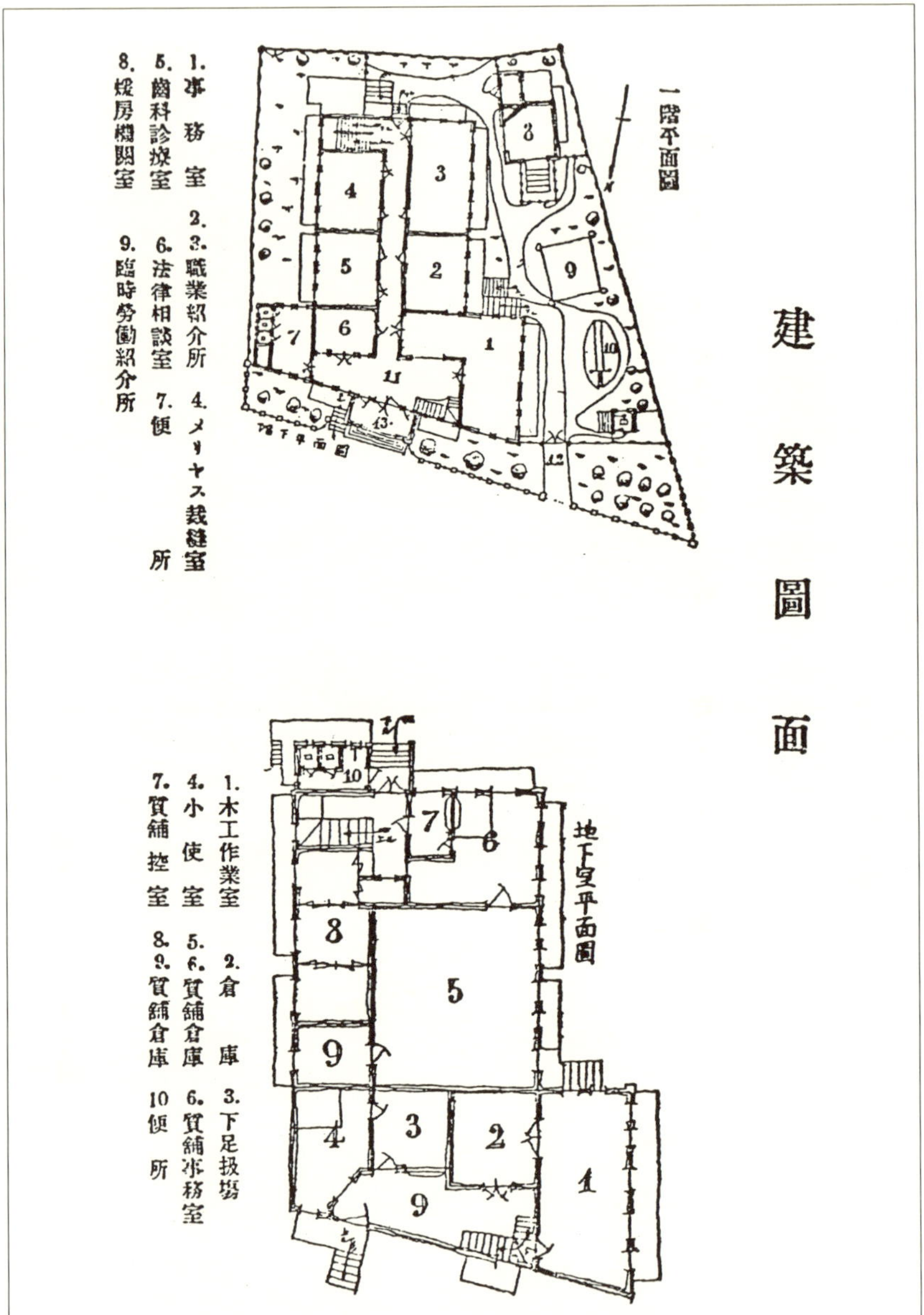

図４―１　昭和初期北市民館平面図（北市民館例規集（大阪市公文書館蔵）より）

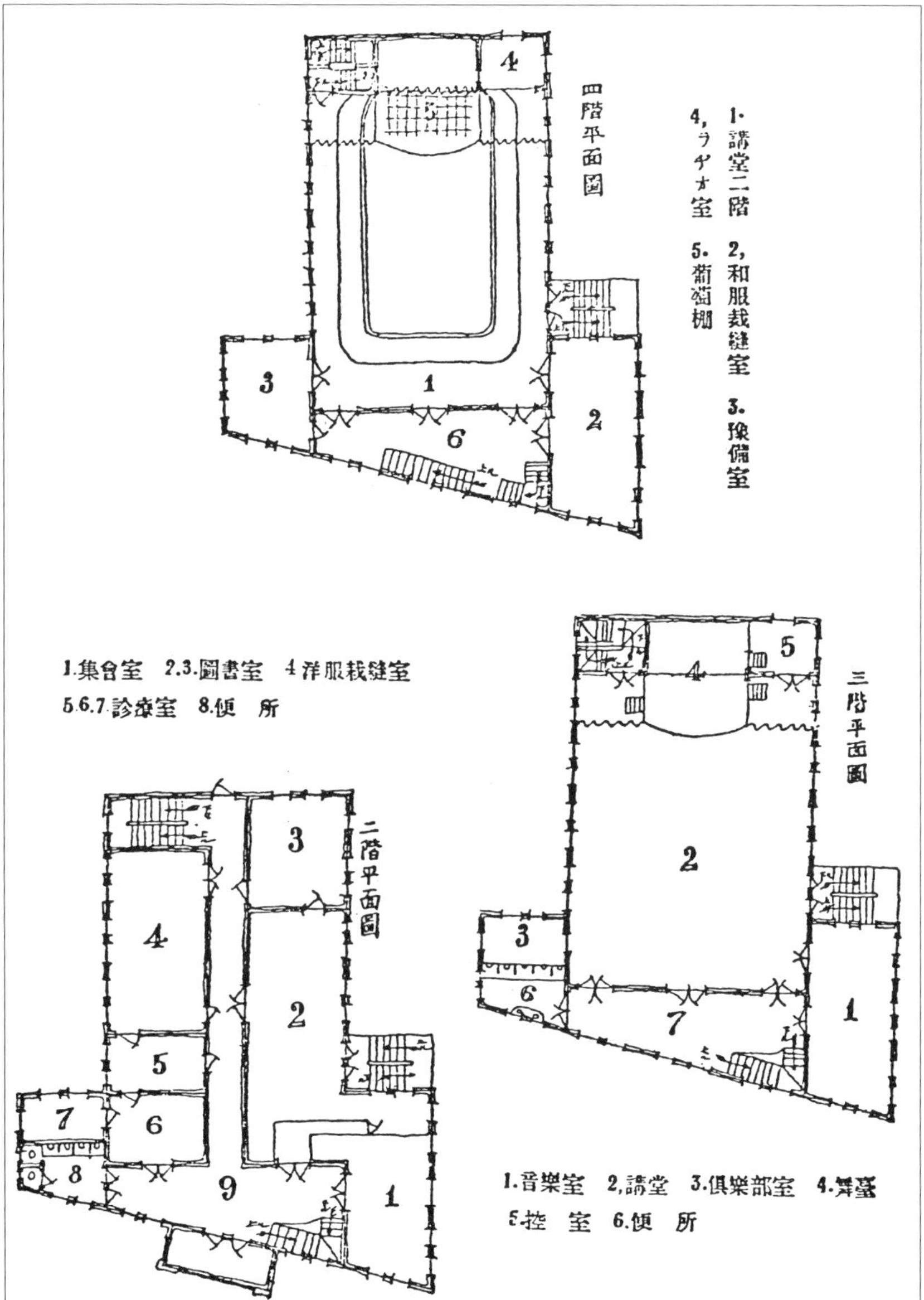
四階平面圖
1.講堂二階 2,和服裁縫室 3.豫備室
4,ラヂオ室 5.葡萄棚
1.集會室 2.3.圖書室 4 洋服裁縫室
5.6.7.診療室 8.便 所
二階平面圖
三階平面圖
1.音樂室 2,講堂 3.倶樂部室 4.舞臺
5.控 室 6.便 所

図４―２　同

号』（日本建築協会、一九二二年）には、市民館の平面図が写真とともに掲載されている。両者を比べると明らかに同一のもので、この図は雑誌掲載用に竣工図として作成されたものと考えられ、竣工時の間取りを詳しく知る貴重なものといえる。なお、図面タイトルには「No.2」と記されており、また平面図には二方向に断面線が記入されていることから、縦横各断面図及び立面図を描いた図面もあったと思われるが、これは残念ながら残されていない。

さて、平面は正面の道路に沿って建つ棟の背面に奥棟が突出し、全体としてはT字型の形状を有する。しかし正面の棟は矩形でなく、台形平面となっている。敷地形状からこうした変則的な平面が採用されたのであろう。

つぎに各階の間取りについてみていこう。一階は、正面中央に突出する玄関ポーチから中に入ると玄関ホールで、右手には回り階段が設けられ、奥には事務室が配されている。またホール左手は便所である。ホールの正面には奥へ廊下が伸び、その右側には一号室と三号室が、左側には予備室・二号室・四号室の各室と一番奥には階段室が並ぶ。廊下の突き当たりには通用口が開く。二階は一階とほぼ同様の間取りで、事務室の上が読書室となり、廊下の右側には図書室・六号室・八号室が、左側には予備室・五号室・七号室が配されている。また便所は前後に二分されて、奥は予備室となっている。三階は講堂で、背面に講壇が、横には控室がつく。また読書室の上には音楽室が配されている。四階は、講堂上部は吹き抜けとなって三方にギャラリーと二階席が回り、その他はすべて予備室となっている。最後に地階であるが、正面の階段を降りると右手事務室の下には児守教室、左手便所の下には理髪室が配されている。そして廊下を進むと広い休憩室兼新聞雑誌縦覧室で、遊戯室・郵便室・食堂・炊事室・宿直室・紹介室（二室）がこのまわりを取り囲む。なお、地階の食堂には当時淀屋橋にあった有名な西洋料理店が入っており[9]、炊事室には一一〇〇円もする料理釜が設置されていた（表3参照）。

三、「施設経営ノ方針」と平面計画

では、市民館のこの平面はどのような考えに基づき計画されたのであろうか。ここで、市民館の運営方針を記した「施設経営ノ方針」[10]に注目したい。

この経営方針は作成された時期が明らかでないが、本文の最後に添付されている事業計画が参考となる。「大正十年度講演講習及休養予定」の表紙を有し、一九二一年四月―一九二二年三月に実施する事業の骨格を示したもので、四月の最初の講演は「開館披露講演会」となっている。四月開館を予定していることから、早い段階で作成されたものと考えられる。また表紙には「黎明館、庶民館」というメモ書が残されている。館名称が正式に決定したのは一九二一年三月であったが、それまでにさまざまな案が出され、決定までにかなりの時間を要していた[11]。この点からも事業計画は開館直前のものでないことは明らかで、経営方針は創設準備の早い時期に作成されたものと判断される。

さて、経営方針では最初に事業計画の策定において考慮すべきこととして、以下の五点が挙げられている。まず、「一般大都市トシテ必要ナル施設経営以外更ニ本市ト謂フ地方的色彩ヲ加味」すること、つまり大阪市特有の問題に配慮することが第一の点である。つぎに事業目的には「市民ノ教化」と「共同娯楽」があるが、前者については、「職業的知識ノ啓培ヲ主トシ之ニ副フルニ科学、歴史及哲学ニ関スル知識之ヲ平易ニ云ヘバ現代ノ社会生活ニ必須ナル常識ヲ培養セントスル」として、職業的知識の啓蒙を中心とすることが第二の点として挙げられている。第三点が「市民性ノ涵養」である。つまり「本市ニアリテ所謂社会同化ノ為メ市民性ノ涵養ヲ特ニ肝要ト」し、そのために「現代ノ道徳的、精神的及社会的生活ニ必要ナル性格ヲ涵養シ協同生活ノ真諦ヲ体得セシメ本館ヲシテ其教化的実行的中心機関」とすることである。第四点は事業目的の一つである「共同娯楽」で、「清鮮ナル気分ト高尚ナル慰安ヲ目的トスル所謂市民休養ノ施設」とすることである。こうして「市民ガ生活上必須ナル職業上ノ知識ヲ習得シ現代都市生活ニ必要ナル市民性ヲ発揮シ而シテ労働ノ余暇ニ充分休養スルコトヲ得」ることができる。そしてさらにこれらの積極的なものだけでなく、「消極的ニ彼等ノ実際生活ヲ容易ニセシムルコトモ亦注意スベキ」としている。これが第五点である。

以上の点を考慮しながら市民館で実施する事業は、次の三種類に大別される。つまり①教化的施設、②休養的施設、③福利的施設としての各事業である。

まず教化的施設としての事業は、「市民ヲシテ現代文明生活ヲ充分ニ享楽スルニ足ル智徳ノ啓培ヲ目的トスル」もので、講演・講習・教育教授などが含まれる。このうち講演については科学・文芸・時事問題など男子に対するもの、智識・技能などの女子に対するもの、そして宣伝に関するものとして巡回講演がある。また講習は、職業的並びに一般的知識の教養を主たる目的とするものである。最後に教育教授というのは、商業・工業・家事に関わる日常必須の特殊事項についての補習教育を指す。なお、ここにはさらに育児室と読書室に関する記述がみられる。育児室は幼児を遊ばせるための幼稚部と、昼間父母に代わって乳児の面倒をみる乳児部からなり、また読書室は「自学上ノ便宜ヲ与」えることを目的とするが、これは後に線を引いて消されている。どういう理由で削除されたのかはわからないが、後に市民館事業から外されたのであろう。

つぎに休養上の施設としての事業は、「昼間激務ニ労働スル者ニ高尚ナル慰安ヲ与ヘ又一般市民ノ余暇ヲ有効ニ利用セシメントスルモノ」で、音楽会・活動写真会・展覧会等の催しが挙げられている。このうち展覧会については商業、工業、教育、衛生、趣味などが含まれ、また「特ニ体育方面ニ留意シ柔道撃剣ノ設備ヲナシ適当ナル指導ノモトニ心身ノ発達ニ資セシメントス」とあり、体育も含まれていた。

最後に、福利は「市民ノ日常生活ニ直接ニ利便ヲ与ヘントスル事項ヲ指」し、「市民ノ保健、防疫及医療ニ関スル相談ニ応」ずる医事相談のほか、「新聞雑誌ノ閲覧、食事、郵便及貯金、理髪等ノ設備ヲナシ」と施設の具体的な内容が挙げられている。

以上が経営方針の概要である。これを市民館の平面と比べると、各部屋の用途と経営方針の事業はほぼ対応していることがわかる。また食堂・理髪室・郵便室・新聞雑誌縦覧室など福利に関する諸室が地階に設けられているのに対して、図書室・読書室（経営方針では削除されていたが、じっさいは設けられた。）・講堂・音楽室など教化的・休養的施設としての諸室は二階・三階に置かれ、階によって機能の分化が図られていたことがうかがえる。市民館の平面は、この経営方針に基づき計画されていたのである。

いっぽう、市民館創設費の事業用諸品（表1）からは事業計画を推察することができる。そこでこれを経営方針と比べると、まず講演部・教育部用品は教化事業である講演・講習・教育教授用の予算であり、幼稚部・図書部用品も後に削除されているが教化事業のなかの育児・読書用の予算である。また音楽室・体育部用品は休養事業、相談及紹介部・医務部用品は福利事業に対応するものである。市民館創設費についても経営方針に基づき作成されていたものと判断される。

市民館の設立準備は当初、社会部所属の医師嶋村育人を中心に進められていたが、嶋村は一九二〇年七月に私立羽衣高等女学校設立のために大阪市を辞すことになり、そこで急遽その後を引き継いだのが社会部調査課にいた志賀志那人であった。したがって、市民館設立準備段階で志賀がどの程度計画に関与していたのかは不明で、特に経営方針や市民館創設費、平面計画などについては、その作成時期から考えれば嶋村の考えに基づいていた可能性が高い。つまり、市民館の当初の姿は嶋村の社会事業思想を体現したものであったと思われる。ただし、平面図にみえる地階の児守教室については志賀の意向によるのかもしれない。子守を集めて育児知識を教育するとともに乳幼児保育の場とする子守学校は、経営方針にはまったく触れられておらず、いっぽう一九二二年九月に志賀の発案によって始められたことから[12]、開館当初すでに構想を抱いていた可能性はあるだろう。

四、志賀館長時代における市民館の変貌

一九二一（大正一〇）年六月二〇日、市民館は開館を迎えた。初代館長には嶋村育人のあとを引き継いだ志賀志那人が四月に就任しており、一九三五（昭和一〇）年五月に大阪市の社会部長として転任するまで志賀を中心に市民館活動が実践されてきた。つぎに、志賀館長時代における市民館の状況についてみていきたい。

市民館における初期の事業としては、個別指導（身上・法律・職業相談）、教化事業（講演会・講習会・図書貸出・娯楽会）、自治機関（町内会・倶楽部・諸集会）、児童保護事業（託児・保育組合）、保健事業（一般診療・歯科診療）、経済的事業（授産・信用組合・生業資金融通）などがあり、実に多岐にわたっていた。[13] もちろん、これらの事業がすべて開館当初から実施されたわけでなく、順次活動範囲が広がっていった。そして、活動の広がりとともに市民館もその姿を変えていった。

図4は、北市民館例規集[14]に添付されている平面図である。図面には年紀等を欠くために作成年代は不明であるが、地階にみえる市営質舗は一九二四年一二月に開設された後、一九二八年三月に敷地内の別棟に移されているので、[15] 作成年代はこの間となる。いっぽう、一階の職業紹介所が館内に移設されたのは一九二六年一〇月のことであった。したがって、この平面図は一九二六年一〇月以降一九二八年三月までの状況を示す。

この図を建築当初の平面図（図3）と比べると、間仕切りの位置や部屋の用途などに大きな変更が加えられていることに気づく。両者の比較を示したのが表4である。

まず一階は事務室が拡大されるとともに、元の一～四号室及び予備室はそれぞれ職業紹介所・法律相談所・歯科診療所・メリヤス裁縫室となっている。前述のように職業紹介所が移設されたのは一九二六年で、これは一九三八年に国営化されるまで館内に併設されていた。法律相談所は一九二六年二月に、また歯科診療所は児童を対象に一九二二年

五月に開始されたものである。つぎに二階は元の読書室が縮小されるとともに集会室とされ、いっぽう図書室は六号・八号室を取り込んで拡大されている。また予備室二室と五号・七号室は間仕切りの位置が変更され、診療室三室と洋服裁縫室となっている。一九二六年二月から始められた一般健康相談は、この診療室三室が利用されていた。三階・四階は間仕切りの変更はなく、用途も三階の予備室が倶楽部室となり、四階の予備室二室がラジオ室・和服裁縫室となったほかは変わっていない。最後に地階は大きく手が加えられており、間仕切りの変更とともに用途も完全に一新されている。食堂・理髪室・郵便室・新聞雑誌縦覧室などはすべて撤去され、その後は市営質舗（事務室・控

表 4　北市民館の室用途の変遷

<table>
<tr><th></th><th>竣工時（図３）</th><th>昭和初期（図４）</th></tr>
<tr><td rowspan="10">地階</td><td>児守教室</td><td>木工作業室</td></tr>
<tr><td>遊戯室</td><td>倉庫</td></tr>
<tr><td>郵便室</td><td>下足扱室</td></tr>
<tr><td>理髪室</td><td>小使室</td></tr>
<tr><td>休憩室兼新聞雑誌縦覧室</td><td>質舗倉庫</td></tr>
<tr><td>食堂</td><td>質舗倉庫・事務室</td></tr>
<tr><td>炊事室</td><td>質舗控室</td></tr>
<tr><td>宿直室</td><td>質舗倉庫</td></tr>
<tr><td>紹介室</td><td>質舗倉庫</td></tr>
<tr><td>紹介室</td><td>質舗倉庫</td></tr>
<tr><td rowspan="7">一階</td><td>事務室</td><td rowspan="2">事務室</td></tr>
<tr><td rowspan="2">一号室</td></tr>
<tr><td>職業紹介所</td></tr>
<tr><td>三号室</td><td>職業紹介所</td></tr>
<tr><td>（予備室）</td><td>法律相談室</td></tr>
<tr><td>二号室</td><td>歯科診療室</td></tr>
<tr><td>四号室</td><td>メリヤス裁縫室</td></tr>
<tr><td rowspan="10">二階</td><td rowspan="2">読書室</td><td>集会室</td></tr>
<tr><td rowspan="3">図書室</td></tr>
<tr><td>図書室</td></tr>
<tr><td>六号室</td></tr>
<tr><td>八号室</td><td>図書室</td></tr>
<tr><td>（予備室）</td><td>診療室</td></tr>
<tr><td>（予備室）</td><td>診療室</td></tr>
<tr><td rowspan="2">五号室</td><td>診療室</td></tr>
<tr><td rowspan="2">洋服裁縫室</td></tr>
<tr><td>七号室</td></tr>
<tr><td rowspan="5">三階</td><td>講堂</td><td>講堂</td></tr>
<tr><td>音楽室</td><td>音楽室</td></tr>
<tr><td>（予備室）</td><td>倶楽部室</td></tr>
<tr><td>講壇</td><td>講壇</td></tr>
<tr><td>控室</td><td>控室</td></tr>
<tr><td rowspan="4">四階</td><td>講堂２階（ギャラリー）</td><td>講堂２階（ギャラリー）</td></tr>
<tr><td>予備室</td><td>和服裁縫室</td></tr>
<tr><td>予備室</td><td>予備室</td></tr>
<tr><td>予備室</td><td>ラジオ室</td></tr>
</table>

出典　「市民館新築設計図」及び北市民館例規集添付図面（ともに大阪市公文書館蔵）より作成。

室・倉庫）が大半を占めるほか木工作業室・下足扱場などが設けられている。なお、地階に質舗を併設することは、志賀の『日誌』(16)の一九二四年九月一五日条に、「予而ノ計画タル市民館地下室ヲ質舗トスルノ案、通過シテ地下室請負人ニ立退キヲ命ズ。」とあり、前からの計画であったことがわかる。

雑誌『大大阪』には、この頃の北市民館を訪れたリポート記事(17)が掲載されている。この記事によると、まず一階には法律相談室・歯科診療室と副業講習の第一教室が並ぶ。法律相談室にはテーブルと椅子が置かれてあり、法律だけでなく身の上相談も行われている。また歯科診療室には毎日約三〇人の児童が出入し、隣の副業講習の第一教室にはメリヤスが山と積まれてミシンの音が響く。なお、このとき職業紹介所はまだなかった。つぎに、二階に上がると直ぐに第二教室があり、子供服を専門に製作をしている。健康相談室三室の向かいには図書室があって蔵書三〇〇〇冊を有するが、暇つぶしなどに利用されることから、真面目な勉強家三〇名に限って閲覧券を発行するようになったという。三階には約三〇〇名を収容する講堂があり、講演会をはじめとするさまざまな会合等に利用されているが、講演がない雨の日などには幼稚園児の遊び場ともなっている。ただ横の音楽室は最近ほとんど使われていない。一番上の四階には和室の和服裁縫室があって女性で賑わっている。このほか地階の作業所では授産事業として家具の制作もおこなわれている。この記事からは、利用者で賑わっている北市民館の様子がうかがえる。

北市民館はこの後、北市民館保育組合及び北市民館後援会の寄付を得て屋上に保育室が増築された(18)。保育組合というのは一九二五年八月に保育を目的として設立された協同組合であり、当初は講堂や屋上などが利用されていた。また後援会は、一九二八年四月に運営資金の安定化を図るために組織された会である。一九二九年八月二〇日に両者連名で提出された寄付申込書には、鉄骨鉄筋コンクリート造の幼児保育室を北市民館屋上に建築し寄付することが記されている。ただ、後援会の名前は後に書き加えられているので、当初は保育組合のみで増築する予定であった。じっさい、工事請負契約書では請負人三和工務所に対して、契約者としては保育組合の名前のみが記されている。またこの契約書によると、建物の規模は梁間七間、桁行八間半で面積五六坪五合となり、契約年月日が翌年四月八日であることから着工はこの頃であった。そして、六月一七日には寄付建築物竣功届が両者連名で提出されており、竣工時期が知られる。しかし、このときは完全なものではなかったようで、この年の一二月には再び連名でスチールサッシ窓九枚及び木製扉九枚が、さらに翌年七月には後援会から室内の床板張五三坪分が寄付されている。これらの追加工事を経て保育室はようやく完成したのである。

おわりに

一九二一年五月に竣工した市民館は、『建築と社会』『近代建築画譜』などの建築雑誌や書籍でも紹介され、時代を代表する建築であった。しかし、社会事業施設としてはこれがゴールではない。ここからがスタートであった。初代館長の志賀は斬新な社会事業につぎつぎと着手し、開館後わずか一〇年ほどのあいだに各部屋の用途や間仕切り位置が変更され、屋上には保育室も増築されて、北市民館はその姿を大きく変えていった。こうした増改築からは志賀の社会事業に対する思いを読み取ることができよう。また彼はセツルメントの建築について、「セツルメントの観念及其の地方の事情に通じない人にその設計を委ぬるは、永遠の損失である。」と述べ、注意すべき点をいくつか指摘しているが、その一つに「各室の隔壁は移動し易く、伸縮の余地を存する事」という項目を挙げている。[19]間仕切りを臨機応変に変更できることが、隣保館の建築には不可欠だというわけである。この意味も含めて、北市民館は志賀の社会事業思想を体現するものであった。

注

（1）　志賀志那人の事績については森田康夫『地に這いて―近代福祉の開拓者・志賀志那人』大阪都市協会、一九八七年、永岡正己「志賀志那人と社会事業実践の思想」戦前期社会事業基本文献集四八巻『志賀志那人「社会事業随想」』解説、日本図書センター、一九九七年、などがあり、また北市民館の歴史については、永岡正己・井上和子「北市民館の歴史とその意義―閉館によせて」『地域福祉研究』一一号、日本生命済生会、一九八三年、が知られる。

(2) 開館当初の名称は市民館で、一九二六年二月二〇日、天王寺市民館の開館に伴い北市民館へ改称された。

(3) 一九二〇（大正九）年二月一九日付けで「寄付収受ノ件」（議案第九五号）・「少年職業相談所及市民館設置ノ件」（議案第九六号）・「大正九年度大阪府大阪市歳入出追加予算」（議案第九七号）がまとめて市会に提出されている（『大阪市会会議録』）。

(4) 大阪市立北市民館『北市民館三十年の歩み』一九五一年、一〇頁。

(5) 市民館創設費決算書（抄）及び建物費支出明細（北市民館関係資料（簿冊「重要書類」）、大阪市公文書館蔵）より作成。

(6) 開館当初の館長公舎については史料がないが、志賀志那人の『日誌』（森田康夫、前掲書）の一九二四年一二月三日条には、「約十ケ月振りに荒れ果てた天六の公舎の二階六畳に寝る。」とあり、二階建てであったことがわかる。その後公舎は、一九二六年六月に場所を移して建て替えられたが（『日誌』一九二六年六月六日条）、改築後の建物については一九四〇年に公舎を授産場へ改造するときに作成された平面図（北市民館関係資料（簿冊「市民館平面図」）、大阪市公文書館蔵）から知られる。これによると公舎は建築面積約二五坪の木造二階建てで、一階には座敷・六畳・炊事場・玄関などが並び、また二階は八畳と四畳半の二室であった。面積的にみても、本館と同時に新築された付属家は館長公舎であったと判断される。

(7) 北市民館関係資料（簿冊「重要書類」）、大阪市公文書館蔵。

(8) 北市民館関係資料（簿冊「市民館平面図」）、大阪市公文書館蔵。

(9) 前掲注4、一三頁。

(10) 北市民館関係資料（簿冊「市民館沿革」）、大阪市公文書館蔵。ただし原本でなくコピーである。

(11) 館名称については民衆会館・公衆会館・華城会館などの候補もあり、かなりの苦心が重ねられた（前掲注4、四頁）。そして一九二一年二月の市会に提出された「市民館名称並規則制定ノ件」（議案第三一号）では「大阪市立民衆会館」となっていたが、三月に「大阪市立市民館」へ修正のうえ可決され（『大阪市会会議録』）、ようやく正式に決定した。

(12) 森田康夫、前掲書、六八―六九頁。

(13) 前掲注4、一一頁。

(14) 前掲注10を参照。
(15) 市営質舗並びに職業紹介所の設置・移設については、前掲注4、六八頁―六九頁、を参照。
(16) 森田康夫、前掲書。
(17) 木村浩「社会事業巡礼　北市民館の巻―我国隣保事業の先駆志賀志那人氏―」、大阪都市協会『大大阪』二巻七号、一九二六年七月、七八―八四頁。
(18) 保育室増築については、大阪市公文書館所蔵の北市民館関係資料（簿冊「重要書類」）を参照。
(19) 志賀志那人「ソオシヤル・セツルメントの精神と其の経営」『社会学雑誌』六号、一九二四年一〇月、八七―八八頁。

志賀の市民館運営とそのネットワーク

森田康夫

はじめに

近代大阪における社会事業の前身ともいうべき慈善事業は、横山源之助の『日本之下層社会』（一八九九年）によると

大阪市にも随分慈善的事実を認むること多し、新聞紙に慈恵新報あり、道徳彙報あり、孤児院としては大阪孤児院あり、大阪育児院あり、愛育社あり、棄児養育館あり、病院には東区小川町に慈恵病院あり、別に帝国慈恵女学院あり、博愛社あり、小林授産所あり、啻に数の上を以てせば或は東京の上を出るやも知るべからず。

とあるように、紡績工業を中心に産業革命を経験し資本主義的生産に向かった大阪は、その周辺に燐寸工業などの軽工業を生みだして工業都市化しただけに、早くからそこで働く低所得労働者をめぐる救済に心ある民間人が立ち向かい、そこに慈恵的な慈善事業を発生させてきた。

この間、明治政府は近代化政策に追われるなかで、資本主義的弊害としての貧困問題への対応に欠けていた。それがようやく一九一八（大正七）年の米騒動を機に、大阪ではそれまでの民間主導の慈善事業に対して公的な社会事業として参画した。いうまでもなくこれまでの慈恵的な救済観から対等な市民（人間）同志の相互扶助として、生活自

立を促す施策として導入された。かくして大阪の北のスラムの一角に生まれたのが大阪市立（北）市民館であった。
これまでの慈善事業はおもにキリスト教的隣人愛や仏教的慈悲など、宗教的信念をもつ指導者により組織され運営されてきた。その運営資金はそれぞれの関係組織や篤志家からの寄付と自己資金からの出費であった。しかしこれらが維持された背景には大阪が近世以来の商都としての人間味ある支援も無視されなかった。このような環境のなかで市民館も発足することになった。しかしそれが実効あるものとして運営されるには、まずもって従事者としての資質が問われた。地方行政機関といえども官僚組織の末端であるところから、その公吏としての館員を教育しながら、未知の仕事にむかって組織する任に当たったのが志賀志那人（一八九二―一九三八）であった。(1)

一、市民館の事業

一九一九（大正八）年八月、米騒動を機に機構改革された大阪市救済課の救済係主任であった上山善治の推挙で、志賀は市長直属の労働調査事業の嘱託として、東京帝国大学で社会学を学んだ学識が買われた。少しものたりなく思っていたキリスト教青年会主事を辞して大阪市入りを決した。そして一九二一（大正一〇）年、市民館の設立と共に初代館長としてまだ二九歳の若さで任命された。志賀の社会学的学識と共にキリスト教的隣人愛の精神は、救済事業から社会事業への転換期において不可欠の資質であった。そしてこの若さこそが、また大阪市にとって社会事業という未知の分野に、開拓者的役割を果たさせる原動力となったといえよう。志賀はまずこの施設を公営セツルメントとして位置づけた。

市民館はセツルメントと銘打つて創立せられたものではない。けれども其の目的はセツルメントと其の軌を一にしてゐる。(2)

彼はそのような設置状況をふまえて、セツルメント事業の種類とその相互関係について草創期の市民館の現状を次のように同論文で述べた。

セツルメント事業の分野は頗る広汎で各セツルメントに行はるゝ所を網羅すれば社会事業と称せらるゝもの全部に匹敵する。然し仔細に研究すれば自ら左の三方面に亘りて行はれるを通則とする。社会調査、個別的事業、倶楽部指導及他の集団事業が之れである。

そこで第一の社会調査として取り上げるべき事項として、

（一）土地と歴史、他の機関、交通状態、各種家屋の分布、

（二）人口と所帯、年令の構成、配偶の関係、出生死亡、出生地、

（三）間貸し、下宿屋、借家、

（四）職業、余暇、

（五）生計

（六）衛生、健康、衛生機関、

（七）教育程度、幼児及児童の教育、青年子女の教育、

（八）宗教、趣味娯楽、修養社交、近隣団体、風紀に関する営業、在住鮮人、

が掲げられていた。志賀はこのように事業対象の調査を社会事業の出発と位置づけた。そしてこのような「社会調査を目的の第一に数えないセツルメントがあるならば、其の事業は恐らく旧式慈善事業と何等撰ぶ所はあるまい」とこれまでの支配的な慈善事業的救済との違いを強調した。それはいうまでもなく貧困の発生を資本主義の発展に伴う歴史的所産とするところから、セツルメントの精神も人格関係を基調とするデモクラシーにおくことで、同時代に生きる対等な人間関係のなかで問題解決をめざす、新たな時代の呼びかけとして位置づけた。従って志賀の市民館での新たな事業展開の際には、必ずこのような社会調査が先行して行なわれ、そうすることが新規事業を実施する際の予算

要求にも説得力をもった。

例えば一九二五（大正一四）年の初め、市民館に近い豊崎町本庄の木賃宿街で子どもの無教育状態を改善するため保育所の必要が提起された。このとき市民館職員の祝主事を派遣して地域の実態調査をさせた。(3) その結果、現地のニーズに基づいて保育所設置が進められたように、事業実施には必ず地域の社会的需要としての実態調査が実施された。

第二の個別的事業分野としては、

（一）身上相談―救済、保護、指導或は環境と生活との関係の規制等、

（二）法律相談―無産者の権利義務に対する疑義の説明、訴訟には触れず、

（三）健康相談―無料診療及施薬等、特に大阪市歯科医師会の好意により児童歯科無料診療を配す、

（四）貯金及金融―零細貯金の集金、預入、引出、公営質屋との連絡、

（五）読書指導―図書室の放任的状態を避け、適当なる指導を企図す。

などが実施されていた。

一九二四（大正一三）年の暮、志賀はその『日誌』に、

毎日毎日聴くのは皆悲しい淋しい話ばかり。失業と貧乏と病気の事ばかり。昨日は首をきられた青年、妻が子を産んで金がなく普通の質屋に行く勇気がなく、妻の晴着を携えて玉出から質入れに（本館の）来る。今日はよるべない七十一歳のおばあさんが家を追立てられて警察の裏で寝た話。(4)

その意味でも身上相談は、市民館のあった天六周辺の細民にとって不可欠な相談機関となった。法律相談も無告の民に近い都市貧民にとって力強い味方であったに違いない。そして健康保険制度のまだない時代に、過酷な労働で肉体をいためた勤労者にとっての無料診療活動は、まさに個人医の仁術を社会的に実施すものであった。とりわけ子供

の歯科無料診療などは、まだ一般市民のなかでも関心の低かった時だけに、特筆に価する先進的な試みであった。市民館の開始当初から、志賀は周辺住民自身の相互扶助的な金融組織の可能性を探っていた。その手始めとして零細貯金を奨励し将来、預金が増加した段階で信用購買組合組織の結成を考えていた。担保のない零細市民にとってはいつの時代でも金融機関は相手にしてくれない。それではいつまで経っても事業の拡大や信用の維持を計ることから小市民は見放されることになる。また志賀は地域住民の生活安定のためにも預貯金の重要性を見抜いていた。それがこの試みであった。

変化する時代に対応する地域住民の教養として、新たな知識を提供するために設けられたのが図書室であった。ここでも志賀は読書の相談や利用者に応じた読書指導の導入を計った。

第三は利用者の自主的組織としての倶楽部指導、教育活動及び娯楽部門であった。市民館でいち早く倶楽部組織として立ち上げられたものに、

（一）隣保組織のために、町内会二組三百余戸、

（二）経済的目的の為めに、貯金会二組二百戸余り、現在貯金月額五百円、

（三）趣味を目的として、管弦楽団一組五十三人、合唱団六十人余、謡曲二十人余、

（四）修養を目的として、付近青年団有志より成る青年会、家庭倶楽部二十人余、盲人倶楽部三十人余、(5)

があった。右に見られるように市民館周辺の天神橋五丁目など二町会を、旧来の行政下請け組織としての町内会からコミュニティーとしての新たな組織・善隣会として再編させる働きかけがなされていた。貯金会も愛隣貯蓄会と称して病気の際や、子供の教育費の入用時、商売の資金や信用組合の加入時、それ以外は貯金の引き出しを自粛する約束で積立てられていた。そのほかに練習場に困っていた市民オーケストラに、その場所を提供することで地域住民にも管弦楽を聞く機会を共有させるなど文化の育成にも配慮し、その運営は斬新そのものであった。

教育分野としては、

（一）託児所、日曜学園、

（二）家庭学園―一年間卒業、夜間を女学校、

（三）講習会―継続或は短期の二種とし、職業、家事、体育、趣味、授産等、

（四）講演会―保健、経済、常識、趣味等の問題に亙り、随時開催、

（五）展覧会―美術衛生等に関する小展覧会、（同前）

などがあった。

市民館周辺の住民の大半は、夫婦して働かなければ生計が維持されない家族達であった。そこで託児所の開設も市民館発足時からの事業であった。加えて各種授産講習や公民的資質の養成に関する講習や育児・作法・調理・衛生・家事などに関する家庭科講習も、市民館周辺の教育に欠ける女子対象の教育として無視することができなかった。

娯楽としては、

（一）音楽会―和楽器及声楽音楽会、

（二）演芸会―音曲以外の語り物、演劇、隣人のみを以てする隠し芸の会等、

（三）活動写真会（同前）

などが市民館活動として取り上げられていた。なかでも活動写真などは当時の先端的娯楽で、志賀自身も撮影技術を学んで撮影したほどであり、また映画を芸術として論じたところであった[6]。市民館が周辺住民にとって近寄り難いところだけではなく、親しみある憩いの場として、大衆娯楽の必要性を身を以って実践したのが志賀の姿であった。

このほかにも宗教教育や体育部の経営、職業紹介、そして周辺地域の不良住宅改良問題や巡回看護、さらには都市に流入して仕事を求める底辺労働者向けのホテル経営の改善まで、活動分野を広げていった。このような活動実績と

して大正一三年六月頃の一ヶ月間の利用状況として、

個別事業			倶楽部指導及集団的事業		
身上相談	二二回	八七件	託児	二六回	九三三人
法律相談	一四回	八九件	家庭学園	二一回	八四九人
健康相談	二六回	九三〇人	講演会	五回	三、八〇〇人
児童歯科	二五回	八七九人	娯楽会	七回	四、九五〇人
図書館	二六回	四、七四五人	主張	一四回	一八、三〇三人
貯金	三五八回	三、八九三円	倶楽部	二〇回	四〇七人（同前）

と右のような結果を報じていた。これから見ても市民館がいかに地域のニーズに応え、着実に利用され各種事業が定着しつつあったかが窺えよう。

やがて市民館が設立されて五年が経過し、時代も大正から昭和に代わるなかで、同年二月には天王寺市民館が開設された。それに伴ない天神橋にあった市民館を北市民館と名称が改められた。そしてこの年の『大阪社会部報』五四号の『北市民館年報』によると、市民館時代の事業にもようやく土台が固められつつある様子が窺えた。

まず『年報』では地域の特徴を次のように把らえていた。

本地域は大阪北部の工場地帯にありて大小の工場密集し、其の間に小資本に依りて家内工業や労働者相手の小商売を営む者が雑然と介在し、又新開地の常として未だ此の地方が農村であつた頃から地主や小作人達も其の儘の姿に取残されて居り、一般に其の住居の状態甚だ不良であるのみならず、木賃宿に永住する者も多く、密住と浮動とは付近生活の特色である。

先住市民が都市の膨張による恩恵を受け文化の福音を恣にしてゐる一方、彼らは非衛生と生活不安に虐げられ、両者の間に殆ど調和を見出す事が出来ない。

一九二五（大正一四）年大阪府域の西成郡と東成郡域の四四ケ町村が大阪市に編入され、大大阪として発展しようとした時、近世の大坂三郷を中心とする旧大阪市域周辺で進行していたのが北のスラムであった。淀川を前方に市民館を取り巻く地域が工業地帯化するなかで、急激な都市化への混乱がもたらしたものであった。それは物理的な環境の劣悪化だけでなく、そこに住む人々の心までも蝕んでいた。

かかる新開の土地に有り勝ちな風紀の頽廃は、容易に改まる気色もなく、人々は刹那の歓楽を求むるに忙しく、其の乏しい教養を補つて美しく清い大阪の市民とならうとの努力は夢にも及ばぬ事である。随つて市民としての自覚も隣保の情誼も求むる事が出来ない。

更に手から口への生活を余儀なくせらるゝものの常として、将来の方針を確立し、一家を斉へ自助の人としてよき自治の民となるは愚か、絶えず救済を受けなければならぬやうな境涯に出入してゐる。（同前）

大都市大阪にこのような底辺民衆が滞留し、大きな都市問題になろうとしていた。事はそれにとどまらなかった。子供たちの非教育的環境を志賀は深く憂えた。

又彼等の子供は親たちから顧られる遑もなく、次の代には一段頽廃した途を辿るべく運命づけられ痛々しい幼い日を送つてゐる。

我市民館は設立の趣旨と前記の諸点に鑑み凡そ左の諸施設に力を注いでゐる。（同前）

として市民館開設以来の事業を育成し、生活の自立を協同組合主義的な相互扶助を通して、より確かなものにするためのシステムを次々に導入して事業展開した。それによると、

一、経済的施設（一）授産講習　（二）生業資金融資　（三）信用組合　（四）貯金

一、教化的施設（一）身上及法律相談　（二）社会教育的諸集会　（三）図書閲覧　（四）慰安娯楽諸集会

一、児童保護的施設（一）宅児　（二）保育組合

一、保健的施設（一）一般診療　（二）歯科診療（同前）

この五年間のうちに市民館の事業を特色づけるものに、金融にかかわる生業資金の融資と相互扶助によって自立を計ることを目的とした信用組合の設立。幼児保育にかかわる保育組合の設立されたこと及び健康相談事業を発展させて一般診療を無償で実施したことが特筆される。いま一つは一九二二（大正一○）年以来、組織されていた児童愛護聯盟を志賀の支援で活動の拠点が市民館に移され、大阪全市はもとより全国的運動のセンターとなった。そして機関誌『コドモ愛護』が志賀の命名になる『子供の世紀』として発刊されたことも大きな変化であった。

また授産講習も五分野に及び、その実績は〈表1〉の通りであった。しかもこれらの受講者の生活面での自立を促すために、受講終了者を中心に木工講習者は工人会、洋裁講習者は太陽組合などとそれぞれ職業別の同業的組合を結

表1　授産講習　大正一五年中（『大阪市立北市民館年報』昭和元年）

科目	講習延日数	出席延日数	同上一日平均	総工賃	同上一日一人当
本工（昼夜同部）	二八四	三、六九六人	一三人	五六九・一八円	○・一五四円
和服裁縫（昼間夜間部）	二八三	一二、三九五	四三	一三三八・六六	○・一○八
洋服裁縫	二五五	五、七四七	二二	八五○・五六	○・一四八
メリヤス裁縫	三○二	三、四六九	一一	二七九九・四八	○・八○七
洗張洗濯	一五九	一、一八二	一三	二○九九・四八	○・九六二

備考　一、期間は各科共一年以内に定む
二、収入賃金一人一日当は入会当初のものをも含む

表2　生業資金融通成績調　昭和元年一二月三一日現在（『大阪市立北市民館年報』昭和元年）

職業別	貸付 口数	貸付 金額	回収元金 全部 口数	回収元金 全部 金額	回収元金 一部 口数	回収元金 一部 金額	回収元金 合計 口数	回収元金 合計 金額	差引現在貸出額 口数	差引現在貸出額 金額	利上 口数	利上 金額
古物並屑物行商	六	三五〇円	四	二〇〇円	一	二〇	五	二二〇円	二	一三〇円	六	八・三七
諸機具売買	二	一〇〇	一	五〇	一	二〇	二	七〇	一	三〇	二	二・四五
印刷	三	一一〇	一	三〇	二	四〇	三	七〇	二	四〇	三	一・七八
看板	二	六〇	｜	｜	二	三三	二	三三	二	二七	二	一・七〇
帽子製造	三	二二〇	二	一五〇	｜	｜	二	一五〇	一	七〇	三	四・五五
指物	六	二四〇	五	一八〇	一	三六	六	二一六	一	二四	六	七・九五
荒箱製造	四	三五〇	二	二〇〇	二	八〇	四	二八〇	二	七〇	四	一二・六一
荷馬車挽	四	四〇〇	二	二〇〇	三	一五五	五	三五五	二	四五	五	一〇・一一
表具襖製造	二	一二〇	一	五〇	一	一〇	三	六〇	一	六〇	一	一・九一
温床栽培	一	一〇〇	｜	｜	一	四〇	一	四〇	一	六〇	一	二・二五
靴下駄修繕	一	三〇	一	三〇	一	三〇	｜	｜	｜	｜	一	〇・九四
舟乗運搬	一	五〇	一	五〇	｜	｜	一	五〇	｜	｜	一	一・六〇
靴下編立	三	二一〇	二	一五〇	一	三六	三	一八六	一	二四	三	六・〇七
内職洋服裁縫	一一	四〇〇	一	四〇〇	｜	｜	一一	四〇〇	｜	｜	一一	二〇・八〇
菓子製造	二	一七五	一	七五	一	三四	二	一〇九	一	六六	二	三・九四
莫大小裁縫	一四	一、四〇〇	九	九〇〇	｜	｜	九	九〇〇	五	五〇〇	一〇	五二・六八
植木商	一	五〇	｜	｜	一	二六	一	二六	一	二四	一	一・三〇

諸新発明品商	一	五〇	一	五〇	―	―	一	五〇	―	―	一	一・七六
木炭商	一	五〇	一	五〇	―	―	一	五〇	―	―	一	一・七〇
青物商	三	一九〇	一	七〇	二	三二	三	一〇二	二	八八	三	三・七一
焼芋商	一	五〇	―	―	―	―	―	―	一	五〇	一	〇・一一
おでん	二	五〇	―	―	一	一〇	一	一〇	一	四〇	二	〇・四八
てんぷら商	二	一四〇	一	五〇	―	―	一	五〇	一	九〇	二	七・一〇
麺類商	一	五〇	―	―	一	二六	一	二六	一	二四	一	一・二二
汁粉行商	四	一八〇	三	八〇	二	四〇	五	一二〇	一	六〇	四	四・八六
飲食商	五	二九〇	三	一九五	―	―	三	一九五	二	九五	五	九・二七
莫大小起毛	一	一〇〇	―	―	一	八〇	一	八〇	一	二〇	一	四・〇〇
雑用手鋏行商	一	五〇	―	―	一	二〇	一	二〇	一	三〇	一	一・〇三
建築下受負	二	一〇〇	一	五〇	一	一、〇〇九	三	六、〇〇九	一	三、九九一	二	二・六一
楽器商	一	五〇	一	五〇	―	―	一	五〇	―	―	一	三・〇二
氷商	一	一二〇	一	七〇	一	四〇	二	一一〇	一	一〇	二	四・二七
洗濯	一〇	一、〇〇〇	一〇	一、〇〇〇	―	―	一〇	一、〇〇〇	―	―	一〇	三一・四四
洋傘柄製造	五	二六〇	二	一〇〇	一	一〇	三	一一〇	三	一五〇	五	四・八九
紙函製造	二	一五〇	一	五〇	一	六〇	一	一一〇	一	四〇	五	四・三九
製材	一	五〇	一	五〇	―	―	一	五〇	―	―	一	一・四五
諸用紙受売	一	一〇〇	一	一〇〇	―	―	一	一〇〇	―	―	一	一・六七
桶製造	一	五〇	―	―	一	三〇	一	三〇	一	二〇	一	一・二三
合計	一三	七、四四五	七二	四、六三〇	三〇	八八八・〇九	一〇一	五、五一八・〇九	四二	一、九二六・九一	一三	三三一・六〇

成し、技術の向上と情報の伝達が計られた。寄付金などで賄われた生業資金の融資状況については〈表2〉の通りで、資金の回収など順調に運営されていた。かくして市民館で取り上げられた諸事業は、その先進的発想に支えられ、それはまた地域のニーズにもよく応えた事業として実績を残した。しかしそこに至るためにはセツルメント事業に耐える人材を不可欠とした。

二、従事者の資質

地域福祉の拠点、市民館は大阪市の社会福祉政策のうえでも実験的施設の感があった。志賀がその施設の長として任命されるなかで、事業の命運は人材にあるところからセツルメント事業の展開に参画できる資質を集めた。東京帝国大学法学部出身の松沢兼人も、大正九年のクリスマスに志賀からスカウトされた一人であった。京都帝国大学農学部出身の前田貞次も社会事業は植林のようなもの、と志賀に示唆されて市民館活動に青春を燃した一人であった。民衆教化のための優れた音楽指導者として山田耕筰の推薦をうけ、志賀が小倉高等女学校に出向き学校長に直々懇願して迎えられたのが作曲家の藤井清水であった。藤井は市民館を練習場にしていたオーケストラ楽星会の担当者である竹中喜三郎と協力して、市民館管弦楽団や合唱団を組織してその指導をするなど市民文化の育成に貢献した。

市吏員のなかでも志賀を支えた有能な人物もあった。すでに述べたが祝久太郎がその一人であった。彼は吏員として市民館に派遣された人であったがセツルメントの意義をよく理解し、その事業に献身した。例えば一九二四（大正一三）年の初め、志賀の指導の下で地域改善のために豊崎町の木賃宿調査を行なった際、自らもそこで宿泊体験することで調査をより有意義なものにし「木賃宿の一考察として」として市民館から発表された。これは志賀が隣保事業（セツルメント）の方法として「人格的接触を通じ、しかもそれは教育的且つ民主的、自治的協力によって行はれる」(7)とした精神をよく体得した実践であった。

なお一九二六（大正一五）年二月、市民館に続き天王寺区下寺町三丁目に天王寺市民館が設置された時、志賀は一も二もなく祝を推薦し、その『日誌』に「天王寺市民館開館披露、これから祝君の一苦労、最も親愛する君の自重を祈る」と記させた。

このように志賀の下にそれぞれの才能と情熱をもった人材が集められるなかで、職員とボランティアが一体になって事業を展開するために、館運営に参加する構成員自身の研究と修養と親睦を目的とする「先進会」なる組織がつくられ、職員としての連帯感がはかられた。

市民館がセツルメントとしての機能を果たすためには、行政組織にみられる官僚的な上意下達では事業が進まないことを志賀が一番承知していた。それだけに市民館の雰囲気になじめない吏員もあったようだ。志賀の『日誌』にしばしば館長を出し抜いた退職騒ぎがあり、志賀を苦々しく思わせていたことが窺える。それでも磯村英一などのマルクス主義派からの公営社会事業批判に対しては、公吏そのものの存在意義について、

私は純な人間愛や基督教社会主義に出発したる初期のセツルメント従事員を使徒のやうに尊敬すると共に、その法燈を掲げて、今や燃え尽きんとする焔をかき立てながら努力している僚友諸君に学ぶところ頗る多きを感謝する。けれども同時に職業的の従事者となって多くのヴォランテアのために楔となり、絶えず移動するセツトラアや館友の仕事に調整と聯絡を与へ、時としては寄付金募集の運動をしたり、建物の管理とか理事会の事務とか謂ふ眼に見えぬ働きに一身を捧げ、しかも篤志のセツトラアと共に市民に働きかけ、ヴォランテアとしての誇りを持つ事の出来ない多くの職業社会事業家の労を多としなければならないと思ふ。(8)

と公営社会事業のなかで働く公吏の立場について、その円滑な館運営のための地道な下準備をしながら、必要に応じてはボランティアと協力して市民との接点をもつ職務の遂行を、公営社会事業としての不可欠な部分として位置づけた。行政による社会福祉という新しい事業分野への位置づけが、志賀によってなされようとしていたのである。公吏

の立場について志賀は続けて、

職業であるかいなかは本当に紙一枚の異ひである。一方が恵まれたる境遇に満足せず自分の安逸慾に打克つて社会事業の第一線に飛び出してゐるものならば、他方は自分の種々の慾望に打克つて職業的に隣人に奉仕するものである。そこには従事者となる以前の境遇の相異がある丈である。両者の可否は両者の境遇によつて定まるのでなく、その人、その人の動機或はその人の能率などによつて決すべきである。（同前）

と述べ、公営社会事業が人的にも成り立つことを、志賀は市民館の運営を通じて証明したのであった。それではそこで求められる資質とは如何なるものであったのだろうか。

志賀はウッズの共著『セツルメントの範囲』(9)から次の資質を掲げていた。

身体及服装を清潔にする習慣、音声及説話の教養、公平及真実、思考及表現の精確、事務の才能、以上の資格に代ふるに、少年少女の自然的指導者たる力を以てする事も出来る。而して事に当りて、敏感で、愛想が好く、油断がなく、落付ゐて、判断力に富み、機智を蔵する事が必要である。(10)

人と接して好ましい相談相手となるに相応しい服装、言葉、態度、表情、判断力などがそれであった。加えて対人関係において注意しなければならない資質として、

往々にして貧者に対する浅薄偏狭なる同情に溺れる癖に、普通の労働者にたいしてはデモクラシイと謙遜と工夫とを欠く如うな人や、偏屈な禁欲主義者は社会事業に付きものであるが、避けなければならぬ。（同前）

と相手の社会的立場によって同情したり見下したりする偏見のある人や、人間味に欠けた厳格主義の人もまた社会事業従事者に適さないとウッズの意見を紹介した。さらに志賀自身の体験からも、

寛大で人を毛嫌ひせず、其の話に耳を傾け、座談や協議を好み、廉恥心が鋭く野卑な事を言はず、自己省察の力に富み、能く自分を制する事の出来る人が欲しい。他人を指導するのは、詰り自分を指導する事である。…自分

の心の姿をはっきりと見て、他人の心と繋ぐ時、始めて人と人との関係に生命ができる。（同前）

と彼の提言はきわめて具体的で、セツルメントの従事者として相手を分け隔てせず、相談者の言葉に耳を傾ける受容的態度の必要性と、それと裏腹に従事者としては自制心の強い、自分の心のなかに他者の悩みをとらえうる人であることを条件とした。

都市問題としての低所得階層の貧困問題を解決するため、公営社会事業の必要性が高まるなかで、社会事業に従事する人材養成は避けて通れなかった。そこで社会事業従事者の知識としては社会問題、社会政策、社会法制、社会学などの学科もあるが、それだけでは従事者の資質としては不十分と志賀は考えた。それには社会事業の現場での演習とか訓練を積まなければ、従事者としての必要な力量を修得することができないとした。それではなにが必要なのか、

この演習科目の第一は人と交わること、人と遊ぶこと、人を遊ばすこと、或は団体として人々を手際よく結合すること等である。私共この訓練を殆ど完全にもつてゐなかつた為に、多くの憂目を見た事を告白しなければならない。[11]

要するに救済を求める人々のところに出かけ、そこで語り、その人々と遊べるまでの人間関係を作れということであった。そのような関係を作るにはどうすればよいのか、

将来の指導者養成には学問も必要であるが、裸になる稽古を勧めたい。何もかもかなぐりすて裸に成つたら、共に笑ひ、怒り、踊り、そして一足前に飛び出して、一団の人々の往く可き途を指示することが出来る。（同前）

志賀はなにも飾らない裸の人間関係を取り結べる、人間の持つ虚飾から解放されることを従事者に求めた。志賀自身も市民館時代、銭湯につかり世間話のなかから問題解決への共通認識を高めたところから「風呂屋社会事業」という異名をとったり、また釜ケ崎に出かけて闇汁を炊きながらの句会から人間関係を築くなど、裸の付き合いを大切にしたところであった。

三、組織者としての志賀

一九二一（大正一〇）年四月、志賀二九歳のとき、それまでの社会部労働調査を兼職のまま初代市民館長に任命された。この時、市民館の建物は社会部所属の前任者・島村育人の構想を軸に進められていたのでその後を引き継ぎ、志賀は専らすでに述べたように人材集めに奔走した。このようにして前節で述べた松沢兼人や藤井清水に加えて市役所からも派遣され職員で、いよいよ公営社会事業という実験が始められた。そしてその最高責任者としての志賀は若さと組織者としての能力を遺憾なく発揮し、水を得た魚のごとく次々と新規事業を試みつつ社会福祉という茨の道の開拓者として歩んだ。しかしそれは決して平坦な道ではなかった。

近代大阪が日本を代表する工業地帯として発展するなかで、その噴出する都市問題に対応して公営の都市社会事業という未知の分野の開拓だけに、市民館の事業はしばしば批判の対象に立たされた。そして最後は必ず志賀個人への非難となってはね返ってきた。

大正日日新聞紙余の悪口を書き始む、前都新聞記者高橋某の処置と覚ゆ、図々しいと呆れる。彼の如き不謹慎にあらざれば抱え能わざる大正日日新聞紙は禍いなる哉。現業に従事する吏僚位い骨の折れるものはあるまい。兎角の批評の絶える時がない。殊に自分位何時も批評の材料となるものはないと云って引っ込み思案に終る訳に行かず、頗る苦しき立場にあり。(12)

と地域新聞紙におもねらない志賀の姿勢が批判の対象にされた。これは保守的な地域社会の世論だけでなしに、大阪市行政のなかでも決して志賀の立場はすべてを納得させるものではなかった。市民館に続いて天王寺方面に第二市民館の建設構想が論議された時、志賀の提案に異論が続出した。

市役所に於て第二市民館創設に就いての研究会を開く。自分提出の原案に就いて散々の批評を受く。特に現在の我市民館に就いても雲行き頗る面白ろからず。既に三年を経過する今日未だ斯かる批評を受くるは我不明に帰するは勿論なるも、部下の我が意を体せざるも亦其の一因である。然し誰がよく余に代りて小なりと雖も斯の難事業に当たるものありや、余は唾痰して上司の処分を待つのみである。区々の皮肉、枉る批評の如き敢て意とせず。(13)

大阪市は市民館における行政効果をみて、天王寺に第二市民館の開設を準備したのであるが、その際、志賀は恐らく現市民館に匹敵する施設規模のものを提案したので批判されたのであろう。そして第二市民館の規模を規制するために市民館運営そのものまで批判される羽目となったのであろう。そこで志賀は組織者としての自分の非を認めるなかでセツルメントに従事する公吏の我が意を体せざる資質にも反省のメスを入れた。

草創期市民館の内情を語る志賀『日誌』を見ると、当初は殊の外に人事に悩まされていたことが分かる。いわゆる書類上で仕事をする事務畑の人間が、市民館などの直接市民と接触して業務を遂行する現業に就くと、不適応をおこしてトラブルをおこしやすかった。例えばT主事が解長である志賀を越えて本庁と直接退職人事をすすめた件で、

T主事ノ少年保護司受託ニ関スル対市交渉頗ル不満デアル、先方ヨリノ返事如何ニヨリテ拒絶スルコトトスル積リデアル。大人ハ赤心ノ心ヲ失ハズト云フガ凡人ノ子供ラシキ自負心ニハ鼻持チガナラヌ。(14)

と批判した。このTの退職問題がこじれ、その責任は志賀ではないかと第三者を介して難詰があり、志賀をいっそう不快がらせた。ともかく人事問題は年末まで尾を引くが、最終的に志賀はTに、

君はこの新春を期して温室の社会事業に暇を告げて、労と云わず資と云わず、万人を漏れなく幸にする事業の為に血戦に立つ、役所や慈善営業者の統計や報告の為の仕事とは意味が違う、この血戦に君を送った自分は決して見殺しにはせぬ。強く戦え。(15)

と励ました。同様に、

久シク問題トナツタN氏ノ□□□退職ハ二十五日愈事実トナツテアラワレタ。恩怒共ニ深キ自分ハ氏ヲ称ヘルト

共ニ又ヨウコソ罷メラレタトノ感情ヲ禁ズルコトガ出来ナイ、一部ノ人ヲ過信シ其ノ愛ト憎トニ偏ス傾向アルモノハ禍ナル哉、淡如水トハ真ニ之レ君子ノ箴カ。(16)

と市民館業務に性格的に順応しえない公吏が存在し、その去就に志賀は耐えねばならなかった。これらのことからいかに公営セツルメントとしての市民館の運営が人材面に大きな隘路があったことが窺えた。

このような設立当初の公吏出身者の資質にもかかわらず、前節で述べたように公営セツルメントにおける公吏の行政的役割も評価したように、市民館運営のなかで次第に館運営に必要な資質が理解されてそれにむけて淘汰されていった。しかしそのためにも志賀の指導性が一そう問われた。

志賀はセツルメントとしての市民館という特性に従い、その運営に主事・書記などの公吏からなる職員会を立ちあげ、職員間で周辺住民から提起された諸問題に対処するための共通認識がはかられた。しかしセツルメントの場合、無償で奉仕する篤志勤務者＝ボランティアを抱えて運営するところから、それらの人々との意志疎通が欠かせなかった。

大阪市民館もようやく天王寺市民館が設立された四年後の一九二八（昭和三）年末（一二月）に、それまでの公吏主導の運営から指導的なボランティアを含めた開かれた運営主体として「先進会」なる組織が立ちあげられた。その設立規約の前文に、

従来職員会と称し職員のみの会合があつたが、その会合のみでは協同者との連絡が取れない事が判かり、最近殆総べての指導の地位にあるものを網羅し先進会と名付け、職員竝に篤志協同者全体の機関とし、隣保事業を研究し、実行し、且お互いの淘冶を計り、必要に応じては部を設ける事になつてゐる。現在会員男子二十名、婦人十六名、

と志賀が記し、規約第一条にその目的として、

本会ハ会員共同シテ隣保事業ヲ研究シ、且各自ノ修養及相互ノ親睦ヲ進メ、之ニ依リテ北市民館ノ最高目的ニ対スル貢献能率ヲ高ムルヲ以テ目標トス[17]

とあるように市民館もようやく当初の公吏中心の従事者的体質から、館利用者指導の地位にある公吏と篤志者が対等に、相互補完しながら創意工夫をめざす協同体的組織としてのセツルメントが構想されていたことが分かる。公営セツルメントとしてその運営の全責任を公吏の志賀が負うにしても、民間の援助なくして公のみでその目的が達成されないセツルメント事業であった。それだけに志賀の英断で開かれた運営がなされたところに、北市民館がよく社会福祉というばらの道を切り開く開拓者的役割を果たしえたのは、まさに市民館運営の組織そのものにあったといえよう。それだけに志賀の市民館運営に対する視線は凡庸ではなかった。

陸軍大分連隊で最後の勤務演習を受けた後の一九二三（大正一二）年頃であろうか、志賀は市民館関係者に一つの警告を発していた。市民館の利用状況は外面的には常に盛況を極めているとはいえ、回を重ねる事業傾向のなかにやはり惰性による運営への危惧を指摘していた。少し長くなるが紹介してみたい。

倶楽部、最近の集会やゝ沈滞の気色あり。一に小弟の責任として深く諸兄に謝すると共に私の訴へも聴いて戴きたい。凡そ人の集団は絶えず新なる刺激の下にあらざる限り惰気を余技なくせらるゝものである。然るに我が倶楽部は既に他より刺激を受くることに於ては飽満の域に達してゐる。而かも他よりの刺激によつて活路を見出さうとする場合、それは甚しい生命力の欠如を意味するものである。そこで私の最近の希望は新戦法の所謂内線作戦を実施することである。我が団体内部の交互刺激に訴えやうとする事である。随つてそこに二つの途を発見する。[18]

所謂新戦法とか内線作戦などの軍隊用語が目立つ文章であるところから、恐らく一九二二（大正一一）年七月の大分連隊除隊後、市民館を観察して惰性的運営の改善を訴えたのではなかろうか。ともかく市民館を利用しているグループ間で、相互に刺激を与えあいしなければ運営がマンネリズムになることを警告した。そのための改善策として二つの方法があると提言した。

第一は交友関係と云ふ無限の鎖を益々深く巻きつけ合ふための方法として情意の共同訓練を行ふ事である。具体的に云へば共に大声を上げて唱ふこと、漫談すること、大きな筋肉を動かして踊ること、競技すること歩く事。そして赤裸々に無邪気に人々の接触による修養或は人を支配し人と交わる稽古をすること。第二は理論の共同訓練である。即ちお互の思想、経験、知識をぶちまけて闘争し、お互の抱いてゐるものの欠点を是正して我が一団の知的所有の総価をより高からしむることである。例へばお互の知識に基く講演、お互の読書紹介、或は政策を樹て、迫撃しあうこと。斯かる際に日本人の欠点たる感情に捉はれぬこと勿論である。(同前)

一つは交友関係の輪を広げ強固にするための方策として、諸集会を人の話を聞くだけの受け身のものにするのではなく、各自が声を出し歌をうたい身体を動かし時には何かを競いあうなどして他者との壁を取り去り参加型の集会にすることと、今一つは各グループにおいてそれぞれの理論的意識を高めるための報告や問題提起を行ない、指導者中心の集会から各自が主体的にグループに参加する知的集団化を提唱するものであった。このような改善の必要について志賀はさらに言葉を続けた。

諸兄よ、時代は刻々移る。昨日の指導者は必ずしも今日のそれではない。私達は生ける時代の流転の裡に突進し常に一歩先に一歩高く位置することを忘れてはならない。諸階級諸生活の人々と交り且つ支配するの力を把持しなければならない。諸兄よ、大胆なれ勇敢なれ。そして独りよがりに堕する勿れ。無邪気に赤裸々にもっともっとお互いに火花を散らそう。偉い人をお招きするもよい。自分の平和を守るもよい。けれどもそこに力は生れない。もっと自分を鞭うたふ。お互いに鞭うたふ。お互いの仲間には恥もなく、無礼もない。兄弟達よ、お互いに血を啜り合ふたことをも一度はっきり思い出そうではないか。

諸兄梧下　　三月七日　　市民館にて志那人記す（同前）

この文章を書いたと考えられる一九二三（大正一二）年は、普通選挙権の要求を軸とした大きな政治のうねりの高まるなかで、志賀自身も時代の大きな変化を感じ取ったのであろう。その光に向かって社会事業の形骸化は許されなかった。それを必要とする人々のためにそれらの人々と共にその体質を改革する必要があった。そのために市民館職員はもとよりボランティアを含めた中心的なメンバーにたいして社会事業の原点に戻る必要を訴えたものであった。組織者としての志賀はこのように大胆に活動状況に即して、関係者にセツルメントの最前線にあるものとしての意識改革と職責への自覚を、親愛の情を込めて提起する人であった。

志賀のこのような公営セツルメントへの開拓者的精神こそが、よく北市民館のその後の着実な運営に反映され、北市民館に続く天王寺を始めとする公営セツルメントの先導的センター的役割を果たしえた。ちなみに一九三〇（昭和五）年度の実績をみると〈表3〉のようになる。

表3　イ、大阪市立市民館施設事業成績　昭和六年三月末日現在（『大阪社会事業年報』一九三一年、大阪社会事業聯盟刊）

個別指導施設

		北市民館	天王寺市民館	港市民館	浪速市民館	東市民館	玉出市民館	此花市民館	合計
身上相談	件数	六四三	三	二〇	六六	二一	二	一三	八〇八
	人員	六四九	二五	二〇	八〇	二一	二三	一三	八三一
法律相談	件数	六七七	七一	九五	六三	六二	四七	一九	一、〇三四
	人員	六八二	一六六	一〇四	七六	一〇六	八六	一九	一、二三九
職業相談	件数	五、八四〇	｜	六	三二	｜	三〇	三	五、九一〇
	人員	五、八四九	｜	七	三二	｜	三三	三	五、九二四
計	人員	七、一八〇	一九一	一三一	一八八	一二七	一四二	三五	七、九九四

教化施設

講演 回数	講演 人員	講習 回数	講習 人員	娯楽會 回数	娯楽會 人員	図書閲覧 冊数	図書閲覧 人員	貸本 冊数	貸本 人員	計 人員
一	一四〇	九七	一、四三四	―	―	四、一八八	三、四〇九	四、六九一	三、七三六	八、七一九
七	一、三七〇	―	―	―	―	?	三、五〇二	―	―	一三、八七二
一	一七〇	一五二	一、九〇〇	九	三、三七五	一〇、八六一	一〇、七〇六	一、四三六	一、四三六	一八、〇五三
九	二、七九〇	二八七	八、一一〇	四	一、三〇八	一五、三二三	一三、三九三	―	―	二四、六〇一
三	五七一	六三	二、一八一	一五	五五、七五七	一〇、六八七	九、〇八五	二一一	二一八	一七、九二一
七	三、四七六	一一〇	三、七六三	五七	一五、一五八	一八、〇二九	一一、八二八	―	―	三四、二三五
―	―	一	一、二五八	一	七三三	三、二〇七	二、二八五	―	―	四、二七五
三七	八、五一七	七一〇	一八、六四六	八六	二六、三三〇	六二、一九五	六二、三〇八	六、二三八	五、三九〇	一二一、六〇七

自治施設

町内会 件数	町内会 人員	娯楽部 回数	娯楽部 人員	諸集会 回数	諸集会 人員	計 人員
一	一〇	二六	二九七	二七	二、〇八八	二、三九五
―	―	―	―	一六〇	四、七九〇	四、七九〇
八	四〇九	一四	三三三	六	二〇一	九二三
五	五〇	五	四一	一九	四三三	五二四
三	三六	―	一、〇三六	―	一、四九〇	二、五六二
五	一五〇	―	―	一七九	七、四〇八	七、五五八
六	一一八	―	―	一九	六三四	七五二
二八	七七三	四五	一、六八七	四一〇	一七、〇四四	一九、五〇四

児童保護施設

託児 開数	託児 人員
―	―
二九二	一四、八六七
―	一六、八二六
―	―
―	二七、二二九
―	―
一七四	一三、二三三
四六六	七一、一三四

保育組合　開数	三〇〇	—	—	—	—	—	—	三〇〇
保育組合　人員	四五、六一七	—	—	—	—	—	—	四五、六一七
林間学校　開数	二四九	—	—	—	—	—	—	二四九
林間学校　人員	四、八五六	—	—	—	—	—	—	四、八五六
計　人員	五〇、四七三	一四、八六七	一六、八二六	—	二七、二一九	—	一三、二二三	一二二、六〇七
保健施設								
健康相談　件数	九、一五六	三〇〇	—	一四四	三	—	—	九、六〇三
健康相談　人員	九、一五六	四、一八八	—	三、四〇三	一四三	—	—	一六、八九〇
各科診療　件数	九、一五一	三〇〇	—	—	—	—	一七	九、四六八
各科診療　人員	七、五〇五	三、五二九	—	—	—	—	三四五	一一、三七九
歯科診療　件数	五、六五一	三〇〇	—	三〇〇	九二	一五〇	—	六、四九三
歯科診療　人員	五、六六二	五、〇九九	—	九、一八六	一、一七一	二、六八五	—	二三、八〇三
トラホーム診療　件数	二八、二九〇	二九七	—	—	—	—	—	二八、五八七
トラホーム診療　人員	二〇、〇一六	三九、七二一	—	—	—	—	—	五九、七三七
計　人員	四二、三三九	六七、五三七	—	一二、八八九	一、三一四	二、六八五	三四五	一三六、一〇九
経済的施設								
授産　人員	三、二四六	二、七九四	一、一二六	—	二八八	—	—	七、四五四
共同購入（牛乳、米、醤油）　供給額	—	二九、八五八	一三、二八〇・二四	—	—	—	—	四三、一三八・二四
共同購入（牛乳、米、醤油）　人員	—	三六五	七、三〇八	—	—	—	—	七、六七三
信用組合　貸出累計　口数	二二五	二四	—	二	五	一七	—	二七三
信用組合　貸出累計　金額	八九、八八六・三〇	九、〇七五・〇〇	—	四五〇・〇〇	五九〇・〇〇	三、五六五・〇〇	—	一〇三、五六六・三〇
信用組合　回収累計　口数	五三	一五	—	—	一	六六	—	一三五
信用組合　回収累計　金額	六四、七六八・〇二	五〇五・〇〇	—	—	一〇〇・〇〇	一、四五七・〇〇	—	六六、九一〇・〇三
信用組合　現在　口数	一四四	二五	—	二	四	三	—	一八七
信用組合　貸出高　金額	七二、〇〇六・九四	一四八・二八	—	四五〇・〇〇	四九〇・〇〇	二、一〇八・〇〇	—	七五、二〇三・二二

生業資金	貸出 日数	七二	八二	一八〇	一三	一五	一〇	五	五〇一
	累計 金額	七、七三〇・〇〇	六、九〇五・五〇	一三、四二七・五〇	七九、二二七・〇〇	一、一九五・〇〇	八一三・〇〇	八〇〇・〇〇	三九、〇八七・〇〇
	同回収 口数	三七六	二八一	七九六	三〇二	六	二〇	九	一、七九〇
	累計 金額	一、四二五・〇〇	七、四〇五・五〇	一〇、三四七・五〇	六、一四八・〇〇	五九二・〇〇	二二三・〇〇	一三〇・〇〇	二六、二五〇・〇〇
	現在 口数	四九	六七	四一	六三	九	九	五	一四三
	貸出高 金額	三、五八〇・〇〇	二、七八六・五〇	二、一五一・〇〇	二、〇六九・〇〇	六〇三・〇〇	六〇〇・〇〇	六八〇・〇〇	一三、四六九・五〇
貯金	預入 口数	七、四三二	三、一三九	五、七二五	二、三八六	六、六八二	七四一	九三	二六、〇八一
	累計 金額	三七、四七六・一一	一七、七四一・二一	一一、九五一・七三	一八、八六四・一〇	二七、一九一・八五	三、九六一・二三	一、四二一・〇〇	三七、七一九・二三
	揚戻 口数	一、六七八	一、〇三六	一、七七五	四五四	一、五五六	二三三	八	六、六四〇
	累計 金額	一九、〇九一・二九	一六、六七六・四五	六四、六一九・三六	九、四一四・〇三	一三、七六四・六六	一一、九六九・七六	三二七・〇二	三〇七、七四七・五七
	現在 口数	一、四八六	七〇三	八一五	二八四	一、七三三	二八	二五	五、〇七二
	預入高 金額	一八、八六七・五一	一三、三七九・八五	五八、五三二・一六	九、四五〇・〇七	一四、五四五・一九	一〇、九九一・四七	一、一八三・九八	二八八、九三九・二三
無料理髪	回数	―	九	―	？	―	―	―	九
	人員	―	五九二	―	三七	―	―	―	一四、六二二
貸室、餅、牛乳配給其他	人員	―	―	―	―	七四一	六、三七六	―	一四、六二二

北市民館はその後に設置された市民館とは規模の異なる施設として、その着手された分野も格段の相違がある多様な事業展開であった。それらはいずれも第一次大戦後の大恐慌のさなかにおかれた地域の実情に即した、公営セツルメントとして対処しうる限りの取組が精力的に展開されていた状況が窺えた。

四、公営セツルメントの経費と運営

一九一八（大正七）年八月の米騒動を転機とした大阪市において、新たな都市問題としての底辺住民への事業展開には着目すべきものがあった。まずこれまで庶務課庶務係で担当してきた慈恵・救恤・窮民救済関係事項が独立の救済係で扱われるようになり、それが米騒動を機に社会課に昇格され、さらに一九二〇（大正九）年四月から社会部として関係事項一切が処理されるようになった。この間、市長直属の機関として「労働調査」事業が開始され、それと並行して救済課から昇格した社会部により、当面する都市問題への対応として市域の実態調査が始められ、評価の高い「社会部報告」として公表された。また具体的施策として谷町、天王寺、福島の三ケ所に公設市場を開いて生活必需品の廉売をはじめ、市営住宅、共同宿泊所、児童相談所、中央職業相談所などを開設し、これらの社会的施策の一つとして天神橋六丁目に市民館も設立された。

これまで民間に多く依存してきた社会事業を都市問題として受け止めることから、事業の主体者として始められた公営の福祉政策は、当然それまでの慈恵的な恩情的体質から脱却し、底辺住民の生活保証のための生活の自立を促す施策として登場してきた。大阪市もこの大転換に多大の予算措置を講じた。『大阪市社会事業要覧』一九一八年によると次のようになる（表4）。それが翌一九一九年からはさらに次のように計上されてきた（表5）。

このように一九一九年を起点にして二〇年二一年と社会事業予算は大阪市当局者の決断で顕著な増大の跡がみられ、さらにそれ以後は対前年度比で一％前後の増減で推移していたことが窺えた。

社会的需要の最前線たる北市民館からみた場合、地域住民が必要とする諸施策を導入するためには常に新たな人材の補給と原資を必要とした。しかし行政的バランスからみて特定施設への更なる予算措置は、いかに志賀の熱意とその実績をもってしてもきわめて困難なことであった。一九二四（大正一三）年一二月二〇日、志賀は一九二五（大正一四）年度の予算査定を市長、部長、助役などの列席する会議で要求額三万九〇〇〇円を提出していたが、それに対して三〇〇〇円の減額査定を受けた。志賀は「一語を発せず」それに従った。この時の気持を志賀はその『日誌』に、

今日の大都市は一の営利会社の如きもの、其の社会施設の如きは一工場の職工福利施設にも如かず、まして市民会館の如き未だ殆ど実効の認め難き事業に対して、よく試験的とはいえ巨費を投ずるは思いもよらぬ事、自分

表４

救助費	25,777 円
慈恵事業補助費	240,242 〃
窮民救助費	20,323 〃
棄民養育費	5,420 〃
貧民施療費	34 〃

表５　社会事業費（歳出）〈大阪市財政要覧〉

	経常費（円）	臨時費（円）	隣保事業費（市民館関係）
1919（大正８）年	93,435	602,066	
1920（　９）年	211,448	1,551,930	34,643
1921（　10）年	307,130	491,957	28,610
1922（　11）年	345,900	104,604	
1923（　12）年	350,842	329,252	
1924（　13）年	275,996	821,497	38,107
1925（　14）年	313,346	322,009	40,597
1926（昭和元）年	352,405	888,779	
1927（　２）年	378,943	793,599	44,034
1928（　３）年	366,342	906,149	54,242
1929（　４）年	384,039	515,481	64,149
1930（　５）年	378,537	824,350	69,565
1931（　６）年	375,740	809,451	48,547
1932（　７）年	377,144	4,968,833	57,599
1933（　８）年		760,223	

は今日まで三年九ヶ月の月日を兎角の批評を受ながらも継続せられたる事が不思議な位である。

自分は其の席上決心していた。予算が減額に減額を続けられて最後無一文となっても踏みとどまらねばならぬ。然し期待せられている事は今日の制度では死力を尽しても出来ない。将来制度の欠陥と人物の精選訓練を以て我が責任に答えねばならぬ。

志賀は財政予算によって運営される公営セツルメントの厳しさをかみしめ、それへの対応を考えねばならなかった。かくして市民館設立の早い次期から運営費にのみ依存する、例えば利用者に予算を放出する集会や講演会型の使途ではなく、市民として自らも参加することで生活の一層の向上、自立をめざすような事業を重視するようになった。そこから地域社会において生活の自立を支援するための方法として、協同組合主義を導入する運営を原点にすえようとした。それが一九二五（大正一四）年から始められた市民館保育組合づくりであり、また一九二六年に設立された愛隣信用組合がそれであった。

志賀は市民館に勤務するようになってから友人関係に変化したことを『軍隊日誌』のなかで述べていた。

友人の関係は一変した。新しく出来た友の主なものは青木牧師、山口正氏、松村義太郎氏、大田正男氏、小林卓氏、河飯捨蔵氏、大森氏（大阪毎日社）小川氏（同上）山中剛氏、山中寿一氏（日儈）瀬倉賢三氏（同上）青木のみちちゃん、あやちゃん、謙郎、そのお母さま、藤波博士、其の奥様。

青木牧師とその家族との関係は、志賀が市民館勤務するなかで教派主義に厳格な聖三一教会から離脱し、青木の主宰する聖書そのものの普及をめざす独逸福音協会に入信した関係で、キリスト教を至上とするのではなく光徳寺の佐伯祐正などに代表される仏教徒を含めた、人間救済の共同戦線を視野に入れた志賀の精神的転換から生れた関係であろう。

山口はいうまでもなく上司の社会部長で、これからの事業展開にとって助言を受ける同学の士として交友を結んだ筈である。それに対してその他の人々は市民館活動のよき理解者として、市民館の状況を好意的に伝える新聞関係者であり、市民館活動に対して何かと金銭的援助を惜しまない在阪の財界関係者らであった。志賀としてこれらの人々と交友を結ぶことは、これからの市民館運営にとってあながち無駄な関係ではなかった。

例えば一九二五（大正一四）年、豊崎町の木賃宿街の調査で明らかになった教育に無縁な子供たちの救済について、…顧みられない子供達を善良に発達させ、現在の境遇より脱せしめるの必要がある。『たとひ自分達はこんな境遇に在つもせめて子供だけは何とか一人前に』とは多くの親達から異口同音に聴く熱烈な願ひである。世の親としてこれほど貴い立派な願ひがあろうか。しかし如何に貴い美はしい願ひであっても、その親達の現在の境遇からすれば殆どこれを達し得る望みがない。望みの無いどころか足手まといの子供のためにその日の稼ぎさえ出来ないものが極めて多い。子供を預かる事は子供自身のためにもその親達のためにも是非必要である。(19)

このように地域の生活改善として保育所の設置を痛感していた。しかしその運営費の捻出に目途がつかず思案していた時、たまたま来館していた朝日新聞の林記者に実情を話したところすぐさま新聞紙面に取り上げられ、その甲斐あってたちまち予想外の寄付金一千百円が篤志の人々から市民館に届けられた。それだけはなく地元の豊崎町では所轄の中津警察署所長加藤守、豊崎第五尋常小学校長長谷川真徹、方面委員小野資覸及び付近の篤志家、実業家により豊崎保育会が組織され、地域改善事業への協力体制まで作られた。これらの経験から志賀もジャーナリズムの意義を十分に心得て記者連と交わった。

上方文化を代表する文楽は今でこそ国立文楽劇場で上演され、義太夫節を語る大夫や人形遣い、三味線師も国家的保護を受けている。しかし大正期はもとより第二次大戦前は民間の芸人として発表の場も少なく若手は苦労し、芸風も低迷していた。そこで浪花節に関心をもっていた志賀は、大阪文化を代表する人形浄瑠璃の衰退を憂えて市民館にその活動の場所を提供し、若手の育成をかねて「市民館北義会」なる組織を立ち上げた。

さらに志賀は関係者の自助を促がすとともにそれを財政的に支援するために「北義会研究部後援会」(一九二六年)を設立し、一口一ヶ月三〇銭の会員制組織をとり、その収入で大阪文楽を支え且つその芸風の向上と改革に貢献した。ここでも施設を提供することで市民館周辺の文化に乏しい住民に人形瑠璃を提供し、文楽愛好者と文楽関係者をつなぐことで大夫をはじめとする人形浄瑠璃師の自助と発展が計られた。それによって大夫達も芸に磨きをかけることが出来たであろう。このような文化活動においても志賀は決して丸抱えすることなく、自立可能な方策をはかるなかで支援するというのが志賀のスタイルで、いうまでもなくその根底には協同組合主義的な精神が脈打っていたことが分かる。

市民館が開館して四年度を迎えようとした時、志賀は予算配分の厳しさを見据えて将来どのような状況になろうとも、自分に与えられた職責を全うするために天六の地に踏み止どまり、都市社会事業に骨を埋めることを心に誓っていたことは印象的である。そのために経費の有効使用をはかることは当然として、それでも不足することを見越して彼はそれを可能にする関係組織・企業に目を配り、それらの組織や人々からの熱意ある支援を取り付けることに努めていた。

かくして一九二八（昭和三）年には北市民館そのものを後援する組織として「北市民館後援会」なる組織が設立された。その会則の前書きにいみじくも、

…市民館が市民生活に相当の後見をなしうるならば、市の到る所に配置せられたいとは全市民の希望であらう。この希望に対へるには市民館網を張らねばならぬ。そうなれば如何に市民の参加があつても、相当の経費を要する。この経費の出所を市の財政に求むることは益々困難になつて往く。而して財源を持たない社会事業中、更に財源なき隣保事業はそこに何らかの活路を求めねばならぬ。その一法として近隣の有力なる有志の提唱に依つて本館後援会が組織せられ、その尽力によつて資金を蒐め、次第に手薄く成り行く経費を以て能くする能はざる方面に於いて、利用者に便宜を供するは、その額の多少に拘らず、共存の趣旨に合するものであつて、即ち市民の市民館たるに緊要なる企図である。(20)

と述べられていたように、運営費の不足を見越して民間有志者から資金の提供を受け入れるシステムが作られていた。

戦前の大阪通天閣にはライオン歯磨本舗のネオンサインが、漆黒の夜空にオレンジ色の光を輝かせ阿倍野界隈の風

物詩となっていた。志賀も妻の親元が阿倍野にあったのでよく見かけた風景であった。市民館事業として健康相談が始められ、保育事業が行なわれるなかで幼児が出入りするにつけ、志賀は子供達に虫歯の多いことに気づき歯磨きの必要を痛感していた。そこで生活習慣に欠ける子供たちのために、ライオン歯磨本舗から資材の提供を受けるなかで懇意となった同社の小林富次郎から、更に歯科診療設備の寄贈と歯科医師の派遣を受け、子供達に画期的な無料の歯科診療が一九二二（大正一一）年から始められた。

戦前我が国ではすでに小学校において歯牙検診が実施されていたが、治療は歯牙検診の結果を知らされた親の負担で行なわれたので、経済的に恵まれない家庭の子供は、多くはそのまま放置されていたのが現状であった。そのような時、低所得層の多い天六周辺の子供達にとって市民館の歯科診療はまさに破天荒の出来事であった。例えば一九二六（大正一五）年度の実績（「北市民館年報」一九二六年）によると、

診療日数	男	女	計
二九三	五、三一三	八、二一八	一一、五二九
一日平均	一八	二一	三九

が診療していたことは我が国腔口衛生史上でも特筆すべきことであった。

北市民館における都市社会福祉への多様な先駆的試みは、大正期から昭和初期の関一などによる先験的な市行政と大阪財界や病院・法曹関係者などの社会事業への理解と協力なくしては考えられないが、それを引き出したのは何といっても志賀の人柄に帰せられよう。その意味からも大阪市は人を得たのであった。

五、志賀を支えたボランティア

昭和元年の市民館の職員構成は吏員一〇人、嘱託二人、給仕及雑役夫八人、講師八人とボランティアとしての篤志

従事者一〇人からなっていた。公営セツルメントとして吏員など有給の従事者が事業の中心的役割を果たすのは当然としても、篤志従事者の受入れはセツルメントの活動に刺激を与え、活動内容をより豊かにするものであった。というのもセツルメントはその始まりにおいてボランティア・ワークとして発生しただけに、ボランティアを欠くセツルメントなどはありえなかった。しかし社会事業の存続を社会が必要とするとき、ボランティアにすべてを依存することはできなかった。なぜなら

ヴオランテアの継続率はセツトルメントに於いては略五年以内であると謂はれてゐるが大部分は二、三年で移動する。即ち移動性に富む事がその短所の一つである。次に主たる職業或は任務を有する場合が多い為に専心研究或は経験に没頭し得ない事となり、ヴオランテア・ウアクが何時も偏したり興廃常ならないと云ふ理由を否めない。随つてヴオランテアは最後までの責任者たる事が出来ない。そこで始めはヴオランテア・ウアクとして起こつた社会事業も何時となしに之等の欠点を補ふために自然に職業的事業家を生み出て、両者相助輔けてその仕事を進めるやうになるのが普通である。(21)

志賀はボランティアの特性を考えるなかで、公営セツルメントにおける職業的従事者との相互補完の関係を重視した。かくして迎えられたボランティアにたいして第二節で述べた専任従事者に求められた資質に加えて、

彼は一般的興味に左右せられて居ないか、名誉慾に駆られて居ないか。永続性があるか。有給者同様に規律が守れるか。責任を重んずるか等を注意しなければ、失敗する事がある。(22)

などを指摘していた。志賀のこのようなボランティア育成についての関心は、公営セツルメントとしての市民館を支えるボランティアの供給源として、在阪学生とりわけ医大生への期待であった。

その際、彼自身の若かりし頃の体験としてあった士志仁人的な英雄的行為とみたり贖罪的な考えでの都市底辺住民と接触した誤解への反省として、

大いに怒るか、大いに泣くかしなければ世のためにならないと云ふ感じに動かされる。筆者の学生時代は恐らくその類型であつた。泣き虫扇動屋であつた自分の貌を想出して恥しくなる。それが自分に、又他人に何を加へたか。もつと学問の方を勉強すれば今日幾分か精確な基礎知識を持つてゐたろうと後悔してゐる。(23)

それでは学生出身者になにを望むのか、志賀はここでも大阪土佐掘のＹＭＣＡ主事から大阪市嘱託として労働調査に従事した自分の経験から、在阪学生のボランティア参加にたいして、計画的組織的に育成する必要を『子供の世紀』において提案していた。

如何なる方面が諸君に最も相応しいサーヴイスの分野かと云ふに、先ず社会測量(ソーシャルサイヴェー)である。それは社会に触るゝ道程に於て最も適当なる第一歩である。(同前)

例えば児童愛護聯盟が行なう赤ちゃん審査会や、衛生試験所が行なっている煤煙測定から始め、その次に無数の仕事が待つセツルメントへの参加を訴えた。しかし大正デモクラシー期とはいえ大学関係者の社会事業への関心は決して高くはなかった。そこで志賀は大学関係者にたいして、

それには教授とか適当なる指導者と云ふものが充分に面倒を見る覚悟が必要である。理解のない学生監の警察眼や教授の無関心、或は白眼視は何時も学生運動を陰険皮肉なものに堕落さして了ふ。教授も学生監も自分も一度はあの若さの持ち主であつた事を忘れず同情と熱心を以て臨む事を忘れてはならない。(同前)

と、改めてボランティア学生を組織的に育成する社会的必要性と、そのための協力を大学関係者に期待した。

さて市民館は設立当初より志賀の指導理念をよく理解して協力を惜しまない優れたボランティアに恵まれた。その一人が法律相談を担当した神戸万太郎であった。法律相談は市民館設立当初からの重要な活動部門であったが、一九二六年以来いき長く市民館のボランティアとして参画したのが神戸であった。また光徳寺の僧・佐伯祐正も市民館設立当初からボランティア勤務をするなかで志賀が進める社会事業の意義を体得し、やがて自らも寺院内にセツルメン

ト善隣館を開設した人であった。彼らと志賀の間には市民館のボランティアという関係にとどまらず、共通する趣味としての俳句の世界において、市民館を中心に活動した草燈社同人として結び付いていた。

志賀は市民館を救済相談の場とするだけではなく、地域住民の娯楽の場としての役割も重視し、そのなかから戦前大阪を中心に盛況をきわめていた浪花節に注目した。この大衆芸能としての浪花節の英雄豪傑談か侠客談に見られた大衆迎合的な低俗趣味からの改善をはかるため、志賀自らも浪花節の台本を書くなどして親友会系の若手の代表格宮川松安を応援した。志賀の『日誌』を見ると浪花節改革に取組む二人の深い関係が窺えた。そのなかから松安も志賀を師とあおぎ、市民館活動を芸と金銭の両面での支援を惜しまない関係を築いた。

なんといっても市民館のボランティア活動を特色づけたのは、地域住民に対する健康相談とその医療活動であった。前節で述べた大阪市歯科医師会の協力による一九二二年からの子供への歯科診療を筆頭に、一九二八年から始められた市立刀根山病院の有馬頼吉・大縄寿郎・由利周三などの医師による結核予防相談事業、そして翌一九二九年から始められた京都大学社会保険協会の山本俊平による性病に関する健康相談事業などの医療関連事業への関係医師の協力であった。恐らくこれらの人々と何処かの集まりで、市民館の課題を志賀自身が語ることで、その熱意に動かされて協力を約束されたものであろう。例えば有馬も志賀を評して母の胎内から社会事業人として生れてきたような人、さらさらと流れる清流のような人、とりわけ親しみ深い言語態度には会う毎に魅せられたと語っていたのはそのことを物語るものであった。いうまでもなくそれはキリスト教的な隣人愛に支えられた志賀のひたむきな情熱と、社会事業への優れたひらめきのなかから生れた使命感がボランティアの人々の心をつかんで放さなかったからであろう。

ボランティアの配置は職員で指導できない分野で活用されていた様子として、常連の図書閲覧者を対象に読書の便宜を計るために一九二六年八月から相互大学組合が設立され、市民館の指導の下に図書の館外閲覧や書籍の紹介及購入の仲介などを通して利用者の結び付きと共同研究などが開始された。この経緯について志賀はその『日誌』で、

> 今日の図書館に出入するものはどこでも個人主義である。そこに何の協力も行なわれて居ない。之は適当な指導者がなくてうまく化していないからである。我市民館には幸い四月から経済学士片岡憲三様が篤志勤務している。君は信仰の厚いビッグブラザーである。君に此の読書の組織を依頼し、今日市民館利用者にオルガニゼーションをやり、百人余りの会員を得て之を相互大学組合と名付ける。諸学の図書を備え諸学の研究家読書家を組織し、各部門の部を設け相依り相扶けて研究する一つのユニヴァシティである。だから相互大学である。組合と云うは将来発達の上は産業組合法により利用組合にせん為の用意である。(24)

と述べていたように、図書館利用者を相互大学組合に加入させてそれぞれが目的意識をもって読書研究を進める、より質の高いサービスをめざしてボランティアが迎え入れられていたことがわかる。それはボランティアにとっても責任とやりがいのある分野として、ボランティアの意欲を引き出すことになったのであろう。ちなみに一九二六年度の利用状況（北市民館年報）を見ると、

閲覧日数	男	女	計	冊数
三三三	三一、二〇九	二、六二二	三三、八三一	四三、六七九
一日平均	一八三	七八	二六一	一三一

という盛況ぶりで、市民館周辺の人々の読書えの関心が窺えた。このように見てくると北市民館は大正末から昭和一〇年代にかけて地域住民の多様なニーズに応え、職員とその職員の能力の及ばない分野をボランティアが担当するという連係で、事業展開された社会事業としての先導的役割を果たすものであった。そしてその運営の頂点にあったのが志賀という優れた人格で、異口同音に評されたように人々を引き付けてやまない人柄こそ、セツルメントとしての北市民館の社会的使命を遺憾なく発揮させた原動力であったといえよう。

おわりに

志賀がこのような活力あるセツルメントを組織しえたのも、いうまでもなく三〇代という若々しさに加えて隣人愛というキリスト教精神に支えられ、噴出する都市問題に社会学的分析を市民の立場に立って展開せんとした情熱の人であったことが指摘しうる。日本の社会学が講壇社会学として社会分析に有効性を発揮することなく概念的論議に終始するなかで、最も鋭く都市問題の噴出した大阪市の吏員として、激流の社会に飛び込んだ志賀らによってかろうじて社会学の命脈を保ちえたといえよう。

この頃『軍隊日誌』にもあるように、若かりし聖三一教会時代のような教派的なキリスト教徒としての信仰から冷めたとはいえ、彼は自ら飛び込んだ公営社会事業の充実を神に祈る気持で取り組んでいた。そしてその困難な茨の道を神の与えた試練として受け止め、それと戦い耐えることを自分に言い聞かせながら市民館職員をはじめ関係者に語りかけ方向づけをした。

志賀の人柄について中央職業紹介所にあった頃の田部井は、

…私としましては何か難しい問題でも持って行って御相談したいやうに居ったのでありますが、部長さんは何でも君の思ふ通りやり給へよというお話で、随分大胆な事をおっしやると思ひました。お役所のことは思い切ってやらなくちや駄目だよとおつしやいまして、私もびつくりした事があるのであります。(25)

と役人離れした志賀の発想に驚かされていたように、志賀は行政的システムの内側から考えるのではなしに、それを必要とする住民の立場から考える人であったようだ。行政機関としては全く未知の分野の開拓的事業であっただけに、志賀のような大胆さがなければ事業は進まないことをよく承知していたのであろう。

今一つ志賀の人柄を紹介しておくと、志賀の親友の児童愛護連盟の伊藤悌二の言に、志賀さんには非常に魅力があつたやうです。何かしら志賀さんが言つたりしたりなさることには他人を引きつける力があつたやうに思はれます。市のある部下の方が「志賀部長さんが何かおつしやると私達はもう志賀部長さんの命令のまま何でも働かざるを得なくなるのだが、何だか志賀さんには不思議な力があつた。そして又他の人が言ふと何だか不自然に聞こえるようなことも、それがあの方の口から出るとそれが一寸も不自然に聞こえなかつた」といふことを話してゐましたが、[26]

などとあるように、セツルメント従事者として自らを形成した志賀の権威主義的でない体質から、社会事業を必要とする底辺住民を救済する施策が出された時、部下もまた最善を尽くす信頼関係が志賀との間で形成されていたのであろう。組織者としての志賀の人格が窺えるエピソードといえよう。

なお志賀の組織者としての非凡さを示す出来事して、彼が一九三五（昭和一〇）年五月に北市民館長から社会部長に転出するが、この部長時代に後任の北市民館長が短期間に休職したり退職したりする不安定期があった。そのために志賀が再三にわたり館長職を兼務するという事態が発生した。

これから推測できることは館長職として館運営に当たるためには、それだけの見識が関係者から求められた。しかしそこで長たるものに何かが欠ける時はうまく機能しなくなる。セツルメントにおいて人格的な人間関係の構築に無頓着であれば、職員との間に意志の疎通を欠くなどのトラブルが生じやすく、そのために勤務に耐えられなくなることなどが推測される。そのためやむなく志賀が兼務することで、職員の信頼を回復させることが出来たのではなかろうか。それ程までに志賀は北市民館に大きな影響力を築き、市民館の精神として志賀なき後も継承されてきたのは理由のないことではなかった。北市民館は志賀なくしては存在しえなかったのである。

注

(1) 拙著『地に這いて』大阪都市協会、一九八七年参照。
(2) 「ソオシヤル・セツルメントの精神と其の経営」『社会学雑誌』六号、一九二四年八月二九日。
(3) この時の成果が「木賃宿の一考察について」（『大阪社会部報』一九二五年）である。
(4) 『日誌』一九二四（大正一三）年『地に這いて』二〇六頁。
(5) 前出『社会学雑誌』。
(6) 一九二二（大正一一年）二月一四日から六日間、市民開会で活動写真講習会が開催され、志賀も「修辞学」「映画の倫理的考察」「模範説明の実演」を行なう。
(7) 志賀志那人「現代における隣保事業の意義と使命」『社会事業随想』一九四〇年、九二頁。
(8) 志賀「セツルメントの人と組織」同右、一一三頁。
(9) Woods & Kennedy: The Sethlment Horizon. p. 423
(10) 前出『社会学雑誌』八四―八五頁。
(11) 志賀「セツルメントの人と組織」前掲書、一一五頁。
(12) 『日誌』一九二四年一〇月二四日『地に這いて』二〇二頁。
(13) 『日誌』〃　一一月一日　同右。
(14) 『日誌』〃　九月四日　同右、一九三頁。
(15) 『日誌』〃　一二月三一日　同右、二二〇頁。
(16) 『日誌』〃　九月二四日　同右、一九七頁。
(17) 「社会部報第八十六号」『大阪市立北市民館年報』一九二九年、一三―五頁。
(18) 「手筆原稿」田辺香苗氏蔵。
(19) 「木賃宿の一考察」前掲書注3。
(20) 『大阪市立北市民館年報』一九二九年。
(21) 「在阪学生諸君の社会事業参加」『子供の世紀』六巻一一号、一九二八年一一月。
(22) 「ソオシヤル・セツルメントの精神と其の経営」『社会学雑誌』六号、一九二四年一〇月、八五頁。

(23)「在阪学生諸君の社会事業参加」前掲書注18。
(24)『日誌』一九二六年七月一六日『地に這いて』二五五頁。
(25)『社会事業随想』刊行記念会席上諸家の追憶談」『子供の世紀』一八巻五号、一九四〇年四月。
(26)「故志賀志那人氏を偲ぶ会」『社会事業研究』二六巻六号、一九三八年六月。

父を語る

田辺香苗

はじめに

私も長年、保健・医療・福祉の分野で医師として、行政の立場からまた民間の医療機関の立場からその一員として関わってきた。二〇世紀後半に始まった我が国の高度経済成長が終り、その繁栄と引き換えに我々は多くの負の遺産を引き継ぐことになった。バラマキ型福祉の終息による経済面での破綻は勿論であるが、この間に蝕ばまれた人間性の回復は並大抵ではないだろう。近頃になって今更のように「自助・互助・公助・公益」の言葉を聞くようになり、時代がまた一つ大きく変わりつつあるようだ。その意味から父志賀志那人が活躍した好景気の大正中期から昭和初期の恐慌期のなかでの社会事業を、本人の生きざまから振り返って見るのも意味のあることかもしれない。

ところで本論集のなかに少し場違いな文章が混じることをお許しいただき、父の文章・日記・写真などにまつわる話や私の断片的な記憶、また父ゆかりの方々の土地を尋ねる一方で父のことをよく記憶する妹市子の助けを借りて思い付くままに記してみた。やがて日中戦争が迫ろうとする時代を前にした父の姿からですが、なにか次の時代に向けて話題になりましたら幸いである。

一、市民館のこと

私の育った公舎は市民館の裏側にあった。私達は塀に囲まれた公舎のなかで生活したので、私達の出入りには市民館の廊下を通り抜けなければならなかった。ともかく市民館と私達の生活は一体であった。またそのことが父の仕事には重要なことでもあった。しかしお嬢さん育ちの母などは慣れるまでは大変だったと思う。

市民館の敷地は昔、大坂七墓の一つであった葭原墓地の跡であった。そのため建設中に墓石や人骨が掘り出され、ビール箱百杯分にもなったと記録されている。子供の頃、庭で遊んでいても白い骨片が出てきたが、お墓の跡地は栄えるといわれていたのでそれを信じて暮したものである。

公舎の南側にはガラス工場があった。時々塀に登っては、ガラス棒から壜の出来るのを時間の経つのも忘れて覗いたものである。東隣りは木造の洋館が建っていた。ボール遊びをしてそれが飛び込んだ時には、弟の裕と二人で竹竿を割ってその先に棒を挟み苦労してボールを取ったものである。北隣りは路地の塀があり、友達は市民館の中を通って遊びに来ていた。

私の家では市民館木工部で作ってもらった食卓で食事をした。四角いテーブルであるが角を丸くしてあった。子供用に少し背は低いものであったが頑丈に作ってあった。食事のとき徳利を振って、父が「もうちょうと、お母さん」と催促する風景はどこの家でも同じであった。食事の時に話題が市民館であった嫌な話や悲しい話になると、子供らはそっと抜けたものである。

公舎の応接室はそんなに広いものではなかったが、木工部で作ってもらった机や本棚があり、父がよく使っていた別注の赤い罫の志賀用箋を思い出す。本棚は組み合わせ式で頑丈にできていたが、あまり使い勝手は良くなかった。しかしその本棚を私は最近まで使っていた。そのほか桐の洋服箪笥は父の頃から数えてもう七〇年余りにもなるが、今も私が大切に使っている思い出の品である。

ところで父が社会部長として予算要求をするともっと使うように言われたそうであるが、そんなに使えるものではないと母に語っていた。大大阪として都市問題解決のための必要な施策は予算化するという先見性が、父の仕事を大いに助けたのであった。それに加えて父の予算要求は目的意識とその積算根拠を明確にしたものであったところから、市長部局に信用があったそうである。

二、家族としての父

昭和九年のわが家の風景から紹介しよう。母が残してくれた子供の頃の作文が最近出てきた。その中で妹市子の小学校二年生の時のものに「五十本のしらが」があった。

お父さんはばんになるとたばこをすいながら、えんがわにすわりました。そうして「市子、おとうさんのあたまのしらがはなん本あるか、かぞえてごらんなさい」とおっしゃいました。私は「一本、二本、三本」とかぞえているうち四十二本ぐらいまでかぞえた時、「がぽ」ととけいが八時はんをうちましたので、おとうさんは「もうよいからまたあしたかぞえてもらうからもうねなさい」とおっしゃったので、ふくをぬいで、ぱじゃまをきてねました。

（以下、引用文について新字体、現代仮名遣いに改めた）

家でくつろぐ父は全く親愛にみちた普通の父親でした。しかし、この妹の作文で見る限り、父なりに気苦労していたことがわかる。

私達兄弟はあまり両親から叱られたことはない。でもある日、お客さんが帰られた後で、皆が応接室をちょろちょろ覗きに来たということで叱られた。そして私は風呂場に、弟は便所に、妹は応接間に閉じ込められた。しばらくして癇癪を起こした私は脱衣場にあった湯たんぽで戸をたたき割ってしまった。やっと出してもらったが、後になって切り張りされた戸を見るのは嫌なことであった。

父はふだんタバコを吸っていたかのかどうかあまり記憶にない。ただ誰かに貰ったウェストミンスターを吹かすと、その煙が二階に上ってきていい匂だったという子供同志の共通の記憶があった。

子供の頃の虫歯は市民館の歯科診療所の伊藤英夫先生に診てもらっていた。市民館では関係者の協力で子供の歯科診療が無料で実施されていた。私もその恩恵を受けたのであるが、治療してもらっている時に父が「痛かったら我慢せずに言いなさい」と言ってくれたのが喜しかった。それまでは少々痛くても辛抱して痛さをこらえていた。

父が亡くなって斎場での骨上げをした時、伊藤先生が父の歯に入れた『金』を捜し出し私と弟の健康な歯に穴をあけて入れて下さった。最近私の歯を調べてもらったが『金』はなく、いつの間か飲み込んでしまったようだ。

私は小学校時代には母の編んだセーターを着て通学することが多かった。しかし友達の殆どは小倉の学生服を着ていたので目立つのが嫌だった。母は父が市民館に勤務するようになってから洋裁学校に通い、私達兄弟にその頃の流行の子供服を縫って着せてくれた。でもそれが私達には目立ちすぎて嫌だった。

ちょうどその頃、市民館でも授産事業として和裁、洋裁、メリヤス、編物、洗張り、洗濯などの技術指導が取り上げられていた。そんな関係で母も洋裁を勉強したのだろう。父の『日誌』にも母の裁縫学校のために留守番をしたとか「子供服裁縫講習会へ激励に行く」などと記されていた。

ところで一九二一（大正一〇）年の『大阪新報』に、父は「生活改善—殊に必要なる衣服の改良」と題した文章を載せていた。それはすでに市民館で父が講演した要旨であったが、少し長いが和服から洋服への転換を提唱する父の弁であった。

生活改善と標榜しているが、その実は改造と云う方がいいかと思う。尤もこの改造と云う意味は若いお方には解っているであろうが、古い方はこの問題の意味がよく解らないから先ず之を説明しなくてはならぬ。昔は衣食住と云う順序であったが、今日では食衣住と云う順序に人間生活の内容が変わって来ている。之に就いては確たる根拠がある。私は九十九家族、其の人員四百三十三人に就いて一昨年七月から昨年八月まで研究した結果、年収六百円より二千四十円までの平均を採って見ると、一人の生活費は

一日　八十六銭

其の内　食物費　四十四銭

衣服費　十銭

居住費　八銭

雑　費　二十四銭

と云うことになります。そして労働者の能率から申しますと二十才から三十五才迄が其の能率の最も充実した時であり、妻君を貰う年令でありますが、子供がありますと子供一人に対して一日十五銭の小遣い銭がいることになるから合計一円一銭が最も切り詰めた日常生活の実費であり、若しそれ以下の賃金しか与えられていないと云う事実があるとすれば生活は出来なくなるので、衣食住の順序を変じて食を劈頭にしたのである。

次に衣服に就いて申しますれば、衣服費の増える原因は収入の増えることになる。然し食費は収入が増えるだけその割合は少なくなってゆくのである。（中略）

次は住居費であるが、これは左様増えてはゆかないのである。（中略）身分相応の家に住むと云う事になる。然し衣服の方は収入が増えれば自然増えて行くのである。私の調べた処によると、衣服費は普通一人一年に三十四円九十三銭で其の中に

上着（羽織・袴等）　十九円三十四銭

襯着　三円三十六銭

帽子・足袋等	七円四十三銭
修繕費	七十銭
糸代	六十三銭
洗濯費	五十八銭
其の他雑費	一円七十二銭

と云う風に使っている。然らば之を年齢別にすると如何なるかと申しますと、之は非常に興味のある問題であります。

	男子・費用	%	女子・費用	%
一〜十才	十二円二十五銭	3	十五円九十二銭	3
十一〜十五才	十七円　八銭	4	三十二円九十六銭	6
十六〜二十才	三円　三銭	6	五十二円　三銭	9
二十一〜二十五才	二十四円六十二銭	7	四十五円二十三銭	8
二十六〜三十才	六十円四十三銭	10	三十七円八十七銭	6
三十一〜四十五才	四十四円二十四銭	7		
四十六〜六十才	三十六円七十七銭	7	二十四円　十二銭	4
六十一〜七十五才	二十円　十銭	4		
七十六〜九十才	十九円　十八銭	3	五円　八十銭	1

以上の表は市内にある各裁縫女学校三千人の女学生から其の家庭の衣服費目を提供して貰って統計したものでありまして、之によると男子の場合、二十六才から三十才迄が馬鹿に増えてくるのは結婚する時期であるからで、

また右の割合からみて衣服がその人の社会的生命を標示するものであると云うことがわかる。

女子の場合十六才から二十五才迄の間が一番多く衣服費を要する事になっているのは結婚前であって、結婚する迄が女子の社会的生命であり、結婚後は生命がなくなると云う事を証拠立てているのである。また実際社会の状態を見ても斯くなっているのである。この統計に依りましても（世代別費用の割合―筆者追記）は男子の最低が3であるのに対して女子では1になっている。

然らば一年中で何時が一番多く衣服費の入る月かと云うと、四、六、十二月と云うことになっているが、之は時候の関係からである。そこで我々は之に対して如何なることを考えねばならぬかと云うに、日本服は形の上から云えば夏も冬も同じ様で、唯子供と大人、男のと女のとが少し違い柄の少し違うもので作ると云うに外ならぬのである。而してそれが幾枚も無くてはすまぬと来ているのだから、大変高いものになるのである。

独逸では戦争中洋服二着、ワイシャツ三枚、ズボン三枚、シャツ四枚で事を足していたと云うが、日本では却々そうはゆかぬ。又防寒の点防冬の設備もなく唯襲ね着するばかりである。だから不便不経済は此上もない。将来之が形を変えねば何時までも三越や白木屋の奴隷となるの外はない。

又日本人は馬鹿に新しいものと馬鹿に古いものを好む傾向があるので、流行と云えば極新しいものか極古いものに限られている。だから元禄模様などと云えば何の理由もなく人が好くのである。そしてその流行も年々変わってゆくので衣服類に年々新しい流行物を買い、年々役に立たぬ物が出来て行くのであるから費用が嵩むばかりである。

仏蘭西は何でも華美なハイカラな国であるが、流行物も盛んであるかと云うに決して左様でない。婦人も男子でも非常に経済的であるから流行と云ったところで少し型が違っているばかりなので、古いものでも修繕して翌年又使うている。その流行も本年売り出したものが凡そ役に立たなくなったと思う頃でないと、変わったものは店頭には出ないと云った風で非常に便利である。此の点にかけては日本の女性は愚かだと云わねばならぬ。…衣服は余り金の沢山かからぬもので、然も運動の軽快に出来る様にしなくてはならぬ。婦人にしても電車の飛乗り位は自由に出来る様にならねば駄目である。要するに帰着する処は洋服である。洋服位安価で便利の良いものはない。

殊に日本人の洋服は西洋の□□□□□□□□□□□□□（原文不鮮明のため判読できない）いる。又日本婦人は帽子を冠らぬため髪の飾りに皆流行を追うているが、これが第一よくない。一体髪と云うものは自分の顔の悪い特長即ち欠点を覆うと云うことを根抵として考えねばならぬ。西洋婦人の帽子はそのために出来たもので、これが又共通の流行となったので顔形にチャント合っているが、日本人の髷は顔も形も特長も欠点も考えずに唯流行を追うのであるから美的情緒など起らない。殊に日本服をつけ降雨の時、裾を捲って歩いているスタイルを見ると厭な気がする。これらの点もよく考えて将来に改善して行かねばならない。

などと書いているように、まだ大正時代は都市でも着物で生活する人の多かった時代だけに、経済性と機能性の高い洋服への転換とそれぞれの生活に相応しい衣服の改良に父が深い関心を持っていたことがよくわかる。それにしても当時の衣料生活を周到に調査して発言する姿勢には感心させられた。またこの頃の父の写真をみて見ると、ダンディな服装をしたものや鳥打帽をかぶったものなどが見られるのも面白い。

父はまた自動洗濯機の開発にも関心を持っていたことが一九二四（大正一三）年の『日誌』から窺える。

十月二十日

…。洗濯講習会ヲ今日カラ開ク。洗濯屋ニ「オムツ」ノ洗濯法、但シ全然手ヲ用イズ化学的ニスル法ヲ問ウ。然シ妙法ナキ由。妻君ニシテモ女中ニシテモ冬ノ難儀ヲ思エバ何トカシテヤリ度シ。「ヘリクレス」ナル機器、之ハ物理学的洗濯機ナレド相当ニヨロシキトノコトニテ三越ニアリトキク。現在ノ日本ノ家庭ヨリ野蛮洗濯ノ救済ヲナシヤルコトハ、婦人参政権運動ヲナシタルコトヨリモ意義ガアル。殊ニ「オムツ」ノ洗濯ニ於テ然リ。
第二次世界大戦まで、我が国の女性を苦しめた家事労働の筆頭が洗濯であったことを思うと、自動洗濯機の開発が女性の家事労働からの解放であり、それにより女性の社会的な生活向上に役立つと考えていたのであろう。私の手元にある父の草稿「女中論」などを見ると、女性の人としての自立についても深い関心を持っていたようだ。

私自身まだ子供だったので父とはゆっくりと将来のことを話し合ったことはない。それでも私が浪速高等学校の尋常科（旧制中学校）に入ったことを喜んでいたようであった。私にその時「大器晩成」と書いてくれた扇面が今もある。高等科は文科に進んだが、父が市民館時代おなじ廨長として親交のあった桃山病院の熊谷謙三郎先生に強く勧められ、その時は既に父は亡くなっていたが、私は長崎医大に入学した。目標は人間的な医療を目指すことにあった。

ところで父のことであるが一九一六（大正五）年七月に東京帝国大学文科大学の哲学科を出て、大阪キリスト教青年会主事として大阪に来たのであるが、それから一九一九（同八）年七月までは青年会の仕事をしていた。ところがその間の一九一九年七月に京都帝国大学法学部に入学を許可されていた。父は青年会主事の仕事をしながら当時の労働運動や廃娼運動などに関係するなかで、法律的な知識の必要を痛感して入学を希望したのであろう。しかし上山善治さんの推挙で大阪市入が決まったので京都帝国大学へは行かなかった。父は純粋な知識人としての社会的な使命に燃えていたのであろう。

それにつけ思い出すのは小学生の頃、父が伊藤さんという学生さんを連れてきた。伊藤さんは中根式速記術をやっておられる方で、私が速記を教わるためであった。しばらくしてやめてしまったが、後に学友からノートを取る要領がうまいと言われたのもその時習ったお蔭であろう。

父は市民館管弦楽団の結成などに尽力したり、浪曲をピアノ伴奏で公演するなどの試みをしたように音楽に関して深い関心をもって仕事をしたようであるが、これは若い頃クリスチャンとして聖歌を歌ったり教会音楽になじんでいたからであろう。しかし家で歌をうたったりしたのを聞いたことがない。妹の市子が小学校に行くようになって、担任の前田先生が音楽の専門であったので、先生の紹介でピアノを習い始めた。少し上達してから父は家に来られる人に妹がピアノを弾けるようになったと、嫌がる市子に演奏させたものだ。一九四〇（昭和一五）年、その前田先生が亡くなられ続いて奥さんも亡くなられた。しかも家は戦災で何もかも焼けてしまった。遺児の暢人さんはボール紙に鍵盤を書き、ボロボロになるまで練習されていた姿に母などは心を痛めていた。その暢人さんは編曲・ジャズ界の草分的存在として活躍されている前田憲男さんである。

三、市民館との再会

子供の頃は市民館は随分大きいと思っていたが、大人になってから市民館に行くと小さく感じたのは不思議なものであった。私が大阪市役所の人間として北市民館に行ったのは一九七〇（昭和四五）年の地下鉄谷町線工事中の天六ガス爆発の際である。市民館に役所の関係部署から派遣された人々が集まり前線基地のようになった。後年、市長になられた西尾部長が現地の指揮をとられる格好になった。この事故は一貫して中馬市長を中心に全職員が取組み、見事な対応であったと今も思っている。

一九八二（昭和五七）年末に北市民館は老朽化とともにその使命を終了して取り壊されることになった。その跡地に出来たのが「住まいのミュージアム」〈大阪くらしの今昔館〉である。なお同館の一階に岸下進一氏製作の北市民館を1/30に縮小した模型が、市民館沿革の概略をそえてガラス・ケースに展示されている。私の生れ育ったところだけに懐かしい思いがする。

父は家では役所のことをあまり語らなかった。語らなくても私達は役所の一角にある公舎で暮していたから敢えて語る必要もなかったのであろう。しかし当時、赤新聞といわれたゆすり目当てのゴロツキ新聞に何回となく市民館の責任者としての父が名指しで載せられ、私達家族を不安に落とし入れたことがある。しかし父の『日誌』を見てみると「言葉尻をとらえごろつき来たりしもはねつけしが、後広告料を哀願したれば可哀想に思い五円やる。ごろつきの撃退は頗る興味ある暇仕事である」と書いていた。これを見ると父なりに対処方を心得ていたようであるが、公舎まで来られて母などは随分心配していたことがあった。

父が社会部長の頃、中馬馨さんは市長秘書であったので皆が引き抜きを遠慮するなかで、父は社会部に来てもらうことにしたと母に語っていた。その中馬さんは後に大阪市長になられた。私の母などは中馬さんの奥さんと親しくしていたので、中馬さんが市長に当選されたことを大変喜んでいた。その後私も中馬市長にお仕えしたが名市長として誉れが高かった。

四、日記・写真などに見る父の一面

両親共に写真好きであったようだ。当時は写真館に行って写すのが普通で、その頃のピカピカと光った光沢のある写真が手元に残されている。色んな方々と写っているのでそれがどなたであるのか聞いておけば良かったと後悔している。

私は初めての子供ということで沢山の写真が撮られている。市民館の行事や職員の方々に混じって母が写っていたり、私が抱いてもらっているのも多い。父の『日誌』を見ると私は随分あちらこちらに連れてもらっている。今なら公私混同と言われるところであろうが、当時はなにかと大らかだった。またその大らかさが父の仕事に求められていたのかもしれない。ともかく市民館は社会事業の最前線基地であった。人の出入りを拒まない雰囲気が、市民館には欠かせないところから生れた現象だったのかもしれない。

父は子供の頃、阿蘇の山で育っただけに山野を歩くことが好きであった。そんなことで私もよく職場の方々と一緒にハイキングに連れてもらった。色々と思い出されるなかでこんなこともあった。社会部長時代の一九三六（昭和一一）年に職員の方々と兵庫の甲山へのハイキングに出かけた時、集合場所を父が思い違いしたために山頂でやっと合流したことがあった。その写真をみると皆さんに大変ご迷惑をかけたとの思いと、父でも間違うことがあるのだという複雑な思いが入り混じった。

一九二八（昭和三）年八月八日、職員の前田貞次さんのご指導で市民館の屋上で涼風を受けて初めて俳句が始められた。会は父の命名で「草燈社」と名づけられ、父の俳号は自然環境の悪い煤煙の都市でも逞しく花を咲かせる「夾竹桃」がそれであった。毎月のようにどこかに出かけてみなさんと熱心にやっていた。そのような句会の吟行には何時も連れてもらい、句会の間は子供たち同志で遊んだものだった。

『草燈句集』（一九三二年八月）の前書きに「草燈社を結んでから三年になる。句莚、吟行四十幾度。気取り、気紛れの寄り合いでは斯は続かない。友達甲斐とかお付き合いならば、すっかり棒を折っている頃である」とその親しみと継続の意義を讃えていた。それだけに父の遺品のなかに沢山の短冊があり、何時の間にあれだけ沢山の句を詠んだのかと思って感心したことがある。ボランティアの方がたを含めた句会は、やはり職員間の意志疎通として、社会事業を目指す仲間としての一体感を高めるための重要なコミュニケーションであったのだろう。それどころか社会部長になってからは今宮宿泊所の労働者とも俳句会を催したと、父と一緒に仕事をされた古藤敏夫氏（元八尾市助役）が語られていた。上手下手は私には分らないが少し拾い上げてみると、

朝餉たくもやいの舟や苫の霜　　昭和三年・中津光徳寺
街の凧まがり曲がって上りけり　　昭和四年・夾竹桃庵（公舎）
その果ては霞に消えて春の川　　昭和四年・阪急花屋敷
旅に病み帰る我が家の若葉かな　　昭和四年・池田田村邸

灯を浴びる人の流れや春の宵　　昭和五年・北市民館
手涕して売卜の呼ぶ夜寒かな　　昭和五年・北市民館
粒毎に長枝をピンと桜ン坊　　昭和六年・しゅく川宮川邸

父は若い頃、キリスト教青年会の夏季学舎などに関係した経験から、市民館周辺の地域の子供たちを夏休みの間、自然の豊かな生駒などに一夏の心の思い出をつくるために林間学校を開設して連れていった。私はよくその候補地の事前調査のために六甲山などの山荘を訪ねるために連れられた。また私達をよくスキーに連れていってくれた。新京阪電車で嵐山・清滝から山に入り、少ない雪を皆で叢から掻きだして滑ったものだった。そして正月の休みには団体旅行で信州方面に滑りに行った。当時の父の写真を見ると格好だけは一人前のスキーヤーであった。私達は特別にコーチの講習を受けたが、それよりも馬そりに乗ることが楽しみであった。

楽しみといえば淀川でのハゼ釣によく出かけた。家族で小舟に乗り終日ハゼ釣りを楽しんだ。針を取られると父に付けてもらった。そして持ち帰った沢山の魚を干すのは母とお手伝いさんの大仕事であった。

父は講演もよく頼まれてあちらこちらに出かけたことが『日誌』にも記録されている。大阪のＮＨＫが初めて電波放送したときも父がそれに参加していた。ところである時、電車を乗り継ぎさらにタクシーに乗って金剛山のふもとにある千早赤阪村の小学校に、私達兄弟も連れてもらったことがある。父の講演中、弟の裕と運動場の周辺を山を眺めながら回った記憶が今も鮮明に残っている。いま思うと父が金剛山の麓の学校に出かけたのは、恐らく浪曲改革を進める宮川松安さんのために、楠木正成の台本を書くのに現地を自分の目でも確かめたかったので、私達も連れて行ったのであろう。父はすでに松安さんとも長柄川の治水工事に殉じた薩摩義士平田靭負の調査に、京都伏見の大黒寺を訪ねたように、父なりに浪曲台本作成のための見聞や状況把握に努めていた様子が今さらながらよく理解できる。父のこのような几帳面さは私も確かに受け継いでいる。

父は多忙な割にはこまめであった。私たち子供に色んなことを経験させてくれた。小学生のころに「ピストン堀口」のボクシングをみるために、花園ラグビー場の特設リングにつれてくれたことがあった。打ち合いはあまり覚えていないが、いまもグローブの軟い皮のなまなましさが印象にのこっている。弟の裕と「遠いなと」文句をいいながら、父と三人で人に混じって駅まで歩いたことを思い出す。

私達が夏休みに広島の因の島に行った時、山陽線で始めは父と座っていたが尾道で私達が降りると父は二等車に乗り換えて講演に向かった。父の天六時代の友人で北区中崎町の公設市場に店を出しておられた村上末次郎さんの郷里が因の島にあり、昭和九年と一〇年の夏休みに海水浴などで楽しく過ごしたところである。二〇〇四（平成一六）年二月、七〇年ぶりに妻豊子と妹市子の三人で因の島を訪れた。今は「しまなみ海道」として自動車道が尾道とつながっているが、昔のように運航船を利用した。かつてははしけに乗り移ってから港に入ったものだが、今は護岸工事された岸壁に船は着いた。

父の遺稿集『社会事業随想』にある「絶貧郷」は、一九三四（昭和九）年の『社会事業研究』誌に紹介された因の島重井村における相互扶助のことであるが、この島では近世の安永年間以来、村の共有地を生活困窮者のために無償で耕作させる交換畑制のあったことや、毎年年始に行なわれる「初寄せ」と称せられる住民参加による村総会の慣行が島民の貧しさを救済する組織として維持されていることを指摘していた。私達も島の市役所を訪ねてお尋ねしたがこれらのことに関する記録はもう無いとの返事であった。子供の頃、一緒に遊んだ高台の旧家にも今は住む人もなく、屋根も落ち足の踏み場もないほど変わり果て七〇年の歳月を感じさせる状態であった。因の島は今は観光に力を入れているとのことであったが、その昔、島民が相互扶助によって生きた歴史の忘れ去られるのは淋しい限りであった。

父は多忙なかであれだけよく社会事業論を書き、さらに沢山の墨跡を残している。頼まれて書いたのであろうが明治の教育を受けた人の片鱗なのだろう。「愛隣信用組合綱領」などは今も大阪市社会福祉研修・情報センターに残されている。ところで父はキリスト教への情熱を『軍隊日誌』では冷めたようにいっていたが、それでもその影響を終生持続させていたようだ。それは父が現大阪市長の関淳一さんの祖父である関一市長が倒れられた時、漢訳聖書の一節を『聖訓』として書いていたことからも窺える（口絵参照）。また我が家にも長巻の作品が残されている。父の最後は佐伯祐正さんが仏式で営んでくださったが、父の心はキリスト教や仏教を越えた隣人愛の思想であったと思う。

五、父ゆかりの人々

宮川松安さんはいつも謹厳な和服姿の方であった。ご夫人の寅代さんの束髪は子供心にも印象的であった。週に一度は私達の家に来られて父との関係の深さを承知していた。但し私達にとってはシュークリームやスイートポテトのお土産が何よりの楽しみであった。

松安さんは夙川に別荘を建てられ、私達も泊めてもらったことがある。その翌朝のこと、父が道に迷った数人の外国人と話をしているのを見て、改めて父は偉いんだなと思った。さて松安さんについては後に上井榊氏の『大阪に光を掲げた人々』で「浪の曲譜」を読んで、宮川松安さんの浪曲改革への努力や市民館を援助されたご苦労に私もその人柄を知る者として頭の下がる思いをした。

父が松安さんのために書いた台本に「大塩平八郎」があることを松安さんの甥の森岡茂氏が述べておられた。この作品が書かれたのに今一人父の知人であった岡田播陽氏との関係についても触れておかねばならない。岡田播陽氏は大阪心斎橋の大店の呉服店播磨屋のご主人であった。岡田氏は商人でありながら大塩平八郎や富永仲基などを研究し続けた町人学者として風格のある方で、髪の毛を長く伸ばされた着物姿の岡田氏を見て、私も変わった人だなと思ったことがある。この岡田氏が書かれた『大衆経』という本に父が前書きを書いていた。ちなみに『大衆経』でも大塩と二宮尊徳を比較しながらそれぞれを社会学者乃至は社会事業家としてその功績がたたえられていた。このような関係からみて岡田氏から大塩平八郎の話を聞くなかで台本を書いたものと思われる。

作曲家藤井清水さんは父が山田耕筰氏の推薦で、福岡の小倉高等女学校から市民館に引き抜いた人であるが、やがてその才能を買われて宝塚歌劇の作曲など手掛けたが、その後上京して日本民謡の作曲活動に専念した。一九二一（大正一〇）年八月、父と松安さんと藤井さんの三人で浪曲の改革にとどまらず日本の伝統的な民謡や童謡の創造を目指して楽浪園なるグループが結成され、盛んに演奏と講演活動が展開された。

やがてこれに声楽家の権藤円立さんや野口雨情さんが加わった。藤井さんが浪曲にピアノ伴奏をつけ松安さんが口演するなどの野心的な試みがなされた。また。野口さんの詩に藤井さんが作曲し、藤井さんの伴奏で権藤さんが独唱する。そのあとに野口さんか父が講演するというスタイルで、年間百回を越す演奏講演会を開催したようである。楽浪園の活動はやがて一九二四（大正一三）年四月には芸術教育協会に発展した。

藤井さんの郷里呉市で出された『作曲家藤井清水』のなかに「藤井先生の思い出」が掲載されているが、そのなかに「楽浪園」のことが述べられている。いずれにしろ大阪にこのような文化活動が起こされ、その中心に父がいたことを大変誇りに思う次第である。

ところで私の名前について母から聞いたことがある。父を中心にごく親しい宮川さん・藤井さんの三人にちょうど同じころ懐妊の兆候があり、互いに名前を付け合おうということになったようだ。私は男で香苗、藤井清水さんのお嬢さんは志都香さん、宮川松安さんもお嬢さんだが名前を忘れてしまった。香苗という名前はすぐに覚えてもらえ、また忘れられない名前ではあったが、若いときは恨めしい時もあった。

佐伯祐正さんの印象は、よく見掛けた端正な姿と写真で見る光徳寺の僧侶として法衣を付けておられる姿では、なかなか私の心のなかでは結び付かないものがある。刀根山にあった佐伯さんの別荘で子供の頃に精一杯走り回ったのが楽しい思い出である。

佐伯さんの弟の祐三さんの絵は今では大変な価値のあるものであるが、当時はフランスでの生活も苦しく絵も売れず大変な苦境にあったそうである。父も母と相談して何とかお役に立ちたいと絵画を譲り受けたいと話をしたそうであるが、祐正さんはそんなに気を使わなくとも良いといって、祐三さんのフランスでの習作を持って来てくださった。その絵は長らく我が家にかけてあったが、先頃洗いにかけたところ裏からも作品が現われ、その保管に気を使っている。

祐正さんは残念ながら戦災により亡くなられたが、ご夫人の千代子さんは母とも親しく付きあい、父の法事も光徳寺であげていただいたりしていた。福祉施設をひきつがれた千代子さんは嫁の篤子さんとともに光徳寺善隣館中津学園の運営に尽力されている。

野口雨情さんは大阪に来られる度に我が家に立ち寄られた。幼い私を大変可愛がって下さったようだ。一九二二（大正一一）年一一月二六日付けの雨情さんから私宛に下さった「泣く子は帰れ　すゞめと帰れ」の色紙が今も私の手元にある。その頃の雨情さんと我が家の関係については、森田康夫『地に這いて』に母の思い出とともに詳しく述べられている。

二〇〇五（平成一七）年五月に雨情さんゆかりの地を訪ねた。北茨城市の野口雨情記念館には多くの関係資料が集められているが、市民館など大阪との関わりや楽浪園時代の雨情さんについては全く欠落しているのは残念なことである。その近くにある立派な雨情さんの生家は孫の不二子氏が管理され、関係資料などを並べられているなかで、我が家にあった雨情さんの遺墨を母が送り返した分が展示され、懐かしい思いで拝見した。

比嘉正子さんが「金がなくても君ならやれる」と父に勧められて都島に保育園を始められた逸話はよく拝見する。比嘉さんも情熱の人だった。比嘉さんの長女牧子さんと妹の市子は同年齢で、高等女学校の入試で一緒になり、母親同志も久し振りの再会で話が弾んだ。その牧子さんと長男の健さんが一九四五（昭和二〇）年に相次いで亡くなった。

比嘉さんは子供の面倒が十分見られなかったとその悲嘆は大きく、園舎に「なかよしこよし像」を建てられた。人の子を育てるのに全力で尽されたのに、我が子を早世させた親の悲しみは言葉にはならない。

比嘉さんは父の遺稿集の出版に当たっても何かとご協力してくださったようで、比嘉さんの父に対する思いの現われとして私共も感謝していた次第である。比嘉さんは戦後、関西主婦連合会会長として消費者問題に取り組まれたとき、私は大阪市の食品衛生課長であった。比嘉さんは食品全般についての問題をただされ、私はその安全性部門の担当者としてしばしば顔を会わせた。しかし比嘉さんから厳しいご批判もなく私も誠実に対応して仕事のできたことを喜んでいる。

二〇〇三（平成一五）年三月に比嘉さんの設立された都島友の会の七〇周年記念式典が盛大に開催され、私もそれに招かれた。保育から高齢者に至る一〇以上の施設、二五〇名を越す職員の若い力強いパワーに敬服した。

私の子供時代、都島といえば必ず名前が出るのは山野平一さんであった。その令息の謹五郎氏が引続き友の会評議員としてご尽力いただいていることも何かの縁と喜んでいる。後日、友の会本部をお訪ねした時、理事長室に野口雨情さんが書いた「園歌」が黄ばみながらも中央に掲げられ、庭には「なかよしこよし像」が今も訪ねるものに比嘉さんの思いを訴えているようであった。また仲田貞子理事長と渡久地敦子理事から市民館幼稚園における保育の意義の研究などについて拝聴した。父の試みが今日までも何らかの意味で論議の対象にしていただいていることに思いをあつくした。

三木達子さんのご主人正一氏と父とは『社会事業研究』を通して論じあった間柄で、父の告別式にも中野学園・杭全学園園長として三木正一さんのお名刺があった。私が東住吉の保健所長をしていた時に、子供への情熱をぶつけてこられた小柄な三木さんに強くうたれた。殆どご要望に応えることが出来なかったが、何度かお会いするうちに私の父のことが話題になり、それ以来、特に親しくしていただいた。弟の京都大学高坂正顕教授にもお会いして国家論などについてのご高説を拝聴した。そして学園の後継者になられた池田正子さんとも親交をもつようになった。

鵜飼貫三郎さんは同志社を卒業されると同時に市民館に勤務され、愛隣信用組合の仕事を一手に引き受けてその健全な育成に尽力された。そして市民館幼稚園保母をしておられた百合子さんと結婚された。鵜飼さんは戦後の混乱した時代に第七代の北市民館の館長として六年の長きにわたり館長職を勤められ、一九五二（昭和二七）年に市民館を退職して、百合子さんと二人で北摂の池田で「さつき保育園」を設立された。やがて百合子さんは全国保母会の会長として目覚ましい活躍をされるなかで、令息壮一郎さんの手で社会福祉法人「さつき園」は運営され、地域福祉のために尽力されている。鵜飼家は私の母方の親戚にあたり、それだけに父の志を汲んで今日まで一家をあげて地域福祉のために努力されていることに感銘を受けている。

市民館幼稚園の同窓の山本博君とは大阪西成ライオンズクラブで再会し同君の紹介で高岡愛明君にもお会いした。扇町公園に近い山本君の家は塗装工場を経営されていた。今も西成区で同じ仕事をされているが、宮内庁御用達ということで皇居の新宮殿の造営にもかかわられたということである。数軒となりの高岡君のお父上は町会長をされていたが、愛明君は大阪府立病院（現大阪府立急性期・総合医療センター）副院長を経て、現在は病院の近くで内科クリニックを開設されている。私達は郊外電車に乗り千里山の園舎に行ってそこで弁当を食べ、思い切り飛び回ってまた電車に乗って帰ってきた。カタカナで名前を書いた定期券を首からかけて一人前に改札口を通るのが嬉しかったとの思い出を話してくれた。今の子供の知らない楽しい思い出が一杯だと二人は語っていた。七五年ぶりの奇遇に三人とも驚いた。

母が残してくれた私の小学校五年生の時の作文にも郊外園舎の様子が述べられていた。少し紹介してみると、

学校から帰って花だん前へ行った。
月曜日なので人が少ない中へ入ったら市民館の幼稚園の子供が居たので、すぐ出て豊津のえんしゃへ走って

行った。その日あみをもっていたのでプールの中に居る小虫を取ろうと思った。あみを水の中へいれるとおもしろいほどとれる。うしろの土手にはえてある竹の子を取っている時、子供が僕の取った虫を取ってみて一生けんめいに遊んでいた。幼稚園の子供と一しょに家へかえった。早く此の虫を学校へもっていきたいなと思っている。千里山の園舎は私にとっても身近な楽しいところであった。

六、思い出すままに

社会部長になったので住み慣れた市民館の公舎を出て、桜ノ宮に移ることになった。私の家の前には大川（淀川の支流）が流れ源八の渡しが往き来していた。そのうちに源八橋の建設が始まった。この家は、以前、俳人の青木宗泉（俳名・月斗）さんが住んでおられたということであった。

しばらくして泥棒に入られた。被害はなかったが、近くに住んでおられた役所の山崎文太郎さんがシェパードを連れてきてくださった。成犬であったが耳が立っていなかった。ジョンという名前だったが父の発意で、大阪城に近い時代がら城（ジョー）と呼ぶことにした。犬の世話はおもに私の仕事になった。

隣に歩兵八連隊の連隊長が移ってこられた。毎朝従卒が馬を連れて迎えに来ていた。父にも自動車の迎えがあった。責任ある地位につくとこのようなことがあるのだなあと私は思った。

市民館長から社会部長になった一九三五（昭和一〇）年頃より、時代は急速に戦時体制に向かって進んでいった。その頃から父は胃の不調を訴えるようになり、母が心配していた。そこで母の提案で家を替わってみようということになり、中村三徳さんが町長をしておられる八尾町山本の空気の良い静かな川沿いの家に移った。今思えば強いストレスによるものではないかと思う。その後、妹が同行して湯の山温泉で休養したことがある。しかし仕事が気になるといって一週間程で帰ってきた。そして間もなく最後を迎えることになった。わずか二日ばかりの自宅療養で父はこの世を去った。私達は突然の父の死に奈落の底に突き落とされる思いであった。

それは昭和一三年四月八日のことであった。私の浪速高校の入学式の当日であった。寄り道をして夕刻家に帰った。家の前の玉串川の向かい側に寝台車の止まっているのをなんとなしに見たが、家の戸を開けたところ大変なことになっていた。すでに父は危篤状態で、意識ももうろうとしていた。だんだんと弱っていったが、午後六時五〇分に息をひきとった。母の兄の榮治伯父が「志那さん、後のことは心配しなさんな…」と耳元で叫んでくれたのが、今も耳に残っている。

親戚や役所の方々があとの段取りを相談してくださった。広くもない居間で多くの人がばたばたしていたが、われわれはただ呆然と弔問に来て下さった方に頭を下げるばかりであった。熊本や大邱からも親戚がくるので、夜半に「エンバーミング」を施してもらった。この間も別室で松本喜美恵さんが一人で白装束を縫っていた。

今年になってＮＨＫでチャップリンの映画が放映された。それにつけて思い出されるのは亡くなる数日前の日曜日、それは一九三八（昭和一三）年四月三日のことであるが、妹市子は父に連れられて渡辺橋の黒壁の朝日会館でチャップリンの、「モダン・タイムス」を見に行った。終わってからガスビルで食事をしたそうだ。映画を見ながら声を出して笑っていた父の笑い声が今も耳に残っていると妹は涙ぐむ。

阿倍野斎場にたつ「倶会一處」は大阪市立今宮保護所で亡くなった身寄りのない人々の慰霊碑として建立されたものである。父が文言を選び揮毫したものである。その除幕式の当日に父も他界した。最近私が、産業医としてこの斎場を視察すると、掃除のよく行き届いた霊園の中央当たりに父の書いた碑があった。地震で少しずれたものの昔のままに建っていた石碑に深い因縁を覚え、訪れるたびに私は頭を垂れている。

父にとって今宮保護所に集まる都市の低所得層問題の解決は、市民館の延長として是非何らかの解決策を見出したいと念願していたのであろう。それ故、自ら現地の宿泊所に出向きその生活の一端を体験して改善策を計ろうとした。

そのような父の思いからそこでの死者への鎮魂を願って墨書したのであろう。

終りに

父を語るなかでやはり忘れられないのは母の存在であった。大阪で初めての市民館という暗中模索の社会事業の従事者として、家族も併設された公舎という衆人が注目する環境のなかにおかれた。お嬢さん育ちの母には大きな戸惑いがあったはずである。世の中はすべての人々をわけへだてなく隣人として愛すべきと考える父を助け、いわゆる内助の功を果たしたのである。そのなかで私や妹が嫌だったセーターを編み、また後に遺稿集の発刊に役立った資料の多くは母がきちんと日頃から整理していたものである。今度の私の文章もまた然りであった。それに母は普段から色々な方ともお付きあいし、父の仕事が円滑に進むようにそれとなく気を配っていた。

父が一九二四（昭和一三）年に亡くなった時、母は四〇歳であった。しかし私達の前では涙一滴も見せなかった。そんな母も一九七九（昭和五四）年に弟裕が亡くなったときは、号泣して慰めようがなかった。その後、花を作ったりしていたが、何時しか押し寄せる年波には勝てず寝込むようになった。幸い私以上に頭ははっきりしていたが、だんだん耳が遠くなり、最後は筆談に頼ったがそれは悲しいものであった。枕頭で

卒寿すぎさだかに見えぬ義母（はは）の瞳は吾が子をさがしなお命燃ゆ

妻豊子の臨終の歌を最後に母もこの世を去った。一九九〇（平成二）年九一歳であった。

市民館で生れ育った弟裕は、父の跡を追って熊本第五高等学校を経て東京大学の石油学科に進んだ。そして一九五九（昭和三四）年以来、日本の発展を支えた石油開発の最前線であるアラビヤ石油で働き、クウェートなどで苦労して採掘を進め、やっと軌道に乗せることに成功した。しかし現地での過酷な労働で帰国まもなく父の後を追ってしまった。

父ゆかりの那須家に嫁いだ妹市子は夫に先立たれたが、心豊かな老後を市民館幼稚園ゆかりの千里の地で送っている。

最後になったが二〇〇五（平成一七）年一〇月、第七〇回教育祭の合葬者二三人のなかに父も入れていただいた。これは大阪の教育関係者の方々のご理解と尽力によるもので厚く感謝している。ところで私にとって教育塔には深い思いがあった。

教育塔は一九三四（昭和九）年の室戸台風で犠牲となった教育関係者を追悼するため、全国的に呼びかけて建立された施設である。これの元になったのは大阪府三島郡豊津小学校（現吹田市）で、吉岡先生が五人の子供を抱えたまま校舎の倒壊で亡くなられた。その時、先生に抱かれて助かった一人が、市民館幼稚園豊津園舎の管理人の松本末太郎さんの娘愛子さんだった。この愛子さんには私達の思いは深い。

私が幼い頃、父に連れられて市民館に近い国分寺町に行ったことがある。その下宿屋の二階の柱に黒い帯でくくられた愛子さんがいた。鳶職の松本さんが仕事をしている間、パンを持たされてくくられていたのである。しばらくして父の配慮で松本さんは愛子さんを連れて豊津園舎に住むようになり、愛子さんも市民館幼稚園で育った。やがて新しい母親として喜美恵さんも来られた。何時しか松本さんは私の家族同然になっていった。そして父の死に際して喜美恵さんが徹夜で得意の裁縫で帷子を縫い上げ、父はそれを着て旅立った。

このような経緯から教育塔は長い間、私の心には決して他人ごとではなかった。それに今回、父が在職中に子供のために色々と努力したことを評価していただき、合祀して下さったことに重ねて感謝している。

父の遺骨を阿蘇産山の祖先が眠る地に運ぶとき、松本さんがそれを背負って同行してくださった。戦中戦後、私達も松本さんの隣に住み、日常の生活を何かと助けていただいたき、その複雑なご縁も父の賜物と思っている。

ここまで振返ってみた時、改めて父の人柄の大きさに敬服し、その愛情の下で育てられたことに今以て感謝するばかりである。そして父が社会的に見て、今日に続く社会福祉の分野での種まく人であったことを誇りに思う次第である。最後になったが私たちを温かく見守り、導いて下さった右田先生をはじめ本論集にご執筆いただいた方々、ゆかりの方々に厚く御礼を申しあげたい。

史料・志賀『軍隊日誌』

森田康夫

解題

志賀は軍隊生活を四回体験していた。第一回は大阪キリスト教青年会在職中の、一九一七（大正六）年一二月から翌一九一八年一一月までの一年間を、志願兵として大阪師団八連隊に入隊した。二回目は大阪市労働調査嘱託勤務中の、一九一九（大正八）年一二月から翌一九二〇年二月二七日までの三ケ月の再勤務演習の入隊であった。そして三回目は市民館が開館して二年目の、一九二一（大正一〇）年九月に一ケ月の勤務演習を受け、さらに一九二三（大正一二）年六月三〇日から一ケ月を大分連隊で勤務演習のために四度目の召集を受けた。

志賀の軍隊への関心は一九〇五（明治三八）年の日露戦争で活躍した広瀬中佐が郷土竹田の人で、その影響を受けて一九〇九（明治四二）年に熊本中学五年生のとき、海軍兵学校を受験した。しかし身体検査で不合格になり、軍人として国家に貢献できなかったことへのなにがしかの自責の念を持っていた。彼の志願兵としての入隊経験の背景にはこのような心情が指摘できる。

この軍隊生活の間、第一回と第二回に一冊ずつ、計二冊の『日誌』を残していた。(1) それぞれ大学ノートに日本文または英文でペン書きされたもので、これを『軍隊日誌（1）』及び『軍隊日誌（2）』と呼ぶことにする。

初めて入隊した第一回目の『軍隊日誌（1）』では、初年兵として軍隊体験を「学校デ受ケシ知識ヨリ研究的ニ軍隊ノ百般ヲ見ルニ楽シミ」と、一軍人として軍隊生活に身をおくなかで愚直なまでに軍隊生活への順応を自らに言い聞かせつつも、兵営内の慣習や改善する必要のある炊事当番のあり方などの問題点や疑問、さらには志願兵と現役兵の比較まで、実に軍隊生活の万般について興味深い観察記録を残していた。そして記録された『軍隊日誌』の最後に中隊長の評語として「観察適当」と記されていた。これもまた大正デモクラシー期の軍隊内部の雰囲気を示すものとして興味深いものであった。

第二回目の再演習勤務では、日常の放縦な生活から規律の生活を強いる軍隊は病院のようなものと位置づけ、初年兵のときとは違って予備役軍曹として少し軍隊生活にゆとりができた分、軍隊生活での人間味の必要や敬礼や演習においての形式偏重を日本軍隊の病気と批判したり、軍隊内道徳の形式主義に市民的道徳の欠落を指摘するなどの観察が見られた。しかし志賀の『軍隊日誌（2）』の特徴は、なんといっても自らの思想関係や心境の変化、そして将来の伴侶を選ぶ女性関係について率直に語られていたことにあった。

飯塚浩二編『日本の軍隊』や村上一郎「日本軍隊論序説」『現代の発見』（第三巻）、そして野間宏『真空地帯』などから知る横暴極まりない昭和一〇年代の軍隊生活からは、およそ考えられないことが次々に書かれていた。さすが日本文で書くことをはばかるような事項を志賀は英文で書き綴っていた。それらのなかに「思想は唯心的傾向から唯物論的傾向になってきた」とか「社会主義に対する自分の造詣は一種の信念になってきた」など、キリスト教徒としての志賀の自己省察が窺えた。

志賀の『軍隊日誌』はその意味からも大正デモクラシー期の興味深い軍隊体験者の記録であった。そしてこれらの軍隊での経験を志賀自身もその後の市民館運営において、参加者に刺激を与える工夫として役立てていたこともつけ加えておきたい。

志賀『軍隊日誌（1）』

一九一七（大正六）年一二月志願兵として八連隊に入営する。
第一回目

大正七年三月十六日

○班長ノ隠レタル親切

熱心ニ洗濯ノ折柄、背ヨリ手ヲ延バシ繻絆ヲ裏返シテ余ノ姓名ノ書写ノ明否ヲ検シ、無言ニ過ギユクモノアリ。我ガ班長ナリキ。此ノ類ノ親切ホド徹スルモノナシ。斯カル親切ガ絶エズ上官ヨリ晴々裡ニ施サレアルヲ思ヒテ感激ス。

大正七年三月十七日

○面会所所見

老媼アリ。綻ビ破レナケレド垢ジミタル剛張ナル木綿ノ着物被テ悴タル一等卒ト語ルヲ傍ニ聞ク。若シ戦争ニ行クナレバ面会モ出来ヌト云フノデ、朝ノ十時カラ待ツテヤツトオ前ニアヘタ。小使ハイラヌカ。之ハ自分ノ昼飯ニ持ツテ来タノダガオ前モ食ベテ呉レヨトオロオロ声。悴殺然トシテ其ンナモノハ要リマセン。心配ナサランデモヨロシイ。

此ノ母子ノ問答コソ国ヲ守ル大ナル力ノ溢ルル所ナラン。

恰モ一隅ニ踞シテ母ラシキ人ト若キ女トノ中ヨリ鶯餅ヲ取リテ食フ兵卒アリ。余ハ其ノ肩ヲ突ク。彼ハ尚止メズ。余ハ我ガ体モテ彼ヲ覆ヒヤル。彼尚懲リズ。一片ノ鶯餅ニ尊キ魂ヲ葬ムル友ヨ、カタヘノ兵卒ヲ見ズヤ。食ベタキハ人ノ情、之ヲ我慢スルハ男ノ意気地。贅六ヨ見舞ハウカ、九州男児ノ鉄拳ヲ。

大正七年三月十八日

○志願兵堕スルカ他ノ兵卒堕スルカ。

垢ト纒縫トニ満チタル軍衣着ケ、班長上等兵二等兵ニ教育サセラルル時ハ地位モ富モ知識モ権威ナシ。彼ハ唯ノ一兵卒ナリ。彼ノ境遇既ニ然リ、境遇ニ左右セラルハ人ノ常ナリ。彼ノ心事モ亦兵卒根性ト成リ了セン。此ノ堕落ノ加速度ヲ制スルハ唯一片ノ我慢ノミ。我慢ナキ志願兵ハ不平ヲ訴ヘテ他ノ兵卒ニ示ス。兵卒モ亦堕ス。御シ悪キハ志願兵ナル哉。而カモ偶ヨキ志願兵アリキトセンカ、ソハ小胆ナル固クナツタル志願兵ナリ。挙措常ニ他ノ兵卒ニ劣ルモノスラアリ。賞メラレタサニ努力スルモノ（破れあり）無精者ト共ニ同ジ。

大正七年三月十九日

○総出演習査閲

志願兵ノ動作ハ他ノ兵卒ニ劣トノ評アリ。何故ゾ。志賀答フ。志願兵ハ術科ハ如何デモヨイト思ツテイルカラデアリマセウ。伊藤中尉殿余ヲ呼ビテソンナ考ヲ持ツテイルノハ間違イダゾ。志賀答フ。今自分ハ持ツテ居マセン。志願兵一般ノ心事ノ忖度デアリマス。自分ノ心ニナイコトヲ云フノカ。ハイソウデアリマス。心事ノ忖度デアリマス。兵卒ヲ服セイムルニハ術科ニ長ゼザルベカラズ。之中隊長殿ヨリ余ノ学ベル所ナリ。余ハ正直ニ答エシノミナリ。

大正七年三月二十日

○弱国外交ハ平和ノ敵ナリ。世界ノ大勢ハ少数大国ノ残存。国民ノ自覚ノ基礎ハ茲ニ在リ

大正七年三月二十一日

〈所感〉愛弟逝キテ一周年、昨年ノ今日万斛ノ涙ヲ呑ンデ彼ガ英霊ノ夕雨降ル。鮮南ノ大邱郊外赭岩禿丘ニ荼毘ニ附セシ時ヲ思ヘバ感慨無量。僅ニ二三春秋ノ彼ノ一期ハ余ニ取リテハ無限ノ教訓、無限ノ助ケナリ。今日ハ辛ウジテ一日ノ休暇ヲ得テ亡霊ヲ弔フ。此ノ夜九州ヨリ父来ルト報アリ。

大正七年三月二十二日

〈所感〉我等ノ現在ハ自由ナリ。

(1) イプセン曰ク「余ノ自由ヲ愛スルハ自由ヲ得ントスル奮闘アレバナリ。自由ヲ得ルト否トハ敢ヘテ問ハズ」兵卒トシテノ志願兵ノ痛切ニ感ズルハ所謂自由ノ欠如ナラン。然シ又タ兵卒トシテノ努力ハ上等兵タラントシ下士タラントスルノ（破れあり）ル努力ナリ。我等ノ現在ニ於ケル努力ハイプセンノ所謂ル奮闘ナルベシ。而カモ地位ノ向上ハ自由ヲ結果セズ。達人モ天ニ対シテ自由ナラズ。人生ハ自由ノ蜃気楼ヲ追駆スル努力ナリ。

(2) 我ガ腕ヲ見ヨ曾テ見ザル其逞シサヲ。

身体検査アリ。一七貫三百目トナル。一ケ月ニシテ四百目ヲ贏得タリ。父面会ニ来ル。九州ヨリ来ル。一年ニシテ相見ル父ノ顔ハ健康ト若サヲ語ル。余ハ腕ヲ挙ゲテ示セバ北叟笑イシテ喜ブコト限ナシ。病院ニスラ年余ヲ送ルモノアルニ、汝ハ始メ多少ノ不愉快ヲ訴シモ、今汝ヲ見レバ鷹揚ト肉体ノ男々シサト溢レンバカリナリ。父ハ汝不愉快ナラバ病院ニ在ト思ヘ。父ハ更ニ語リ継グ。一時の苦み永き楽しみ。一時の楽しみ永き苦しみ。父ハ汝ガ奉公ノ一年余ヲ喜ブ。今日ハ非常ニ愉快ナリ。

大正七年三月二十三日

〈所感〉賞賛ヲ愛スルナ。追従ヲ好ムナ。唯理解ヲ願ヘ。上官ハ上ニ者ニ陥リテ其ノ目眩スコトアリ。下級者モ上ニ者ノ陋ヲ敢ヘテシテ、自ヲ護ラントス。第三者ハ上下ノ望ムベキ所ナリ。

大正七年三月二十四日

午前中第一期検閲予習及準備。午後外出シ父ガ遠来ノ目的タル結婚問題ヲ談議ス。

大正七年三月二十五日

○第一期検閲。

又シテ不覚失敗ヲ取リシモノ少ナカラズト云フ。逆上セルナラン。

大正七年三月二十六日

○通俗講演的手腕ノ必要。

兵卒ヲ教育スルニ当リテ高尚ナル言葉ト理屈トハ禁物ナリ。批評的態度ガ敬意ヲ失スルヲ知リナガラモ忌憚ナク言ヘバ、中隊長殿ノ此ノ点ニ対スル造詣ハ既ニ堂ニ入ル。

大正七年三月二十七日

○野外検閲準備。

大正七年三月二十八日

○第一期野外検閲。

〈所感〉講評ニ元気ガアリスギテ乱暴ニ陥ル。但シ他ノ中隊ニ比シテ進歩ノ著シト云フ。間々周章スルモノアリ。余モ亦其一人ナリ。頭デ考フレド手ノ習熟足ラヌ為メナラン。唯注意ヲ受ケテ訂正スル余裕ハアリ。一般ヨリ見レバ内務良好ナル細心者ハ往々野外ニ不覚ノ敗ヲ取ガ如シ。沖野ノ如キハ其ノ適例ナリ。細心ナレドモ胆ナシ。然シ悲シマズ。臆病者ノ死者狂ハ往々勇者ノ上ニ出ズ。

大正七年三月二十九日

○二年兵野外検閲。

之ニテ我ガ中隊ノ第一期検閲ハ全部終了ス。

大正七年三月三十日

○武器被服手入。

〈所感〉五月ニ随時検閲アリト聞ク。果シテ然ラバ間際ニナリテ急忙ヲ極メザルヤウ早手廻シニ準備ヲセシメラレタシ。

大正七年三月三十一日　〈所感〉

○月更ル、入営后四ケ月ヲ経タリ。寒キ冬ヨリ長閑ナル春ヲ迎フルマデ多少ノ我慢ヲ要スルコト、肉体ニモ精神ニモ少ナカラザリキ。今第一期ヲ終ルト共ニ春ノ佳時ニ際ス。舎裏ノ柳ノ嫩芽伸ブコト分余胸墻何トナウ青シ。日向ニ床凡シテ友ト髪刈リ合フ。歌アリ。

四角なお家の四角なお庭で
嫩芽(わかめ)のほのかな柳の下で
蟹の這ふよに髪刈る頃は
つらい一期の終る頃

大正七年四月一日

○慰労休暇

○一年志願兵一等卒ノ階級ニ進ム。

〈所感〉進級ノ命令ヲ聴クニ当リテ班長ヨリ序列アルコトヲ教ヘラル。其レニヨレバ余ハ第二位ニ在リ。何ノ序列カ知ル由ナケレドモ余トシテハ分ニ過タル高位ナリ。

勿論入営前ノ教育、知識、地位等カラ考フレバ、而シテ其レヲ序列ヲ定ムル一要件トセバ余ハ正ニ我中隊ニ於ケル志願兵中最上位否比較外ノ地位ニ置カザルベカラザルナリ。然シ兵卒トシテノ精神的肉体的或ハ技術ノ成績ヨリノミ考覈シ、何等既得的地位ヲ容認セザル志願兵進級ノ序列ニ於イテ斯モ上位ニアルハ不思議ナリ。上官何ノ見ル所アリテ余ヲ此ノ地位ニ置カレタルカ責任ノ重キヲ恐ルルノミ。但シ上官ノ叱責戦友ノ誤解ノ如キヲ顧ズ、正直ニ自個ヲ発表シ正直ニ働キツツアルコトハ他ノナ何人カ之ヲ疑フモ余ハ確ニ信ズ。術ニ拙ナレドモ動作ニ遅ナレドモ当ニ努力セント志スモノハ余ナリ。然ルニ余ハ余ノ学校デ受ケシ知識ヨリ研究的ニ軍隊ノ百般ノコトヲ見ルニ楽シミトシテ日ヲ送ル。故ニ一般ノ兵卒下士官等ニ対スル上官ノ訓諭教示ノ如キニ接スル態度ニモ甚シク異ルヲ見ル。下士兵卒ガ尤モデアルト感心スルトキニモ、余ハ「ハハアアンナニ教ヘレバ彼等ハ理解スルカ。アンナジエスチユアハ確ニ有効デアル。自分モヤツテ見ヨウ」ト云フガ如キ批評的態度ニ出デ、自ラ我ガ身ニ資スルコトヲ第二ニ置ク。サレバ感心モ少シク紐レタル感心ナリ。此ノ点上官ニ対シテ相済マヌト思ヘド致方ナシ。御教示ニ直々従フト云フ外形ノ外ニ此ノ心アルコトハ暗示ノ効果ヨリ論ズレバ甚ダ薄弱ナルヲ知ル。茲ニ正直ニ告白シテ上官ニ謝ス。然シ以テ他ヲ過ルガ如キコトナキコト及御教示ニ近カランコト日夜ニ力メツツアルコト明記シウルハ余ノ竊ナル喜トスル点ナリ。

余ハ所謂要領家ヲ唾棄スルモノナリ。ムシロ現今ノ悧巧一方ヘ走リ厭易キ我聯隊一般ノ風ニ反抗スル良卒来ラズンバ我連隊ノ隆盛期シガタキヲ思フ。射撃期ニ入ルモ尚飽カズ倦マズ銃剣術ニ励ミ、銃剣術期ニ入ルモ射撃ヲ忘レズ、常々舎後ノ八幡様ヲ祭ルヲ怠ラヌヤウナ馬鹿正直ナ愚直中隊起ランコトヲ切望ス。赤棒モ白棒モ時ノ運。拙ナレドモ習熟ヲ楽ミ、遅ナレドモ念入ノ兵卒ガ連隊ニ満チンコトヲ願フ。

序列ノ如キモ此ノ点ヨク見テ定メラレンコトアランカ。必ズヤ良聯隊ヲ得ルノ日来ラン。ハヤリスタリノアルコトハ確実ナラヌ証ナリ。斯カル所ニ奉祀セラレル八幡様コソヨキ面ノ皮ナラン。余ハ中隊ノ一兵トシテ中隊ノ堅実ナル発達ノ為ニ残ル服役期間ヲ過サンコトヲ念ズ。大人ブラヌ天真爛慢ナル陛下ノ一軍人トシテ送ランコトヲ期ス。

大正七年四月二日

○進級申告ニ廻ル

如何程苦シミウルカト云フ試練ヲナスハ処世ノ自信ノ基礎ヲ供スルモノナリ。苦痛ニ対シ煩悶ニ対シ充分其身ヲ委シテ心ユクベカリ。之レヲ味ヒ酒ニ避レズ死ニ隠レズ、之レヲ徹底セル生活ト云フ。此ノ最后ノ点マデ推シ詰ムル時ハ人間生活ノ第一義ニ入ルモノナリ。歩兵操典綱領ニ記セル最后ノ勝利ヲ得ルマデノ忍耐心ノ如キ、即チ徹底ノ勝利ナリ。落伍ト云フ軍隊語ノ真義ハ知ラザルモ、モウ之レ以上ハ行ケヌト思ヒテ落伍スルモノハ真ノ落伍ニアラザルベシ。一切ノ自覚ヲ失ヒテ倒ルヲ落伍ト云フベシ。戦闘ノ諸法則ハ未ダ之ヲ与ヘズ、サレド斃レテ後息ムト云フ徹底的態度ニ帰シウルナラン。

大正七年四月三日

謹ミテ神武天皇ノ御一生ヲ讃仰ス。

第十二中隊ニ脳脊髄膜炎発生ス。

大正七年四月四日

○第二期練兵開始。

〈所感〉久振リ練兵セラレ疲労ヲ感ジタリ。平常烈シキ運動ヲナスガ故ニ、偶ノ休暇ニ際シテ連日ノ疲労一時ニ発スルニ対ス嫌悪ノ情ハ、習慣ノ力ニ圧倒セラレタリ。

第一期ハ不愉快ト感ズル念ニ打克ツコトニ始マリテ習慣ノ堕勢ヲ造ルニ終リ、第二期ハ此ノエネルシアノ力ニ駕スルコトニ始マル。

○階級ノ上進

此ノ時ニ階級ノ上進アリ。乃チ同期ノ兵卒、否或数ノ古兵ニ対シテモ一級ノ上位ニ置カレタリ。決シテ真ニ一般ノ兵卒ニ上位タル人格ト技能トヲ有スルガ故ニアラズ。制度ノ特別ナル賜ナリ。自分一個トシテハ其ノ序位ノ余ニ高クシテ其ノ実ノ此レニ伴ハザルニ慚愧スルノミナリ。

○教育法ノ変化

斯クテ各個教練ハ充分ナル成熟ヲ見ズシテ形式ノ備ハレルニ止リツツ第二期ノ集合教練ニ入ル。此ノ教練ハ益々個人的特色ヲ没却セシメ一個中隊（中隊ナラバ）ヲ一人ノ人トシテ活動セシメントスルニアリ。其ノ中枢ハ即チ中隊長其ノ人ナリ。苟クモ中隊長ノ意志ハ中隊各個人ノ意志タラザルベカラズ。中隊成分タル個人ノ意志ハ此ノ最上ノ意志ヲ達成セシムル為ノ意志タラザルベカラズ。今迄サ程感ゼザリシ中隊長ノ意志ハ猛然トシ吾人ノ個人意力ヲ屈服シテ現ジ来ル。

日々中隊長殿ノ小躰ハ沖天ノ意気ヲ包ンデ練兵ノ中ニ見ユ。教練ハ生キ、兵ハ死者猛シ行動セズンバ指揮刀ノ一戟カ咆吼ヲ免レズ。殺気ヲ帯ビ来リシト云ハンカ。思フ之レ練兵ノ理想ナリ。練兵ハ体育会ノ健康第一義ノ行動ニアラズ。死者狂ナリ。殺気満ル裡ニ其ノ効ヲ期スベキナリ。叱責、拳骨、指揮刀ノ一戟、凡テ之レ睡レル魂ヲ活ス中枢ノ働ナリ。

○第二期予定表

予定表ヲ見レバ寧日ナシ。日曜モ必ズ何等カノ予定ナキ日トテハナシ。第二期ニナレバ少シハ楽ニナラントノ期待ハ初年兵全部ガ有セシ所ナリシガ、当テハ全然外レタリ。此ノ間ニ外出不可能ノ問題ヲ点綴シテ嘗テ外出ヲ欲スルガ故ニ班内休養ヲ喜バザリシモノ、今ヤ班内休養ヲ好ム。更ニ二年兵ガ昨年ニ於ケル行事ト比較シ、中隊ノ行事ガ著シク変動シタルヲ語ル。第二期予定表ハ斯シテ第二期ニ入リタル喜ヲ排シテ大ナル緊張ヲ要求ス。

○不平ノ声ハ常ニアリ

不平ノ声ハ常ニアリ。真理ハ一ナリ。真理ヲ見ルモノハ各人各個ノ立場ヨリス。一ノ真理ハ万人万様ノ姿ヲ以テ現ハル。事ヲ行フモノハ自己ノ意見ニヨリテ動ク。意見ノ相違ハ相互ニハ背反トナリ上下ニハ不平トナル。意見ハ常ニ差異アリ。軍隊ハ統一ヲ要ス。

真ノ有機的活動ヲ要ス。一個ノ中隊ハ一個ノ人間。成員ハ自己ヲ没入シテ中隊トシテ動カザルベカラズ。不平ノ声ハ常ニアリ。此ヲ恐ルベカラズ。貫徹ニアリ。避クベカラザルニ至レバ人ハ遂ニ同化シ順応ス。Man submitted or accustomed and inevitable. 中隊長殿ノ計画ヲ壮トシ我ガ順応力ヲ試験セシコトヲ思フ。

二、第二期ニ入リテ初年兵ノ所感ヲ観察ス

○習フヨリ慣レ

彼等ハ第一期間、精巧ヨリ熟練ト云フ教練ノ理想ニ応ジテ頭ヨリハ手ヨリ多ノ教育ヲ受ケ、突嗟ノ要求ニ対シテ遺憾ナク答ヘウル一兵卒トナレリ。志願兵ノ如キ其動作、彼等ニ比スレバ甚シク拙劣ナリ。進歩ノ跡少シ（志賀ノ如キ其ノ適例）。之レ手ト足トヲ軽ンジ屁理屈ヲ捏ネ、簡単ナル動作ノ反復ヲ忌ムガ故ナリ。即チ彼等兵卒ハ志願兵トノ斯ノ差異ニモ見得ルガ如ク甚シク兵営生活ニ順応シ内務野外共ニ大ナル苦痛ヲ感ゼザル如シ。否一部分ノ兵卒ハ彼等ガ過去ノ苦労ナル生活ニ比シムシロ安逸ヲ感シ感謝スルモノアリ。入営当初ヨリ其ノ手ノ奇麗ニナルモノヲ見ル（志願兵ハ之ニ反ス）。之レ其ノ適例ナリ。

○悪風ノ薫染

「応役食フ」若シクバ「応役上グル」ト云フ語アリ。（正当分配ヨリモ多ク食フノ意）。

「胡麻（ゴマ）往（イ）ク」ト云フ語アリ。（ゴマカシ盗ルノ意）

「若干往（イ）ク」ト云フ語アリ。（不軍紀ナル飲食物ノ買入、行軍中ノ如キ）

「要領」ト云フ語アリ。（甚ダ多義）

社会ニ於テハ兎モ角、入営当初ノ夾雑物ナキ新兵ハ一期ノ経過中赤子ノ如ク軍人トシテノ薫染ヲ受ケ一人前トナレリ。然シソレト共ニ彼等ノ夢想ダニモセザリシ不正直ナル薫染ヲ受ケタリ。右ノ軍隊語ガ示ス行為ハ其ノ初メ為スヲ愧ジ怖レタル所ナリ。今ヤ先輩ノ所為ノ目撃ハ何時トナク之レヲ愧トセズ、之ヲ怖レズ平気ニ為スニ至ル。結局見ツカラネバヨイト云フ感ハ彼等ノ一日ヲ支配スル根本ノ心状態ナリ。

○志願兵ニ対シテ
一般兵卒ノ奉公ハ二年ナリ。志願兵ハ先ヅ一年ナリ。兵卒ハ二年経テモ一ツ若クハ二ツ若クハ三ツノ星ト、更ニ幸運ニシテ三ツ星ニ山形ノ金条ヲ得ルノミ。志願兵ハ第一期末ニ既ニ二ツ星ヲ戴ク。此ノ徑廷ハ何ゾ。一千円足ラズノ小ノ金ト四五年ノ歳月ト人並ミノ頭トヲ有セシト有セザラントノ差ニシテ、彼等ニハ殆ンド責任ナキ原因ニ起ス。彼等不平ナラシテアリウベキ。覇気アル青年ニシテ志願兵、殊ニ我等ノ如キ無能志願兵ニ対テ侮蔑ト嫌忌ト猜疑ナキ能ワザランヤ。某ニハ志願兵殿ト呼ビ、某ニハ単ニ志願兵ト云ヒ、某ニハ単ニ某ト呼ビ捨ツ。馬鹿ラシト感ズレバナリ。余モムシロ当然ナリト思フ。

彼等ハ階級ヨリハ新古ノ差ヲ重視ス。将校ヨリモ古参ノ下士ノ威力ヲ感ス。佩剣鏘々ヨリモ古参ノ銃剣ヲ怖ル。之レ恐ラク内務ノ乗ズベキ点ナルベシ。即チ彼等ハ一期間ニ経験ト実行トノ力ノ大ナルヲ知リ来リシナリ。中隊長殿以下諸将校ヨリモ日夜親炙スル班長ニ対シテ、直接ノ痛痒ヲ感ズルニ至リシハ全ク一期間ノ経験ナルベシ。班長其ノ人ヲ得バ軍隊ノ教育其ノ功期スベシ。
三、外出ニ就イテ兵卒ノ所感観察
○外出ハ無上ノ快楽ナリ
営内生活ハ忌憚ナク謂ヘバ、一般兵卒ニ取リテハ進ンデ敢テスル忠義志願ニアラズシテ検査ノ結果止ムヲ得ズシテ為スモノナラント思ハル。既ニ然リ、サナギダニ単純ナル営内ノ規律起居ハ彼等ガ飽キ飽キスル所ナリ。若シ夫レ足一度営門ノ外ニ出デンカ、此ノ単純ニ代フルニ複雑ト変化トヲ以テスルヲ得。此レ無上ノ快楽ナルベシ。心気転換ノ法則ニ合スレバナリ。心気転換ノ最大要件ハ場所ノ変化ナリ。転地療法ノ心理ナリ。如何ニ営内ニ於テ娯楽ヲ催シ変化ヲ与フルモ、遂ニ之ニ勝ル心機転換法ナカルベシ。
○外出ノ目的

父兄親故ヲ省スル為、家事ヲ斉ヘン為ノ外出ハ最モ真面目ニシテ初年兵二等兵ヲ通ジテ三四割ハ有ルベシ。更ニ入営前ヨリ関係セル事業ノ都合、或ハ仏事等ノ必要ヨリスルモノ合シテ一割ハ有ルベシ。合シテ四五割ハ最モ真摯ナル目的ノ下ニ外出ヲ願フモノナラン。然シ之トテモ外出ガ若シ苦痛ヲ伴フモノナラバ、外出ヲ願フモノ多カラザルベシ。真面目ナル理由ニ加フルニ外出ノ快楽アルガ故ニ不知不識薄弱ナル理由モ強キ理由ノ如ク自ラ感ズルニ至ルナラン。

然ラバ他ノ四五割ハ如何。外出ヲ許可スベカラザルモノハ此ノ四五割ニ有リ。彼等ハ外出ノ度数多キニスグレバ家人ニ飽カレ友人ニモ迷惑ガラレ、而シテ嚢中裕ナラザレバ当モナク彷徨シ、嚢中裕ナレバ千日前道頓堀ニ安直愚劣ナル娯楽ヲ漁リ、更ニ劣等ナルモノニ至リテハ危険ナル青楼ニ遊ンデ獣慾ヲ達セントスルモノナリ。此ノ輩ハ真面目ナル青年ノ犠牲ニ供シタルナリ。

○中隊ノ方針ニ対シテ

外出ニ対スル中隊ノ方針ニ関スル兵卒ノ所感ヲ一言ニスレバ、兵卒ハ何等ノ理解ヲ有セズ、一団ノ外出ニ就イテノ方針ガ激変シテ殆ンド理由ナキ外出ヨリ不可能ニナリシコトニ対シテ怨嗟ノ情ヲ逞クスルヲ記サザルヲ得ザルヲ遺憾トス。

親ノ鞭ガ我々如何ナル琢成鍛錬ノ功有リシカヲ知ル子ハ稀ナリ。又鞭ノ価ハ其ノ之レヲ加ヘラレルル時ニ際シテ了得シ得ラルルモノニアラズ。上ニ賢アリ下ニ愚アルノ明カナル場合、依ラシムベシ知ラシムベカラズ。試ニ消灯後班内ヲ巡視セヨ。外出ノ問題ガ語ラレ不平ノ声呻吟ノ悲愴アレバ必ラズ土曜日カ休日ノ前夜ナルヲ知ルヲ得ン。此ハ暦ヨリモ確実ナリ。

○過度期ノ犠牲

外出自由期ヨリ不自由期ヘノ過度ニ際シテ営内ニ起臥スルモノ現在ノ兵卒ナリ。不平怨嗟如何ニ盛ナルモ之ヲ咎ムルハ酷ナリ。彼等ハ過度期ニ生タ不幸児ナリ。新シキ時代ノ幸福ヲ来タラントスルモノナリ。古キ時代ノ幸福ハ已ニ掌中ニアリシモノナリ。彼レ来ラズ之レ亦去ラントス。手中ノ鳥ハ逃ゲ樹上ノ鳥ハ顧ミテ笑フモノ彼等ノ感情ナリ。

○結語

上ニ賢之ヲ治メ下ニ愚治メラル。之レ統一アル社会ノ健全ナル状態ナリ。但ダ推移ヲ自然ニ行ヒ、下ヲシテ其ノ変化ヲ感ゼシメザルヲ為政者ノ最モ巧ミナル手腕トス。激変ハ反動ヲ伴フ。革命ヲ生モノハ革命ナリ。願クバ過度期ニ於ケル心ノ動揺ガ速ニ鎮静ニ帰センコトヲ。

四、春期ニ於ケル兵卒ノ精神状態

○統計学ヨリ見タル春

犯罪統計、自殺統計、結婚離婚統計等、精神特ニ感情ノ変動ヲ示ス統計ヨリ得タル蓋然率波線ノ一年中ニ於ケル最高、若クバソノ其ノ付近ハ春期ナリ。

○青年期ハ情的動揺期ナリ

情的動揺ノ最盛期ハ青年期ナリ。彼ノ恋愛事業ノ如キハ青年期ノ特徴ナリ。

○青年期ハ性慾極盛期ナリ

真摯ナル態度モテ子弟ヲ教ヘシ孔子スラ、若クシテ戒ムベキモノハ色ナリト、自覚ヨリ出デシ格言ヲ発ス。

○兵卒ノ服役期ハ一切ノ人生ノ動揺期ナリ

現役ノ二年間ハ恰モ此ノ動揺極盛期中ニ在リ。而モ時ヤ春。彼等ノ精神ハ広キ平面ヨリ中心ニ於テ針頭ニ支フルガ如シ。鴻毛ノ微モ其ノ一端ニ座スレバ之レヲ傾クルガ如シ。

○飽満感ト不足感

青年ニハ中庸ナシ。欠乏ヲ感ズレバ一気ニ充足セズンバ息マズ。遂ニ飽満ニ至リテ静止シ却テ嫌悪シ反対ノ方向ニ奔ル。然ルニ之ガ充足ヲ妨グル時ハ欠乏感ハ極盛ヲ極メ加速度的ニ慾望ノ上昇ヲ見ル。兵卒ハ其ノ境遇上殆ンド一切ノ慾望充足ノ道ナキモノナリ。彼ハ性慾ニモ食慾ニモ逸楽慾ニモ総テノ方面ニ対スル不足感ヲ以テ充サル。

○刺戟ト抵抗

文明ハ自然ニ対スル抵抗闘争ノ事功ノ集積ナリ。自然ノ虐ゲガ一定ノ程度ヲ超エサレバ人類ノ抵抗力ハ常々之レニ打克チツツ発達ス。而シテ自然ニ対スル戦ノタメ内勢力ハ外ニ向ヒ、内的慾望ハ自然ニ遺忘セラル。冬ハ其ノ適例ナリ。寒気ニ対スル抵抗、或ハ初年兵ニ於テハ初テ厳格ナル起床ノタメニ慾望ハ特ニ屏息ス。秋ハヤヤ内面慾ノ向外ニ都合ヨケレドモ一切ノ屏息ヲ要求スル。冬ニ向フ棹尾ノ一飛躍ニ過ギズ、夏ハ倦怠ト怠気トヲ以テ充サル。殊ニ兵卒ノ夏期ハ部隊教練期ニシテ一切ノ精力ヲ汗ニ化セズンバ息マズ。春ハ内抵抗ト外抵抗トノ争闘ナク人間一切ノ精力ニ向ツテ自然ハ心措キナク開放セラレアリ。殊ニ慾望屏息ノ後ヲ受ケタル一季ナリ。決堤ノ勢ヲ以テ外ニ向ハントス。然シ彼ハ大ナル鉄壁ノ前ニ立テルヲ見ル。即チ軍紀之ナリ。乃チ彼レノ不足感ハ愈旺盛ナリ。然レドモ夜ハ練兵ノ疲労ト心地ヨキ気候トハ彼レヲ死ノ如キ眠ニ導キ、昼ハ猛烈ナル教練ニヨリテ自然ニ代リテ極度ニ刺戟シ内精力ノ蕩尽ヲ促ス。

○注意スベキ兆候

此ノ期ニ於テ注意スベキハ食慾ノ減退、寝具ニ於ケル夢性ノ痕跡ノ有無、卑猥ナル書籍ノ有無、面会者ノ性別、年齢別、酒保ニ於ケル飲酒料、来翰ノ性質、幹部ガ彼等ヲ極度ノ悲観ニ陥ラシムベキ行為ヲ為サザルヤ否ヤ、兎モ角情ノ動揺ヲ甚シカラシム一切ノ条件ニ対シテ注意セザルベカラズ、

○方策

自然ノ抵抗少ケレバ人為ノ抵抗ヲ増進シテ堅縮ニ導キ以テ怠気ヲ一掃スルニアリ。人為抵抗ヲ作成スルモノハ中隊

当事者其ノ人ナリ。

五、酒保ニ於ケル兵卒所感観察

○憩ヒノ水ギワ

喘ヘギ喘ヘギテ走リ来リシ小鹿ノ顧ミテ、後追フ敵ナキニ心安ラケク傍ヲ見レバ清キ水アリ。一掬イ渇ヲ医ス。兵卒特ニ初年兵ガ一日ノ苦痛ノ後ニ来ル安眠ノ前ノ一時間足ラズノ酒保行キハ外出ニ次グ快楽ナリ。彼ノ小鹿ノ如ク然リ。

○明日ハ分ラヌ

軍隊ノ事予定アレドモ予定ノ履行極メテ少シ。今日ハ暇ナレドモ明日ハ分ラヌトノ心理ヨリ出来ル限リ必要以上ノ飲食ヲ敢テス。二銭ノパン十個、ウドン四杯、ゼンザイ二杯位ハ此ノ心理ヨリ夕食後直ニ胃ニ押シ込メウルナリ。

○宵越シノ金

命ガケト彼等ガ自称スル五銭二厘ノ如キハ僅ニ胃部ノ一小滓ト化スルニ過ギズ。外出ナシトノ手前勝手ノ理由ヨリ、全快楽ヲ挙ゲテ此処ニ求メントス。不足ノ銭ハ家ヨリ親戚ヨリ外出ナシトノ理由ヨリ請求ス。五十二銭ニ宵越シアラバ、二夜カ三夜カ嚢中淋シ五銭二厘ノ命ガケ。

○販売物ニ対シテ

食物ノ質ヲ不変トスルモ食慾ハ変化ス。故ニ一定ノ質ト量トノ食物ト雖モ無限ノ変化ヲ供ス。モチ、パン、イモ、シルコ、ウドンノ五種ノ食物ハ山海ノ滋味ナリ。暴食尚飽ク能ハザル馳走ナリ。

○甘キ物ヨリ滋養アルモノ

甘キ物モ疲レタル飢エタル胃腑ニハ悪カラズ。然シ栄養アルモノハソレニ限ラズ能フベクンバ雑煮或ハ豚ウドンノ如キ、多少甘キモノ以外ノモノアラバ同時ニ栄養ノ補給モナシ得ントノ感、幾分カ考アル兵卒ノ抱ケル所感ナルベシ。

六、炊事当番ニ対スル初年兵ノ所感

○炊事場怖イ所

「炊事場ニ往ツタラ蛸釣ラレンヤウニセヨ」トハ二等兵殿ヨリ入営当初受ケシ訓戒ナリ。実際炊事当番者ハ如何ナル点ヨリ見ルモ一筋縄ヲ以テシ難キ底ノ人物多シ。中隊ヨリ飯上ゲニ行ケバ週番上等兵ノ或モノノ如キスラ辟易スル様子ナリ。一種ノナラズモノノ流謫地タルノ観アリ。炊事場ニ近ヅク初年ハ薄氷ヲ踏ムガ如シ。詠ズルモノアリ「炊事当番兵隊ならば蜻蛉蝶々は鳥のうち」当番ヲ〈ならば〉ト云フ。

○炊事当番ハ応役食フ

糧抹委員ハ血気ノ青年ノ胃ノ腑ヲ知ラヌモノニアラズ。食物ノ質ハ兎モ角モ物価如何ニ騰貴スルモ肉汁化シテ牛脂浮ブ菜汁トナリ。卵アルベキ汁ガ全然豆腐汁ト化スル筈ハナカルヘシ。当番食カ商人不正カ。食卓ノ怨ノ帰スル所ハ彼等当番ナリ。

○調理洗滌不十分ナリ

他ハ不問ニ付スルモ飯ノ如キハ殆ンド小石混リナリ。始メハ一ツ一ツ彼等ハ椀中ヨリ撰リ出セシガ今ヤ無意識ニ嚥下シテ驚カズ。盲腸炎ニ罹ラヌガ不思議ナリ。

七、靖国社祭所感

○犠牲ノ動機

犠牲トハ何ゾ。無告ノモノガ他ノ難ヲ負ヒ他ノ苦ヲ擔ヒテ自己ニ関スル一切ノ意識ナクシテ自己ヲ捧ゲタル場合ニ之ヲ犠牲ト云フ。身ヲ捧グトノ意識スラ犠牲ノ価値ヲ減ズルモノナリ。自個ノ斃ルルコトガ他ノ為ニ有利ナリトノ意識スラ犠牲ノ価値ヲ減ズルモノナリ。結果ノ如何ハ知ル能ハズ。直往邁進息ム能ハズ。遂ニ自個ヲ捧ゲ尽シタル行為ヲ見テ犠牲ト謂フ。

○戦死ノ瞬間

戦ニ斃ル、モノ彼ガ最後ノ朦朧タル意識ハ、自個ガ犠牲トシテ斃レタルトノ名誉ヲ思フヨリモ必ズヤ我ガ為スベキヲ為シ尽スベクヲ尽シタリトノ快感ナルベシ。死ニ入ルノ瞬間ノ意識ノ流ハ Consciousness of Duty performed gives me a music at night トデモ謂フ可モノナラント思ハル。

○霊魂ハ不滅

一将功成万骨枯、彼ノ摩天楼上ノ尖塔ヲ見ヨ。尖端ノ微ガ中空ヲ貫ク為ニハ幾千万ノ瓦磚、幾丈ノ基礎ハ凡テ塔下ニ己レヲ没シテ見ハレズ。唯ダ一切ヲ尖塔ニ於テ生キタルナリ。屍山血河幾万ノ生霊、決シテ高下アルモノニアラズ。一ノ霊ハ一霊トシテノ存在ト威厳トヲ有ス。而カモ死ニハ迫至リシ彼等ノ英霊トシテ肉体ノ生命トトモニ消滅センカ、向兵ノ処ニ其ノ生涯苦ノ解放ヲ求ムベキ。人類ニ世界ヲ享有スル特権ヲ与ヘシ宇宙ノ生命ハ、彼等ニ無限ノ生命ヲ供スルヲ知ラザルベカラズ。

○祭霊

ウエストミンスタア・アベイノ床ヲ踏ムモノハ、一舗石毎ニ示サレタル大英国ノ築キ上ゲタル偉人ノ不死ノ霊気ト自個生命トノ一脈相通ジ来ルヲ知ラン。英国ノ背景は海ニアラズ、幾億ノ人口ニアラズ、無夜ノ領土ニアラズ、実ニ此レ Westminster Abey ナリ。歴史ノ背景ナキ国家ノ国性ヲ剝奪スルハ極メテ容易ナリ。国政剝奪ノ難易ハ国家存亡ノ基礎ノ強弱ヲナスモノナリ。日本ニ於ケルウエストミンスタ・アベイハ全国到処ニアリ。歴世ノ御陵、大小の神社、総ベテ此レ護国ノ英霊ノ鎮座ナリ。

○平民ノ神、神ノ平民

歴聖ト吾人ノ祖先トハ神トナリテ生ク。我ト神トノ間、懸隔アルヲ思フ。吾人ノ心裡、神ガ平民ニアラザルヲ思フノ癖アリ。靖国社頭ニ立ツモノハ此ノ感ヲ一掃セン。史上ノ人物ニアラズ、巷間ノ現在ノ一平民スラ既ニ神タルヲ得ルヲ思フベシ。凡ソ彼等ガ亨クル無限ノ生命ハ至純ノ精神、単一ノ誠心ノ凝固ニシテ彼等ガ在世ノ間ニ於ケル不徳モ破倫モ其ノ血ニ流レ、其ノ肉ト朽チ清浄・無垢ノ生霊トナリ聖ク尊ク高ク永ク神トシテ生ク。

五月分宿題

第一、面会人ニ対スル所感

〈名物〉第八聯隊名物ノ髄一ハ面会所ノ盛況ナルベシ。父母故旧指顧ノ間ニ住ムモ理由ナキ外出ガ許可セラレザルヨリ、兵卒ト父兄ト友人トノ接触ヲ唯ダ面会ニ於テ求メントスル為メナラン。而モ贅六ノ此ノ都人痩我慢ヲ発揮シテ、十年其ノ門ヲ過グレドモ入ラズ底ノ決心ナキコトハ面会盛大ノ一因ナルベシ。

〈何為ノ面会〉一、会ヒタシトノ情。二、家事相談。三、事業ノ打合。四、物品金銭ヲ貰フ為メ。等ガ面会ノ主ナル目的ナリ。

〈不軍紀ト否ト〉単ニ会ヒタシトノ情ヨリスル面会モ極端ニ走ラザル限、不都合ニアラズ。但一週三・四回同一人ト面会シ恬タル如キハ排スベシ。殊ニソレガ親兄弟ナラバ兎モ角、怪シキ風情ノ女ノ如キニ至ツテハ禁ジ得バ禁ズル方宣敷カラン。

其ノ実情ヨリスレバ、ヨシ進ンデ徴兵ニ応ジタルモノニアラズトスルモ、家事ノ係縲離レ難シトスルモ営内マデ頻繁ニ家ノ相談、事業ノ打合セ等ヲナシニ来ルハ得手勝手ナリ。万止ムヲ得ズンバ国家ニ奉公シツツアリモノノ為メ、公ヨリ相当ノ方法ヲ構ズベキナリ。

〈対症療法〉面会ヨリ起ル不軍紀ヲ制遇スルニハ、監視ヲ厳重ニスルカ面会人数ヲ制限スルカ、二者共ニ行フカノ方法ヨリ他ニナカルベシ。監視ニ就キテ考フルニ、監視ノ厳重ヲ期スル為メニハ監視者ノ監視力ト監視者ノ数ヲ増加セザルベカラズ。其ノ結果、父兄兄弟友人ト打解ケテ会談スル能ハズ。尚罪人ノ如ク惨メナル状態トナラン。面会人ノ人数ヲ制限スル方法ハ面会理由ノ軽重ニヨリテ或ハ之ヲ拒ミ、或ハ之ヲ許スノ挙ニ出ル外ハ道ナシ。然シ此レハ実ニ困難ナル問題ニテ実行甚ダ困難ナルベシ。

〈理想ノ方法〉監視ト制限ガ自然ニ行ナハル、ハ中隊事務室ニ於テ面会セシムニアリ。改正軍隊内務書第一二章第三項ノ予備室ノ如キハ、斯ル場合ニモ適用シウベキニアラズヤト思ハル。斯スレバ面会所ニ於ケル如ク一所ニ地方人ト兵卒ト群集スルコトナク、亦兵卒ト日夜親灸スル中隊幹部ノ何人カガ自然ニ監視シ或ハ父兄ト相接スル機会ヲ造リ、傍々頗ル好都合ナラント思ハル。願クバ此ノ方法ノ実行ニ就キテ一考セラレンコトヲ。

第二、金銭出納簿ニ対スル兵卒ノ所感

〈兵卒ノ所感〉几帳面ナル習慣ヲ作リ浪費ノ防過ヲ為サシメン為メニ設ケラレ、有形ヨリモ無形ニ精神的好果ヲ予期シ、真面目ニ実行セシメントノ趣意ヨリ出納簿ヲ記スコトヲ命ゼラレタリトノ理解ガ不可能ナル故カ、今迄ノ習慣性ヨリカ兎モ角中隊ニ於キテ最モ実行セラレオラザル点ナルヤニ思ハル。

多クハ厄介ナルモノ真偽ヨリモ辻妻ガ合ヘバヨイ。自宅ヨリ多クノ金銭貰ヒシ如ク記サヌコト、数日若クハ数週分ヲ一夜ニ拵上ゲテ然リ見エヌ如クスルコト等、一般ニ行ハレオルニアラズヤト思フ。

〈怜悧ヨリ愚直〉辻妻ガ合フ事ヨリモ真ヲ尊重セザルベカラズ。有リノ儘ヲ記サシメザルベカラズ。聯隊ノ規定通ノ金銭ヲ嚢中ニ所持スルハ実際随分困難ナルコトナレバ、多少ノ出入ハアルモ、ソレハヲ咎メズ其ノ出入ノ記帳ヲ正直ニセシムル如ク力ヲ加ヘザルベカラズ。形式ノ斉美ヲ期スルコト多キニ失スルハ軍隊ノ最モ長ズル所ニシテ、又暗黒面モ其処ニアリ。検閲前ノ大混雑、天井裏ノ利用、或ハ捜索ノ如キハ之ヲ語リテ余アリ。兵卒ノ出納簿ニ対スル又然リ。

第三、被服給与ニ対スル兵卒ノ所感

1、不平ナシ

此レ軍隊ニ於テハ身体ヲ被服ニ合セネバナラヌトノコト、覚悟セルガ故ナリ。

2、修理ヲ厭ハズ

時ニ大破綻アル被服ヲ纏フ兵ヲ見ザルニアラズト雖モ、一度給与ヲ受ケテ我モノニナレバ熱心ニ修理ス。

3、下士或ハ上等兵ガ私スルモノト思ハズ

実際アリテハナラヌコトナレドモ、有リウベキコトナリ。分配者ガ先私スルコトガ起リテモ不思議ニアラズ。然シ彼等先ヅ良好ナルモノ自ラ取リテ後、兵卒ニ取次グ如キコトナシト断言シテモ可ナリ。将来モ斯クアリタキモノナリ。

第四、炊事当番服務視察

〈真摯ヲ欠ク〉炊事亦演習ノ一ナリ。炊爨ノ成績如何ハ兵卒ノ健康状態ニ大ナル影響アルモノナリ等ノ観念ガ彼等番卒ニ甚シク欠如セルヲ見ル。早起ニ不寝番煩ス事ノ多キ。服装ノ乱雑不潔ナル、調理ノ不丁寧ナル、炊爨具取扱ノ粗暴ナル、水ノ使用ノ過量ナル、驚クノ外ナキモノ少カラズ。

〈食物或ハ材料ヲ私スルモノナキヤ〉詳ニスル能ハザレドモ中ニ不正直ナル番卒アリテ食物或ハ調味材料ヲ私スルモノナキヤニ思ハル。生卵、砂糖、鑵詰、肉片等ハ何カ他ニ適当ノ監視法ナキヤ。然ラズンバ直接兵卒ニ割宛テラレタル給与額ヲ著シク少カラシムル恐アリ。

〈第二大隊ノ炊事〉信田山出張残留中第二大隊ノ炊事ニ飯ヲ取リニ行ク。該大隊ノ炊事場ノ於ケル特色ハ第一清潔、第二、炊事当番卒ハ炊事場ニテ食事セズ必ズ班ニ帰リテ食事スルコトナリ。第三、肉ノ切盛ノ如キ一々上等兵自ラスルコト等ナリ。第三大隊ハ甚シク此等ノ点ニ遜色アリ。

第五、衛兵ニ対スル所感

田五作モ衣紋ヲ正シテ儀式ノ座ニ列スレバ自然ニ一種ノ威厳ヲ生ズ。礼ニ尸位素餐アルガ如ク、常ニ必ズ一種ノ威容ヲ備フルモノ風紀或ハ衛戍衛兵ナリ。一兵卒ト雖モ一度服装ヲ正シクシテ哨所ニ立ツニ当ツテ我モ人モ其ノ威厳ヲ感ズ。而テ該勤務ニ於ケル過失怠慢ノ処罰ガ特ニ厳重ナルヲ以テ、兵其モノモ責任ヲ重ンジ彼等ノ班ヲ出ルヤ禁錮ヲ跨ニ懸ケテト挨拶ヲ残ヲ常トス。

更ニ衛兵所ニ於ケル衛兵ノ控時間中ハ衛兵ノ精神教育上、最モ注意スベキモノアルヲ見ル。勤務二十四時間中、仮眠時ヲ除キテ殆ンド十時間以上ハ普通無為ニ消費セラレツツアリ。尤モ武器ノ手入等ナスモ然リ多クノ時ヲ要セズ。余ス所ノ時間ハ概ネ卑褻ナル雑談ト喫煙トニ空費シツツアル如シ。如斯バ衛兵ノ威厳ニ関スルコト夥シ。然ルニ独ヲ慎ミ静ヲ愛スルコト能ハザル彼等兵卒ニ雑談ヲ禁ジ煙草ヲ止メシムレバ、唯眠々蒙々トシテ居眠ムルノ外ナカランン。彼等ノ気ヲ新ニ慎独ヲ教フル為メ、勤務ニ差支ヘナキ様ニ若干時ヅツ体操ヲ実施シテハ如何。斯セバ多少ノ効果アラント思ハル。

観察適当　印

第六、衛兵ニ服シテノ所感

大正六年五月廿日ハ生涯ニ一度、而モ一度限リノ衛兵勤務ニ服シタリ。

一、立哨中自ラ一種ノ威厳ヲ感ズ。

一、未ダ慣レザル所為乎敬礼ヲ煩雑ニ感ズ。

一、兵卒其ノ他出入者ガ敬意ヲ表スルヲ感ズ。

一、夜間ノ控時間ニ於テ睡魔頻ニ襲フニ困ム。

一、下番トナリシ日ノ疲労甚シキヲ感ズ。

大体ニ於テ一回衛兵勤務ニ服シタルコトハ嘗ツテ聞キ読ミシ所ト大ナル相異アリ。而カシテ全体ノ感ハ到底分析シテ答解スル能ハザルヲ思フ。

夜巡将校

注

（1）現在残されている第一回目の『日誌』の表紙に「二」と記されているところから、その前半の一九一七（大正六）年一二月から翌年二月までの分があったようだが志賀家には残されていないので二冊とした。

志賀『軍隊日誌（2）』

一九一九（大正八）年一二月再勤務演習のため八連隊に入隊する。第二回目

予備軍曹の記

○背広を軍服に着換へるのが之で二度目だ。私は今度は軍隊を病院の様に思つてゐる。
○午前六時に起きて午後八時半乃至九時に寝る。私は之迄放縦な生活を続けてゐたので此の三ヶ月間に充分に睡眠を回復する事が出来る。
○自ら律する事の出来ないものは必ず他から律せらる。時が来る、今其の時が来たのである。
○自由を Rassell は消極的なものと云つた。彼れは一切の束縛を破壊する迄、意義があると云つた。随つて自由は与へらるれば之を使ふ事は煩（うる）さいものである。兵卒の時要望した自由は下士になつた今、之を与へられて居る。然しこれを使ふ事は煩さい、矛盾に感ぜられる。
○軍隊にも非常に人間味が増して来た。之れは非常によい傾向である。一定の制度と階級の厳守と協同一致とが、併行して完全に行なわれる事を軍紀行はれると云ふ。処が個性意識の発達しない捕はれた日本人も娘の頃は、随分個性の解放を要求し始めてゐる。之れは本当の人間となる運動である。本当の人間になる事だ。本当の人間が集まつて軍紀を行ふ時四角ばらずにやつて行ける。敬礼にしろ演習にしろただ固くなるのが日本の軍隊の病気である。固くならずに人間らしくやつて臨機応変や独断専行も巧くやれる。（dec. 4 th '19）
☆殆んど無拘束に生きてゐる私を、いつも拘束するものは私の虚栄心である。然しそれがあまりに不変に私を苦めて

ゐるので、私は近頃、疑を有ちはじめた。虚栄其のものも私の真ではないかと思つてゐる。

私はいつも自分が生活に苦しんでゐない事を幸福に思ふと云ふ癖がある。然し之れは普通の人間として要求するもを、曾つて顧ないでゐながら感じてゐる満足ではないかと思ふ。親の為めに、友の為めに、兄弟の為めに何を私がしたか、もしそうする事が自分の生活に含まれてゐると感ずる時は、本当に私は生活に苦しんでゐる人である可き筈である。更に私が妻を迎へ家を有つべき時に出会つたら、確かに生活に苦しんでいる筈である。否、私の体が弱くなつて病院に呻吟せんねばならぬ時にぶつかれば、大に生活に苦しんでゐる可き筈である。家族を養い病気をし交際をし、凡べて一人前の生活をしないでゐて楽天家である私の今感じてゐる幸福は果報なるものである。

Dec. 11th '19

Des. 24. 1919

The year which was so promised for me is now passing away. In this year what I did! what I did perfected Everytying. I hoped is being lost. Now I have none but myself life which I have must is now so short. I am now almost nichilst.

I spent a full year after finished one year in army. Durning This year I said goodby to y.m.c.a. Then I went to Osaka city Office.

I spent 4 months in the office invest is gating Labors problem and now in army again.

Although I dislike army so much. I could not live a better life outside its barrack. My will cannot compel me to adhen is my creative effort. I could not conquer my loneliness. I felt helplessness several times. But it is not true. I can not be so lonely or helpless. All my fault comes from not bening selfreliable. I can not rely wpon my. I can not consolve me, myself.

After I finish these two month. I must seek my interest or console within myself.

Every day life must be regular. Sound sleep a good appetite must be keeped. My vanity must be cut off perfectly. I must seek and my pleasure in my library. I must be kind for the obstinate old hoste of hostess. I must return home straight from the office.

I can not deny chase. I am laxurious. This cames from nob to find my interest with in the library. I must be more humble.

I hope, I have a comfortable bed, best of fine table. I shall buy these at farst.
Then I shall buy several picture. I hope, I have beautiful flawers everday in my room. I hope, I have hot coffee every moring, fresh meat every night, innocent moving picture or a short trip every saturday or sunday.

After exhaustive work or reading, I must clase my libray by reading a new wark of famaus writer.

I must turn my back of against late tease of alchol. If my be little hard to give up these two friends.

I love my private life more than ever. And my curiosity in for the Sep, is now going away.

I am afraid marriage will disturb this my peacefull life, in my age of 28 years. I love peaceful and ease life more ever. and assciation with young ladies alway drives me into the nesless effort. I dislike it. Indeed.

I did my best, but I cannot conciliate with the church. I may pass with if before long.(1)

Dec. 28th. 1919

Xmas. Greeting at the church.

I am very glad is cerebrate the Xmas with you.

Jesus was born at Nattale 1925 year ago. His birth is for us, so called Christian so called the non Christian! for all ranks and for all mankaind.
If his brith means only one class, he is not a savior, which is convenient to, But christianity was adorned with its divinity explain all pravillegs.(2)

千九百一九年を送る

○兵舎の裡で年を送る事之れで二回
○年齢は二十七歳と三ケ月
○思想は唯心的傾向から唯物的傾向になつてきた。
○社会主義に対する自分の造詣は一種の信念となつて来た。
○宗教に対しては今迄の謙譲なる思想的態度が次第に消失して、非常に自分の個性意識が強くなつて来た。そして遂に聖公会を脱した（十一月二十七日）そして普及福音教会に這入つた。
○二つの論文を書いた。一つはRent 一つはWege に関して。それは随分批評の的になつた。
○友人の関係は一変した。新しく出来た友の主なものは青木牧師、山口正氏、松村義太郎氏、大田正男氏、小林卓氏、河飯捨蔵氏、大森氏（大阪毎日社）小川氏（同上）山中剛氏、山中寿一氏（日倫）瀬倉賢三氏（同上）青木のみちちやん、あやちやん、謙郎、そのお母様、藤波博士、其の奥様。
○職業は生煮の青年会主事から大阪市の労働調査事務嘱託となつた（八月一日）。
○住所は四月迄高麗橋、それからおば様と喧嘩して土佐堀裏町に六月まで、そこで南京虫にいじめられて七月から南海線葛の葉新井川籐十郎氏方に移り、毎日の半分は殆んど大場様の別荘でお清様と遊んだ。海水のおかげでまた背中は黒焦になつている。夜遅く帰つて締出しを食つて、漁船の中に寝た夜もある。九月になつて高麗橋に帰つた。その後おば様との外交関係は表面円満。十二月一日に第三中隊に入隊した。
○読んだ本で一番影響を受けたのは社会主義に関する諸著、河上氏の論文、殊に Russell の Princeple of Social Reconstraction は最も愉快である。然し雑誌のみに追われる事は甚だよろしくない。
○主要なる Romance としてはK．Y．との engage of establish（二月十一日）と其の break（八月十六日）であつた。Y・Mは其の後K氏の処に往つた。此は非常に不自然な歴史を伴つているから斯くなるのは当然である。T．S．は全く其の執拗な trap を取り脱した。T．をして斯くならしめた事は私の情的優柔に帰せねばならぬ。T．S．は余りに自らを知らぬと謂はねばならぬ。T．S．としては斯するのが賢明な処置である。T．S．は遊戯する人である。私の人生を遊ぶに最も役立つ人である。も一人のT．T．は私の Romance に入つて来る資格がない。覗き度く思ふであらうけれども、其の性格には虚偽がある。其の虚偽は虚偽を知らぬ虚偽である。凡べて上の及び以下の人々は皆んなそうであるけれども、最後のT．T．は其の尤もなるものである。
K．O．は虚偽を知つてゐる。然し Bohemism である。私に対して大した影響を与へない。K．Hは Romance に這入つて来そうな人である。けれども教養と趣味と環境とはあまりに私より遠くある。然し私の最も熱心している idol である。F博士のK様は可愛そうに思はれる。其の歴史は丁度Tのそれの様である。然しもう恐らく coefficient のない私に取つては無意味な line である。M．Oは実に熾烈な devotion を表わしたけれども、あの devotion には勇気が欠けてゐた。そうしてその Home は私から余り隔たつてゐる。K．K．は私の歴史に於いては Witch の役を演じている。実に恐ろしい若い人である。
皆に幸せあれ。そうして自分の道を見出せ。皆の頼るべき大きな綱は皆が有つてゐる筈だ。
○もし誰か私の上の様ななぐり書を読んだら、恐らく私を軽薄というであろう。それはそうかも知れない。然し私は何時も正直である。短い冬の時間は私に取って絶対なものである。来る moment から次の moment への推移を知らぬ人は私を正直と云ふまい。本当に正直な人は私と同感である筈である。そうある事を悪く思ふ人は時間の延長を呪はねばなるまい。時間が悪いんだ。私が悪いのではない。私は何時も正直だ。正直な事が不変であって、時間に現れた私が悪いんだ。終始 constant である事は虚だ。その性格は私の最も嫌ふものの一つだ。かく知って偽りつつ生きている人は正しい人だ。少なくとも苦しんでゐる。私の友の中で京都のT・T大阪のZ・U或はS・Y君などはきっと私の味方である。

○私は今年中、自分の慾望を何物に対しても、何事に対しても制限したり束縛したりしないで思ふ儘に生きた。然しそれも物質上の事に就いては自分の収入の権限内であった事は勿論である。それでも私の一種の Momentalism は此の収入によって私を愉快に生きしめた。偽りなく生かした。

○酒もよく飲んだ。私は酒の味は嫌ひだ。其の結果は好きだ。よく睡れるから好きだ。睡り度く思ふ時、又睡る必要のある時飲む事は私に取って決して悪い事でない。酒を飲まぬ事は勿論よい事である。然し飲む事を排斥する事はよい事ではない。煙草は気を鎮める為めに必要である。

○自分の興味を中心にして人を愛する事は私の病気である。それは多くの場合、対象を殺す事になる。然し私としては仕方のない事である。凡べての友よ私を容して呉れ。私は自分を離れて皆様を愛する事は出来ない。私はいつまでも egoist だ。

○歳は暮れる除夜の鐘はきこへる。

○悲しみを知らぬ私に、心を落着けて索める何ものもない。

○怨を知らぬ私に、皆な友は皆私によい人。

○いつも笑っている私に、私の過ちも手柄（もしあれば）皆私に笑われてゐる。

○皆いらつしやい、憎や怒や怨や、自分自分の手柄や親切を忘れて一所に歌ひませう。そんな事は皆のねうちを上げも下げもしません。仲よく歌ひませう。友と仲よくする事ほど世の中に立派な事はありません。

○さあ歌ひませう。御一所に杯を上げて、ばあんざあい、ばんばんざい。

(1919, 12, 31. 11:50 P. M) 歩八・三、兵室にて

Das the church must tend only to intellect? (Rusell P, 217)

Something inpersnal of unweisal is needed over and above a hat openings out of the principle of individual grouth. It is given that, is given by the life a sprit. "See the palestina"

What we want from yougmen! Many a leader.[3]

1、宗教ト自然科学ト　甲ハ乙ノ為ニ消極的効力ノ及サル

2、宗教ト政治運動　甲ハ乙ノ為ニ民衆懐柔ノ為メ利用セラル

3、教職ノ素質　Sincerity を欠ク bread christian

4、laymen の sinaurity は proffestional　R. 或ハ自個ノ懐抱セル、解放セラレタル思念ニ反抗シテ之レニ Subordinate スルヲ潔シトセズ

5、belief が bread を左右スル時ハ真ノ sincerity から出ル何物モナキノ筈トス

6、一切ノ tradition の下ニ立ツ R. ハ New sprit を逃レ斉ス能ハズ

7、They seek wisdome in the teating of Christ, which, admirable as It is, remains quite unadequate for many of the scial and spritual issues of the morden life. Art and intellect and all the problems of goverment are ignored in to Gospels. There who like a Talstoy, endeavor seriously compelled a regard the to ignorance peasant as the best type of man, and to brash aside political questions by an extreme and unpracticabl anarchism.

The new problems of the Japnese church. We can not help to accept the weakness of the church to lead the modern people mars than ever. This is explained by two cause.

One is the clinging to the old tradinalrites, without paing any respect is the Naturel science. The other is that, it is a indifferent from the Social State.(4)

8、The frisk and gueates change that is required is to establish a morality of inctialive, not a morality of Submission, a morality of hope rather than fear, of things to be done, rather than of things is be left undone. The world is ores world, and if rest with us to make if a Heven or a Hell.(5)

〈訳語〉

（1）一九一九、一二、四

　私にとって一年が過ぎ去ろうとしている。この一年に私は何をしたのであろうか。何を完全に成し遂げたのであろうか。私は人生の過ぎゆくことを祈る。現在の私はまだそれほど長い人生ではなく、私自身以外になにものも持たない。私はいま全くのニヒリストだ。私は充実した一年の後に軍隊での歳を終えることになった。

　今年、私はＹＭＣＡに別れを告げ、かくして大阪市役所に行き、そこで四ケ月、発生しつつある労働問題の調査に打ち込んだ。そしていま、再び軍隊のなかにいる。

　とはいえ私は軍隊はそれほど好きではない。しかし私は兵舎の外でもましな暮しができなかった。私の気持は私の開拓的努力に取りつかれるものではない。私は孤独を克服することができない。私はしばしの間無力感を覚えた。しかしそれは実際の姿ではない。私はそんな孤独や無力感にとらわれることはできない。

私の欠点は自信家であることからではない。実際、私自身のせいではない。私自身のことであっても私自身だけで解決できないのだ。二ケ月が経過し、私は私自身のなかに関心や解決しなければならないことを探さねばならない。

毎日の生活は決められたもので、健全な睡眠はよき食欲を維持させてくれる。私の虚栄心は完全に捨て去られた。

私は頑固な古いホテルのホステスに優しくあらねばならない。私は職場から直接家に帰らねばならない。私は追及を拒むことができない。私は規律の緩んだ構成員だ。図書館で興味を見出すことから生じるものではない。私は一層控え目にならねばならない。

願わくば快適なベットを持ちたい。もっと美しいテーブルが欲しい。私はこれらのものをすぐに買いに行きたい。それから数枚の絵も買いたい。毎日私の部屋に美しい花も欲しい。毎朝ホットコーヒも飲みたい。新鮮な肉も毎晩食べたい。土曜・日曜には無邪気な映画や小旅行に出かけたい。

労働調査や研究調査のあとに私は著名な研究者の新しい著作を読み、私の書斎で整理しなければならない。私は酒の付き合いに悩まされ遅い帰宅を余儀なくした。例えこの二つの友は小さな困難であったが、私を参らせる程のものではなかった。

私は自分の人生をこれまで以上に大切にしたい。私の九ケ月の好奇心はいま過ぎ去ろうとしている。

私の結婚がきまるであろうことに悩んでいる。これは二八歳における私の幸せな人生である。私は今迄より安心で幸わせな生活を願っている。そして若い娘との交際はしばしば（形のない容器）徒労に私を導く。私は実際それが嫌いなのだ。

私は最善を尽くしたい。しかし教会によって慰められることが出来ない。私はずっと以前にそこを通り過ぎていたのかもしれない。

（2）一九一九、一二、二八
教会でのクリスマスの集い、私はあなたと共に祝うことが大変嬉しい。イエスは一九二五年前、ナターレでうまれた。彼の誕生は我々のためであると、そうキリスト教徒もキリスト教徒でない全ての階級、そして人類のためであるという。もし彼の誕生が一つの階級のための目的であれば、彼は都合のよい救済者にはなれない。しかしキリスト教徒は敬虔な全ての村々で祈る人々に、その運命を明らかにすることで崇拝された。

（3）教会は知識の発達のためにのみ役立つものなのか。時として知識のない者にも必要であり、そのうえ個人の成長についての原理に関しても脱帽させる。それは命の魂によって与えられる。見よ国を愛する心を。

何を我々は若者に期待したらよいか。

多くの指導者よ。

（4）7、彼らはキリスト教のなかに知恵を求める。それは近代生活の精神的流出として、多くの社会にたいして教育とは全く異なる教訓としてである。

技術や知的なそして全ての政治上の問題が福音書のなかで無視された。誰がトルストイのように、人間の最高のタイプとしての不安を抱く農民に強い関心を訴え続けたのか。そして極端な非実践的なアナキズムによって、政治的課題としてはきすてられた。

日本のキリスト教社会の新たな課題は、我々が新しい人々をもっと沢山キリスト教に導くことができなかった教会の弱点を認めることに、我々が助力できなかったことである。これには二つの原因がある。その一つは古い伝統的慣習にまといつき、何らの尊敬を自然科学に払うことがなかったことである。今一つは国家社会への無関心であった。

（5）8、（軍隊内で・訳者注）物を盗ったり換えたりするのは命令されるからである。市民生活の道徳を建設することである。それは伝導の道徳ではない。恐怖よりも希望の道徳である。それは為すべきことについての道徳、いやむしろ為さずにそのままにする道徳である。世界は鉱石の世界であるが、我々と共に築くことにもし手をこまぬけば、そこは天国か地獄かの何れかになるであろう。

年譜

森田康夫

西暦	年号	年齢	事績	関係事項
一八九二	明治二五	一	**九月七日** 熊本県阿蘇郡産山村の名望家として農を営む父志賀馬九郎（二九）、母モトエ（一六）の長男として生まれる。なお異母兄に志賀良人がいた。	
一八九三	二六	二		
一八九四	二七	三	弟亮人生まれる。	**四月** 内村鑑三、熊本英学校に迎えられる。日清戦争おこる。
一八九五	二八	四		
一八九六	二九	五		夏目漱石、第五高等学校に奉職する。**四月** 高野岩三郎らにより日本社会政策学会創立。
一八九七	三〇	六		**三月** 足尾銅山鉱毒問題激化。
一八九八	三一	七	**四月** 産山村立山鹿尋常小学校に本来八歳で入学するところを一年早く入学する。	
一九〇二	三五	一一	**四月** 産山尋常高等小学校に進みここで三年間の学業を修める。	
一九〇四	三七	一三	**八月** 母方の祖父那須準祚が請け判で借財を負い、そのため一家をあげて朝鮮に渡る。この時、	**二月** 日露戦争おこる。

			志那人の母も父と離婚し那須家と行を共にする。身重の母は朝鮮で妹を生む。叔父の那須俊夫は池の中に美しい蓮の花が咲くのを見て、姪にハスと名付ける。	
一九〇五	三八	一四	**四月** 県立熊本中学校に入学し、生家を離れて講学寮に入る。	
一九〇七	四〇	一六	この頃、日本聖公会熊本聖三一教会で入信する。また熊本中学内にキリスト教青年会として蛇鳩会がつくられ志賀もそれに参加する。	
一九〇八	四一	一七	弟亮人が熊中に入学するのを機に、兄弟で下宿生活を送る。そして弟も聖三一教会で入信させる。	
一九〇九	四二	一八	この頃、海軍兵学校に入学志願するが、身体検査で不合格となる。	
一九一〇	四三	一九	熊本中学を卒業して第五高等学校に入学する。	
一九一一	四四	二〇		**八月** 大阪毎日新聞慈善団創設、大阪市弘済会設立。
一九一二	明治四五 大正元	二一	**九月** 五高・花陵会の新入生歓迎大演説会で「熊本学生生活を論ず」と題して弁論する。演説に長じた志賀はこの頃、聖三一教会で牧師の代役を勤める。そして信仰面ではキリスト教青年会の先輩中津親義の影響をうけ、学問的には社会学専攻の江部教授の指導をうける。	**六月** 中村三徳、大阪自彊館を西成郡今宮村に設立。**八月** 鈴木文治ら友愛会結成。
一九一三	二	二二	**七月一日** 第五高等学校英語法律科を卒業する。	**四月** 小河滋次郎、大阪府嘱託として着任。**五月**

			この時、学資の見込みがたたないので中等学校教員の道を考えたが、異母兄の励ましと細川侯奨学会の援助で大学進学を決心する。**八月**　朝鮮にいる母に会うため大邱に行く、**九月**　東京帝国大学文科大学に入学し建部遯吾の下で社会学を専攻する。	救済事業研究会発足。**一〇月**　第六代大阪市長に池上四郎就任。
一九一四	三	二三	この頃、生活費の不足を補うためキリスト教青年会館の舎監代理を勤めたり、キリスト教夏期大学の事務をとり生活の資に当てる。そして牧師をしていた伊藤悌二との交友が始まる。	**七月**　第一次世界大戦おこる。関一大阪市高級助役に就任。
一九一六	五	二五	**七月一〇日**　東京帝国大学文科大学哲学科（社会学専修）を卒業する。**一〇月一日**　財団法人大阪キリスト教会青年会主事として来阪。月給五〇円を貰い土佐堀青年会館の宿直室に住む。志賀はここで佐島啓助総主事の下で教育部を担当する。	**六月**　エレン・ケイ著『児童の世紀』が原田実訳で出版。**八月**　堂前孫三郎・西尾末広・阪本幸三郎ら大阪で職工組合期成同志会を結成。**九月**　河上肇『貧乏物語』大阪朝日に連載始まる。工場法施行令。
一九一七	六	二六	この年、飛田遊廓設置反対運動に呼応して志賀も男性の独善的性道徳批判の弁説をする。**二月**　蛭子伯母のすすめで高麗橋二丁目の茶華道師匠の同家に移り住む。ここで妻民子とめぐり会う。**三月**　弟亮人、母のいる大邱で死す。**一二月一日**　一年志願兵として大阪師団に入営する。この間『軍隊日誌（1）』を残す。	**九月**　結核療養所市立刀根山病院開設。
一九一八	七	二七	**一一月三〇日**　大阪歩兵第八連隊を退営する。月	**八月**　米騒動おこる。**九月**　上山善治、大阪市入

			給七〇円で再びキリスト教青年会主事の仕事にもどる。	りし、救済課創設に伴い救済係主任となる。**一〇月** 大阪府方面委員制度設置。
一九一九	八	二八	この頃、労働組合講座の講師として活動する。**五月** 蛭子伯母の家から南海高師浜の新井川氏の離れに移る。**七月一五日** 京都帝国大学法学部に入学を許可されるが大阪市入りしたために辞退する。**八月二日** 上山善治の推挙で大阪市労働調査事務の嘱託として大阪市入りする。**一二月** 大阪歩兵八連隊に再勤務演習のため三ケ月間入営する。この間『軍隊日誌（2）』を残す。	**二月** 大原社会問題研究所設立。**五月** 市長直属の労働調査係設置。**六月** 今宮共同宿泊所設置。**一〇月** 大阪市『労働調査報告』第一集刊行。**一一月** 救世軍女子希望館設立。**一二月**労資共調会設立。
一九二〇	九	二九	**二月** 大阪文化協会の設立を提唱する。**四月一日** 大阪市主事に任ぜられる。**五月** この頃、南区（現、中央区）安堂寺町の青木律彦牧師が経営する独逸普及福音教会に下宿する。この時、東京から伊藤悌二の一家も来阪し、同所で再会する。**一一月** 勤務演習の召集を受けるが、労働調査事務のため召集を猶予される。**一二月** 大阪市民館開設に伴う職員スカウトのため東大キリスト教青年会を訪い、松沢兼人を説得する。	**四月** 大阪市社会部設置。**六月** 大阪庶民信用組合設立。
一九二一	一〇	三〇	**三月** 東区（現、中央区）瓦町の下宿春の家に移る。**四月一日** 大阪市立市民館長に任命される。**四月一二日** 賀川豊彦が提唱する神戸購売組合設立発起人として志賀も名をつらねる。**四月二八日**	**五月** 佐伯祐正、光徳寺・善隣館設立。**六月** 大阪市民館設立。**七月** 市民館映画教育倶楽部発足。**九月** 協調会大阪支所、労働学院を開校。**一〇月** 大阪児童愛護連盟設立。**一一月六日** 児童

			高橋民子と結婚し、高橋家の離に住む。**六月一九日**　市民館開館式のこの日、浪曲師宮川松安に浪曲改革の必要を語り、自らその協力を約束する。**七月**　天六公舎に移る。市民館の音楽関係指導者として藤井清水をスカウトするため、県立小倉高等女学校長と直接交渉に福岡まで出かける。**八月**　松安・藤井・権藤らと「楽浪園」を結成する。**九月**　三度目の大阪歩兵八連隊に勤務演習のため入営する。**一〇月五日**　日本児童愛護聯盟創設理事に就任する。この頃、大阪盲人会長及び大阪府按摩マッサージ師連合会長に就任する。	愛護宣伝デーのこの日、市民館周辺でビラ配布や道行く人の胸に赤い花をさして売り、児童福祉の資金とする。**一一月**　第六回社会事業大会、大阪市中央公会堂で開催。
一九二二	一一	三一	**二月一四日**　この日から六日間活動写真講習会を市民館で開き講師として乗杉文部省社会教育課長と共に志賀も「修辞学」「映画の倫理的考察」を講義し、「模範説明の実演」を行なう。**二月一七日**　浪曲「治承の春」を志賀都のペンネームで書く。**三月一二日**　志賀の提唱で愛生教会が結成され、この日、中央公会堂で「宗教思想に関する大講演会」を開催する。**三月**　恩師建部遯吾を市民館に招き視察と批評を乞う。**三月二二日**　長男香苗生まれる。**三月二七日**　志賀らの尽力で全国盲人文化大会が中之島中央公会堂で開かれる。**三月三〇日**　陸軍歩兵少尉に任官する。**四月一〇日**	**三月**　サンガー夫人来日、全国水平社創立。**五月**　第一回大阪乳幼児審査会開催、ライオン歯磨本舗と大阪歯科医師会の援助で市民館に児童歯科診療始まる。橋詰せみ郎、池田で家なき幼稚園始める。**六月**　大阪労働学校開設。**九月**　市民館で秋田雨雀の『東方の星』が異端座により上演されるも検閲により一時中止を命ぜられる。**一一月**　市民館より愛児カレンダー一冊二〇銭で街頭販売される。

			子どもの立場にたった出生ハガキを友人・知人に出す。**四月** 関西労働組合連合会主催の労働講座に「一般経済界の状態と賃金との関係」と題して講義する。この頃、市民館内に盲人用点字教科書刊行会が設立され、志賀はその理事長に選ばれる。**五月四日** 浪曲「裸大名」を松安のために書く。**六月三〇日** 勤務演習のため一ケ月間、大分連隊に召集される。**七月五日** 国際セツルメント協議会継続委員に推薦される。**七月二九日** 野口雨情との交遊のなかで童謡「蜂のお乳」を書く。**八月一六日** 童謡「鳩の歌」を書く。**八月** 『うたのくに』創刊号に「楽浪園の思いで」を寄稿する。**八月** 大阪労働学校講師として『民衆芸術論』を講ずる。**九月五日** 子守学校を開校し「子供の育て方」「衛生の話」などする。**一二月** 職工森島正明の更生記念として志賀の提唱で一日一銭貯金が始められる。	
一九二三	一二	三二	**三月一日** 浪曲「一太郎やあい」を松安の依頼で書く。**七月一〇日** 志賀らの呼びかけで梅田水平社有志と市民館を中心とする有志で同人倶楽部を結成し、水平社運動への啓発活動を始める。	**四月** 基督教ミード社会館設立。**五月** 大阪児童愛護連盟機関紙『コドモ愛護』創刊される。**六月** シカゴ・ハルハウス館長ジェーン・アダムス市民館に来訪。**一一月** 第七代大阪市長に関一就任。
一九二四	一三	三三	**二月** 大阪児童愛護連盟の機関紙『コドモ愛護』を志賀の提案で『子供の世紀』と改題される。**二**	**一二月** 市民館に市営天六質舗開設。社会政策学会、大阪で開催され福田徳三、高野岩三郎、森戸

辰男など多数市民館に来館する。

月　第二子出産と長男の健康上の理由で天王寺石蓋九三六番地に転宅する。**五月二〇日**　「御成婚奉祝歌」を作る。**七月三〇日**　次男裕誕生に際して神に感謝をささげる。**八月一日**　「ソオシヤル・セツルメントの起源及其の発達」を『社会学雑誌』四号に発表する。**八月一八日**　この日より大正一五年末まで『日誌』を書く。**八月三〇日**『社会学雑誌』に「ソオシヤル・セツルメントの精神と其の経営」の原稿を送る。同誌の六号に掲載される。**九月一日**　ソシアルケースワークの研究を始める。**一〇月三日**　長野県社会事業講演会の講師に招かれ、大阪から小河滋次郎と同行する。**一〇月一三日**　市民館職員研修のため協同講読会の規定を設け、協同研究、読書の趣味を促す。この頃、漱石全集を読む。**一二月二〇日**　予算要求三万九〇〇〇円に対して、三〇〇〇円減額されるなかで、とかくの批評を受けながら継続されてきた市民館事業に対し、たとえ予算が無一文になってもここに踏みとどまり、制度の欠陥を職員の精選と訓練で、自分の責任を果たさねばならぬと決意する。**一二月三〇日**　都島橋下の山窩の人々に餅をくばり寒さにめげず六巻の活動写真を自ら上映する。

一九二五	一四	三四	**一月二一日**　豊崎町本庄の木賃宿街で露天保育所の設置をすすめる。**二月**　「第二回セツルメント国際協議会に就いて」『社会学雑誌』一〇号に掲載される。**二月一五日**　この日より謡曲の稽古を始める。**四月一六日**　協調会社会政策学院に社会学の初歩を講義に行く。**五月三〇日**　宮川松安らと京都伏見の大黒寺に薩摩義士平田靭負の墓を訪れ、その歴史調査を行なう。**八月三日**　近隣の母親たちに呼びかけ保育組合づくりを始め、その創設に当たって理事長に就任する。**八月**　「隣保事業の一方面に就て」『社会事業研究』に発表する。**一〇月一三日**　大阪府・市の一体化を促進するため大阪社会事業連盟が結成され、志賀もその評議員に指名される。**一一月**　篤志家の寄附金二万七三八〇円を基金にして生業資金貸付制度を準備する。**一一月**　市民館保育組合の活動をまとめた「子供の国」を『子供の世紀』に発表する。**一二月二三日**　父死去の知らせを受け阿蘇産山村に帰郷する。	**三月一一日**　働く子どもの準備教育として、北市民館で少年職業指導講習会を始める。**三月**　東淀川本庄町に市民館露天保育所開設。**四月二九日**　アリス・ケリーの指導で子供服裁縫講習会が開始。**八月**　市民館保育組合設立。**一〇月**　大阪社会事業連盟結成。四貫島セツルメント設立。**一一月**　淀川善隣館設立。
一九二六	大正一五 昭和元	三五	**一月**　「街頭のこどもを如何にするか、その一解決法」を『大大阪』に発表する。**一月**　民衆同志の相互扶助、人間同志のふれあいを説く「鍋と鉢」を『大大阪』に発表する。**二月一四日**　セツ	**二月**　愛隣信用組合の設立を申請する。天王寺市民館開設。これより市立市民館を北市民館と改称。北市民館で神戸万太郎弁護士の協力で法律相談が開始。また一般健康相談も始まる。**九月**　北

ルメントに関する小著の原稿を東京に送る。**四月二七日**　職工森島と共に始めた一日一銭貯金が二万円に達したのを機に、善隣・共愛の二町会有志で設立した愛隣信用組合が認可され、その理事に就任する。席上「愛隣信用組合の誕生」と題して講演する。**六月**「中央公会堂文化」を『大大阪』に発表する。**七月二九日**　市民館職員らと淡路島に遊ぶ。**八月**「不良住宅地区改善の諸力」を『大大阪』に発表する。**八月二八日**　家族と淡路島に遊ぶ。**一一月九日**　市民館ボランティア竹中喜二郎のため、音楽結婚式を行う。

市民館保育組合の豊津郊外園舎が完成。**一一月**　市岡善隣館設立。

一九二七　昭和二　三六

一月「鳥と孔雀」を『子供の世紀』に発表する。**二月**「子供の国（続稿）」を『子供の世紀』に発表する。**二月一六日**　長女が誕生し「市子」と命名する。**三月**「市民館幼稚園歌」を作詞する。**五月**　大阪市立刀根山療養所長有馬頼吉、同大縄寿郎らの協力で、結核予防ワクチンＡＯ接種の実施に際し、わが子や職員に率先して受けさせる。**七月**　人間をしいたげて生産されたものは、どんなに美しいものであっても、それを使用しない運動を起こすことの必要を訴えた「消費者の権威」を『婦人と生活』に発表する。**七月**「緑化運動」を『大大阪』に寄稿する。**七月**「子供の国（続

五月　市立刀根山療養所・有馬頼吉・大縄寿郎の両博士の協力で北市民館周辺児童に結核予防接種実施。**八月**　北市民館で保育組合郊外園舎を利用して林間学校始まる。

一九二八	三	三七	稿)」を『子供の世紀』に一〇月号まで毎号寄稿する。**一〇月**「市営貯蓄銀行か市街地信用組合か」を『大大阪』に寄稿する。 **一月**「セツルメントの人と組織」を『社会事業研究』に寄稿する。**二月**「虚弱児童に対する結核予防接種の成績」を『乳幼児研究』に発表する。**三月** 普通選挙による第一回目の衆議院議員選挙にあたり「国民審判の日」と題して『子供の世紀』に社会事業従事者としての立場から感想を寄せる。**四月一日** 北市民館後援会を設立しその理事となる。**四月**「思想は菌なり」を『社会事業研究』に寄稿する。**四月**「雑誌生長の記」を『子供の世紀』に発表する。**六月**「民衆の社会事業」を『社会事業研究』に寄稿する。**七月**「調節運動と愛護運動」を『子供の世紀』に発表する。**八月**「エミールは不当の利益を喜ぶ」を『子供の世紀』に寄稿する。**八月**「高田慎吾氏著『児童問題研究』を読む」「理論と実際の中を往く」を『社会事業研究』に寄稿する。**一一月**「無産者の資本家心理」を『社会事業研究』に発表する。**一一月**「在阪学生諸君の社会事業参加」を『子供の世紀』に発表する。	**二月** 北市民館で大縄博士の好意により結核予防相談開始。大阪市が不良住宅地区の指定を始める。**四月** 北市民館後援会設立。**五月** 大正市民館開設。**七月** 浪速市民館開設。**八月** 大阪市露天保育所規定制定。**一一月** 東市民館開設。
一九二九	四	三八	**一月**「理想の市域へ」「遅々たる歩み」「地に這	**二月** 北市民館近隣住民の利用者カードが制定。

ひて」を『大阪市立北市民館年報』に書く。**一月**「新春の主張」を『子供の世紀』に寄稿する。**二月**　志賀を中心に大阪セツルメント協会が設立される。**二月**「鈴蘭燈」と題して、自動車交通問題を論じた一文を『大大阪』に発表する。**二月**「工夫と戦いの二月」を『子供の世紀』に寄稿する。**三月**「サーカスの娘」を『子供の世紀』に寄稿する。**四月**「ロッチデイル綱領に基ける協同保育」を『社会事業研究』に発表する。**四月**「春によせる」を『子供の世紀』に書く。**四月**「行幸を迎へ奉る」を『子供の世紀』に書く。**五月**「大阪に於けるセツルメント」を『社会事業研究』に共同執筆する。**六月三日**　この夜、市民館で草燈社句会が開かれ「浅漬の胡瓜に勇む胃弱かな」を作る。**六月五日**　池田町の岡村邸で草燈社例会が開かれ「鮎の香の高き夕餉や山の宿」と詠む。**六月**「黎明の前」を『社会事業研究』に執筆する。**六月**　天皇の行幸を迎えた直後、市民館職員に社会事業は過去の実績に安住してはならないと戒しめる。**六月**「保育の協同組合に就いて」を『社会事業』に寄稿する。**七月**　兵庫県六甲山へ、市民館主催の林間学校開催地の探索に出かけ、その時の感想を『子供の世紀』に「別荘さ

今宮救護所設置。**六月**　天皇、北市民館にご臨行。**七月**　高野岩三郎を責任者として社会事業研究会が設置。**九月**　粉浜公設市場開設。**一一月**　社会衛生協会の援助で山本俊平博士により性病に関する健康相談開始。**一二月**　玉出市民館開設。

一九三〇　五　三九

がし」と題して寄稿する。**九月一日**　志賀の指導で市民館利用者により先進会、玉衡倶楽部、トインビー倶楽部など一二クラブ発足する。**九月**『子供の世紀』に「児童と文学」と題して、国定教科書の貧困を批評するなかで真の児童文学の出現を期待して一文を寄せる。**一〇月**『子供の世紀』に「託児所と幼稚園」と題して二元行政を批判し、託児所の存在価値を力説する。**一〇月**「改主建従」を『社会事業研究』に発表する。**一〇月**「山羊臭い児」を『子供の世紀』に寄稿する。**一二月**「送歳回顧の辞」を『子供の世紀』に寄せる。

一月「児童の環境としての不良住宅」を『大大阪』に発表する。**二月一二日**　大阪市民病院・小幡亀寿院長に協力を要請し、家政婦派遣紹介事業を開始する。**二月**「ソシアル・サアヴイス・エキスチエンジ」を『社会事業研究』に寄稿。**二月**　岡田播陽の『大衆経』に序文を寄せる。**四月**　鐘紡争議で対立する総連合と総同盟の立会演説会場に北市民館の使用を許可する。**五月**「何がセツルメントの太初であるか」を『社会事業研究』に寄稿する。**六月**「セツルメント事業の経営形態」及び「社会事業の自立的経営に就いて」を『社会

六月　此花市民館開設。**八月**　北市民館夏季林間学校を生駒山慈光寺で開設。**九月**　北市民館での授産講習を授産事業に改める。**一〇月**　国勢調査で大阪市人口二四五万人、同時に行われた失業調査では三万一九〇人を数えた。

一九三一　六　四〇

事業研究』に発表し、前者ではセツルメントの公営・私営をめぐる論争に対し、志賀は公・私の分業、協力協同化を、後者では組織された労働者自身の社会事業として、協同組合主義による自立性を訴える。**七月**「我国に於ける社会立法批判」を『社会事業研究』に発表する。**八月**「セツルメントによる教育」を『社会事業研究』に発表し、立身出世主義的ブルジョア教育に対し、社会連帯の教育的意義を主張する。**九月**「焼杉の下駄」を『熊中創立三〇周年』誌に寄稿する。**九月**「見る所、聞く所、望む所のカフェ」を『社会事業研究』に寄せる。**九月**「金融社会化論」を『社会事業研究』に寄稿する。

一月「プロレタリア文化と社会事業」を『社会事業研究』に寄稿する。**二月**「最近十年後の都市社会事業を顧みて」を『社会事業研究』に寄せる。**二月**　元北市民館保育組合の保母比嘉正子を呼び、都島に保育園をつくるよう説得する。**三月**「現代社会事業における宗教の地位」を『社会事業研究』に発表する。**四月三〇日**　大阪市立天六職業紹介所長の兼務を命ぜられる。**五月**「隣保事業と消費組合」を『社会事業研究』に発表し、港市民館における貯金活動と結びついた消費組合

二月　ライトハウス創立。**四月**　北市民館天六職業紹介所に少年部を設置し少年の職業指導を行う。**七月**　北市民館に求職少年のための無料宿泊室を設置。**九月**　満州事変おこる。**一〇月**　志賀の助言で城後小咲、大阪基督教青年女子会館で女子職業紹介所設立。**一二月**　歳末義損金配分にあたり、北市民館では失業者に清掃や雑巾縫の仕事をあたえ、その代償として配分する。

の成果を激賞する。**七月**「産児調節論の帰結」を『社会事業研究』に寄せる。**八月**「社会事業文献について」と題して『社会事業研究』誌において、大阪市社会部調査課の果たす仕事の意義を訴える。**一一月**「少年の眼に映った大人の世界」と題して『子供の世紀』に大人の生活態度への自戒について述べる。

一九三二	七	四一	**一月** 信州へ子どもをつれてスキーに行く。**二月**「親爺の子守」と題して『子供の世紀』にこの頃、休日に子どもをつれて山野に出かけた体験談を書く。**二月**「スキー行」と題して『子供の世紀』に俳句の連作を紹介する。**三月**「縄飛び」と題して『子供の世紀』に平凡な親心の大切さを説く。**六月**「公営セツルメントの特徴と欠点」を『社会事業研究』に発表する。**六月**「共同娯楽と行事」と題して『大大阪』において庶民の中に伝わってきた共同娯楽や行事への官僚統制を批判する。**九月**『社会事業研究』に「無産者医療問題に就て」を寄す。**一〇月二二日** 北市民館で草燈社の句会を催す。志賀夾竹桃は「高梁の段々畑や夕陽さす」を発表。**一〇月**「天六のスナップ」と題し、『大大阪』に天六から大阪梅田駅の時計塔が見えた頃の天六周辺の景観について述べる。	**五月** 五・一五事件おこる。**七月** 北市民館天六職業紹介所に婦人部新設。**九月** 北市民館授産事業に整毛・繰糸作業を取り入れる。

西暦	昭和	年齢	事項	関連事項
			一一月「仲間になりたい」と題して五高『花陵会報』に志賀をキリスト教に導いた先輩・中津親義への追悼文を書く。**一一月二三日** 千里山仏教会館での草燈社句会に参加し「籾殻の焚火に暮るゝ山田哉」と詠む。この年、志賀家を訪れた野口雨情にはかまを贈る。	
一九三三	八	四二	**一月**「一九三三年の問題」と題して『社会事業研究』誌に社会事業に課せられた使命の重要性を通して時代を寸評する。**三月**「職業指導と労作教育の新意義」と題し『社会事業研究』誌において、義務教育における職業教育の欠落を指摘する。**六月**「東京市の結婚相談所」を『社会事業研究』に寄せる。**一一月一四日** 済交会設立理事に就任する。**一二月八日** 産業組合大府市部会設立会長に就任する。	**二月** 大阪市、欠食児童保護のため学校給食事業開始。一一月一四日 北市民館の町内会済交会設立。
一九三四	九	四三	**八月** 瀬戸内海にある広島県因の島に遊ぶ。**一一月**「絶貧郷」と題し『社会事業研究』に、因の島重井村における、生活困窮者に対する交換畑での共済制度の実態を紹介する。	**四月** 北市民館で大阪乳幼児保護協会の相談事業開始。**九月** 志賀の協力で比嘉正子、私立都島幼稚園の設立認可を受ける。室戸台風で大阪、大風水害をうける。
一九三五	一〇	四四	**一月二六日** 関市長の死を悼みその業績を讃えて漢訳聖書の一節「聖訓」を書く。**一月**「現代における隣保事業の意義と使命」を『社会事業研究』に発表する。**三月六日** 協同組合結成一〇年	**一月** 関一市長死去。**六月**「融和事業完成十カ年計画」案できる。

の歴史を回顧し「愛隣信用組合綱領」を書く。**三月**「社会事業経営の一新形態」を『社会事業研究』に発表する。**三月**「隣保事業の再検討」を『社会事業研究』に寄稿する。**五月**チャップリンを神戸に出迎える。**五月**桜宮の俳人・青木宗泉（俳号・月斗）の離れに転宅する。**五月二四日**大阪市理事に任ぜられ市社会部長に就任する。**五月三一日**「大衆演芸雑感」を大阪毎日新聞に書く。**七月三日**大阪府失業防止委員会委員に就任する。**七月一一日**大阪府内鮮協和会理事に就任する。大阪府方面委員幹事に就任する。大阪市労働共済会会長に就任する。**七月**「市民館より社会部へ」を『大大阪』に寄せる。**七月**「社会的疾患と社会事業」を『社会事業研究』に発表する。**七月**この頃、大阪時事新報の相談欄顧問として婦人・家庭問題を担当する。**九月一〇日**大阪市昭和信用組合長に就任する。**一〇月**「最近十年の社会事業を顧みて」を『社会事業研究』に寄稿する。**一〇月二一日**大阪府社会事業連盟理事に就任する。**一二月**歳末、今宮宿泊所を訪れ、日雇労務者と闇汁を共にしながら句会を催す。この年、志賀志那人を中心に釜ケ崎地区改善の研究会が発足し、毎月一回真摯な討議がされる。

一九三六	一一	四五	**一月**　「既存社会事業施設の活用を図れ」と題して『社会事業研究』誌上で訴える。**二月**　「山口正氏著『失業の研究』を読む」を『社会事業研究』に寄せる。**五月**　「労働者更生訓練所・南市民館」を『大大阪』に寄稿する。**六月二二日**　九月八日まで野中北市民館長の休職により、志賀が館長事務取扱になる。**七月一日**　釜ケ崎今宮宿泊所に社会部幹部をひきつれスラムの実情調査のため一泊する。**七月一五日**　大阪府信用組合連合会理事に就任する。**八月**　大阪毎日新聞社会事業団全日本保育連盟理事に就任する。**一〇月一日**　団財法人弘済会評議員に就任する。**一〇月**　『社会事業研究』誌から優生学上の断種法の制定をめぐり質問を求められ、志賀は意見をさしひかえるとしながらも、強制力を伴なわないと実効は上らぬと返答する。	**二月**　二・二六事件おこる。
一九三七	一二	四六	**一月**　「社会事業に対する再吟味」を『大大阪』に寄せる。**一月**　『社会事業研究』誌上の「紀元二六〇〇年を記念する」と題した座談会で、社会状勢の推移により存在価値が失われない自然に立却した公園・広場の設置を主張する。**二月一〇日**　財団法人大阪乳幼児保護協会理事に就任する。**二月**　北市民館長伊藤隆祐の退職に伴い、七月一日	**七月**　財団法人社会事業会館開設、日支事変おこる。

一九三八

一三

四七

まで再々度北市民館長事務取扱を命ぜられる。**四月**　「土地区画整理と密住地区問題」について『大大阪』に寄稿する。**四月二一日**　日満労務協会理事に就任する。大阪府公道会理事に就任する。大阪府社会事業統制委員会委員に就任する。**五月一三日**　大阪府方面事業委員会委員に就任する。**五月**　「協同組合と社会事業」を『大阪府の産業組合』に寄せる。この頃、大阪府中河内郡八尾町南山本に転宅する。**七月二八日**　大日本傷痍軍人会大阪府支部理事に就任する。**八月九日**　大阪府体位向上委員会幹事に就任する。**九月一五日**　大阪府軍需労務斡旋部参与に就任する。**一〇月二〇日**　協調会大阪支所協調友の会評議員に就任する。**一〇月**　「産業福利館・託児所・水上生活者施設」を『大大阪』に寄せる。**一二月**　「大阪市に於ける銃後の社会施設とその活動」を『大大阪』に寄稿する。

三月　「方面委員二十周年に際して」を『社会事業研究』に寄せる。**三月**　市立今宮保護所の求めで共同墓標に『倶会一處』と揮毫する。**四月八日**　八尾町南山本の自宅で急逝する。**四月一一日**　故人ゆかりの北市民館において告別式が執行される。善隣館・光徳寺の佐伯祐正により廣済院釈浄

二月　大阪市阿倍野保健所を開設。**五月**　大阪市立住吉母子寮開設。

			志の戒名贈られる。**四月二八日**　社会事業連盟主催で「故志賀志那人氏を偲ぶ会」が催される。**五月一日**　雑誌『子供の世紀』が志賀の追憶号を出す。	
一九三九	一四		**四月八日**　一周忌のこの日、志賀の遺稿集刊行計画が発表される。	**九月**　幸運橋学童寮設立。**一二月**　水生生活者のため毛馬寮設立。
一九四〇	一五		**四月七日**　遺稿集『社会事業随想』発刊される。	
一九六八	四三		**四月八日**　志賀没後三〇年を機に北市民館後援会の手で『社会事業随想』が再刊される。	
一九七〇	四五		**一一月**　大阪社会運動顕彰塔の第一回合祀者として志賀も顕彰される。	
一九八一	五六		**六月一五日**　『社会福祉古典叢書』八巻「山口正・志賀志那人集」が鳳書院より発刊される。	
一九八二	五七		**一二月三一日**　六一年間にわたって大阪の社会福祉のシンボルであった北市民館、この日、老朽化のため閉館される。	
一九八三	五八		**一月**　大阪市民生局より『六十一年を顧みて』大阪市立北市民館が発刊される。	
二〇〇五	平成一七		**十月**　子供の教育に尽した功績が認められ教育塔に合祀される。	

志賀志那人研究書誌

森田康夫

A　志賀志那人関係書誌

〈志賀論稿の内容からみた分類〉　a、セツルメント　b、社会事業論　c、教育論　d、都市問題
e、信用組合論　f、児童・庶民文化　g、労働問題　h、医療問題　i、その他

1、著書

『社会事業随想』志賀志那人遺稿集刊行会　一九四〇（昭和一五）年

『社会事業随想』大阪市立北市民館後援会編　一九六八（昭和四三）年

注：「増補」として「日誌（抄）」、浪曲脚本「一太郎やあい」、西野孝稿「志賀館長の生涯とその業績」

『社会福祉古典叢書』八巻「山口正・志賀志那人集」鳳書院　一九八一（昭和五六）年

注：『社会事業随想』志賀志那人遺稿集刊行会から出されたものから金子堅太郎・建部遯吾の序文、および俳句編『夾竹桃』、志賀志那人氏略歴が削除。あらたに柴田善守氏の解説・年譜・著作目録・関係文献あり。

『戦前期社会事業基本文献集』四八巻「志賀志那人「社会事業随想」」、日本図書センター、一九九七（平成九）年

注：本書所収の永岡正己論考あり。

『日誌』森田康夫『地に這いて—近代福祉の開拓者・志賀志那人』所収、大阪都市協会　一九八七（昭和六二）年

『軍隊日誌』本書所収、和泉書院　二〇〇六（平成一八）年

2、論文・随筆・雑誌記事

＊は『社会事業随想』所収論稿

『社会事業研究』大阪府社会事業聯盟（大阪府立図書館所蔵）復刻版・日本図書センター刊、一九八七年

b　「隣保事業の一方面に就て」　一三巻　八号　一九二五年　八月
b　「竹掃木一本の事業」　一六巻　二号　一九二八年　二月
f　「虚弱児童に対する結核予防接種の成績」　一六巻　二号　一九二八年　二月
a＊「セツルメントの人と組織」　一六巻三号・六号　一九二八年三月・六月
b＊「思想は菌なり」　一六巻　三号　一九二八年　四月
b＊「民衆の社会事業」　一六巻　六号　一九二八年　六月
c　「高田慎吾氏著『児童問題研究』を読む」　一六巻　八号　一九二八年　八月
c　「理論と実際の中を往く」　一六巻　八号　一九二八年　八月
g　「無産者の資本家心理」　一六巻一一号　一九二八年一一月
c＊「ロッチデイル綱領に基ける協同保育」　一七巻　四号　一九二九年　四月
a　「大阪に於けるセツルメント」　一七巻　五号　一九二九年　五月
　注：分担執筆で、四章　セツルメントに於ける協同組合及び経済的施設、他を担当（無署名）
a＊「黎明の前」　一七巻　六号　一九二九年　六月
b＊「改主建従」　一七巻一〇号　一九二九年一〇月
b＊「ソシアル・サアヴイス・エキスチエンジ」　一八巻　二号　一九三〇年　二月
a＊「何がセツルメントの太初であるか」　一八巻　五号　一九三〇年　五月
b＊「社会事業の自主的経営に就いて」　一八巻　六号　一九三〇年　六月

a＊「セツルメント事業の経営形態」　一八巻　六号　一九三〇年　六月
g「我国に於ける社会立法批判」　一八巻　七号　一九三〇年　七月
a＊「セツルメントによる教育」　一八巻　八号　一九三〇年　八月
e「金融社会化論」　一八巻　九号　一九三〇年　九月
f＊「見る所、聞く所、望む所のカフェ」　一八巻　九号　一九三〇年　九月
a＊「プロレタリア文化と社会事業」　一九巻　一号　一九三一年　一月
b＊「最近十年後の都市社会事業を顧みて」　一九巻　二号　一九三一年　二月
b＊「現代社会事業における宗教の地位」　一九巻　三号　一九三一年　三月
a＊「隣保事業と消費組合」　一九巻　五号　一九三一年　五月
h＊「産児調節論の帰結」　一九巻　七号　一九三一年　七月
b「社会事業文献について」　一九巻　八号　一九三一年　八月
a＊「公営セツルメントの特徴と欠点」　二〇巻　六号　一九三二年　六月
h「無産者医療問題に就て」　二〇巻　九号　一九三二年　九月
b「一九三三年の問題」　二一巻　一号　一九三三年　一月
c「職業指導と労作教育の新意義」　二一巻　三号　一九三三年　三月
b＊「東京市の結婚相談所」　二一巻　八号　一九三三年　六月
b＊「絶貧郷」　二二巻一一号　一九三四年一一月
a「現代における隣保事業の意義と使命」　二三巻　一号　一九三五年　一月
a「社会事業経営の一新形態」　二三巻三―六号　一九三五年三―六月

b＊「社会的疾患と社会事業」　二三巻　三号　一九三五年　三月
a＊「隣保事業の再検討」　二三巻　三号　一九三五年　三月
b「最近十年の社会事業を顧みて」　二三巻一〇号　一九三五年一〇月
b「既存社会事業施設の活用を図れ」　二四巻　一号　一九三六年　一月
b「山口正氏著『失業の研究』を読む」　二四巻　二号　一九三六年　二月
b「強制か非強制か」　二四巻一〇号　一九三六年一〇月
a「方面委員二十周年に際して」　二六巻　三号　一九三八年　三月
b「紀元二千六百年を記念する事業」座談会記事・　二八巻一〇号　一九四〇年一〇月

『社会学雑誌』（大阪府立図書館蔵）
a「ソオシヤル・セツルメントの起源及其の発達」　四号　一九二四年　八月
a「ソオシヤル・セツルメントの精神と其の経営」　六号　一九二四年一〇月
a「第二回セツルメント国際協議会に就いて」　一〇号　一九二五年　二月

『社会事業』東京府社会事業連盟
c「保育の協同組合に就いて」　一三巻　三号　一九二九年　六月

『大阪府の産業組合』
a＊「協同組合と社会事業」　一九三七年　五月

『市民館沿革』（大阪市公文書館蔵）　一九二三年　八月

『大阪市立北市民館年報』（大阪市社会福祉研修・情報センター蔵）
a＊「遅々たる歩み」　一九二九（昭和四）年版

a＊「地に這ひて」　一九二九（昭和四）年版

a＊「理想の市域へ」

e＊「愛隣信用組合綱領」　一九三五年　三月

『大大阪』（大阪府立図書館・大阪市立中央図書館蔵）復刻版ＣＤ・大阪都市協会あり

b　「鍋と鉢」　二巻　一号　一九二六年　一月

c＊「街頭のこどもを如何にするかその一解決法」　二巻　一号　一九二六年　一月

i＊「中央公会堂文化」　二巻　六号　一九二六年　六月

d　「不良住宅地区改善の諸力」　二巻　八号　一九二六年　八月

f　「浪花節とコクテル」　三巻　三号　一九二七年　三月

d　「緑化運動」　三巻　七号　一九二七年　七月

e　「市営貯蓄銀行か市街地信用組合か」　三巻一〇号　一九二七年一〇月

i＊「鈴蘭燈」　四巻　二号　一九二九年　二月

d＊「児童の環境としての不良住宅」　五巻　一号　一九三〇年　一月

g　「ネオ士族の商売」　七巻　一号　一九三一年　一月

f＊「共同娯楽と行事」　八巻　六号　一九三二年　六月

a＊「天六のスナップ」　八巻一〇号　一九三二年一〇月

b＊「市民館より社会部へ」　一一巻　七号　一九三五年　七月

b　「労働者更生訓練所・南市民館」　一二巻　五号　一九三六年　五月

b　「社会事業に対する再吟味」　一三巻　一号　一九三七年　一月

d「土地区画整理と密住地区問題」　一三巻　四号　一九三七年　四月
c「産業福利館・託児所・水上生活者施設」　一三巻一〇号　一九三七年一〇月
b「大阪市に於ける銃後の社会施設とその活動」　一三巻一二号　一九三七年一二月

『乳幼児研究』

h＊「虚弱児童に対する結核予防接種の成績」　一九二八年　二月

『子供の世紀』大阪児童愛護連盟（大阪府立図書館・北海道大学・同医学部図書館蔵）

注：『コドモ愛護』一九二三年五月創刊、二巻二号より『子供の世紀』に改題（一九二四年二月）

c「児童植民運動」　一巻　二号　一九二三年　六月
c「親の重荷を負う子供」　一巻　三号　一九二三年　七月
c「遍路と其の子」　一巻　四号　一九二三年　八月
c「子供のクラブ」　一巻　五号　一九二三年　九月
i「御成婚奉祝歌」　三巻　五号　一九二四年　五月
c＊「子供の国」　三巻一一号　一九二五年一一月
i「鳥と孔雀」（北大医学部蔵）　五巻　一号　一九二七年　一月
c「子供の国（続稿）」（北大医学部蔵）　五巻　二号　一九二七年　二月
c「子供の保育場としての建物に就いて（続稿）」（北大医学部蔵）　五巻　七号　一九二七年　七月
c「こどもに成つて（続稿）」（北大医学部蔵）　五巻　八号　一九二七年　八月
c「凝視する小さな眼」（北大医学部蔵）　五巻　九号　一九二七年　九月
c「神に賜へる（続稿）」（北大医学部蔵）　五巻一〇号　一九二七年一〇月

i　「国民審判の日」（無署名）　六巻　三号　一九二八年　三月
i　「雑誌生長の記」　六巻　四号　一九二八年　四月
h　「調節運動と愛護運動」　六巻　七号　一九二八年　七月
c　「エミールは不当の利益を喜ぶ」　六巻　七号　一九二八年　七月
c　「幼小年時代の印象深い見聞〈アンケート〉」　六巻　七号　一九二八年　七月
a　「在阪学生諸君の社会事業参加」　六巻一一号　一九二八年一一月
c　「新春の主張」　七巻　一号　一九二九年　一月
i　「工夫と戦いの二月」　七巻　二号　一九二九年　二月
i　「サーカスの娘」　七巻　三号　一九二九年　三月
i　「行幸を迎へ奉る」　七巻　四号　一九二九年　四月
i　「春によせる」　七巻　四号　一九二九年　四月
c　「別荘さがし」　七巻　八号　一九二九年　八月
i　「児童と文学」　七巻　九号　一九二九年　九月
i　「草燈社六月例会」俳句あり　七巻　九号　一九二九年　九月
c　「託児所と幼稚園」　七巻一〇号　一九二九年一〇月
h　「山羊臭い児」　七巻一一号　一九二九年一一月
i　「送歳回顧の辞」　七巻一二号　一九二九年一二月
i　「余田博士歓迎句会記」　七巻一二号　一九二九年一二月
g　「少年の眼に映った大人の世界」　九巻一一号　一九三一年一一月

c「子供の世紀十周年」 一一巻 一号 一九三三年 一月
c「親爺の子守」 一〇巻 二号 一九三二年 二月
c「スキー行」 一〇巻 二号 一九三二年 二月
c「縄飛び」 一〇巻 四号 一九三二年 四月

その他

f『早祈日誌』東京大学基督教青年会 一九一四年二―四月
c「大阪市立市民館幼稚園々歌」『六十一年を顧みて』大阪市立市民館刊 一九二七年 三月二〇日
g*「消費者の権威」『婦人と生活』 一九二七年 七月
b『北市民館ノ現状言上書』（大阪市社会福祉研修・情報センター蔵） 一九二九年 四月
i「焼き杉の下駄」『熊中創立三〇周年』 一九三〇年 九月
i『草燈句集』草燈社（田辺家蔵） 一九三二年 八月
i「仲間になりたい」第五高等学校『花陵会報』一一七号 一九三二年一一月

3、『新聞』記事

i「生活改善―殊に必要なる衣服の改良」（田辺家蔵）掲載紙名不詳 一九二一年
d「プロレタリアートと大都市住宅改築」（田辺家蔵）掲載紙名不詳 一九二二年
i「社会事業史に永久に輝く栄誉」『大阪朝日』 一九二九年 六月 六日
c「ワタクシノコドモジダイ」『大阪新聞』 一九三一年 八月二八日
f「大衆演芸雑感」『大阪毎日新聞』 一九三五年 五月三一日

4、その他—発表原稿、草稿、浪曲台本など

i「友に捧ぐ」（田辺家蔵）　一九一七年一一月
f「日本赤十字社と佐野常民伯爵」『浪花節台本』（田辺家蔵）　一九二一年頃
f「治承の春」　一九二三年　二月
f「裸大名」　一九二三年　五月
f 童謡「蜂のお乳」　一九二三年　七月
f 童謡「鳩の歌」　一九二三年　八月
f「楽浪園の思いで」『うたのくに』創刊号（田辺家蔵）　一九二三年　八月
c「明治生れと大正生まれ」於三越呉服店子供研究会（田辺家蔵）　一九二三年一〇月
f＊「一太郎やあい」（再刊『社会事業随想』所収）　一九二三年　三月
b「寺院とセツルメント事業」（田辺家蔵）　一九二五—六年頃
e「自らを洗う」（田辺家蔵）　一九二五—六年頃
e「愛隣信用組合の誕生」（田辺家蔵）　一九二六年
a「倶楽部活動への提言」（田辺家蔵）　一九二六年
d「不良住宅地区改良法」（田辺家蔵）　一九二七年　七月
e「庶民金融（仮題）」（田辺家蔵）　一九二八年頃
c「乳幼児保育計画」（田辺家蔵）　一九二九年
e「子供を叱る親の心理」（田辺家蔵）　一九二九—三〇頃
e「本組合に利用事業を兼営するの必要について」（田辺家蔵）　一九三〇年　四月

f 「御製より拝し奉れる明治大帝」『浪花節台本』（田辺家蔵）一九三〇年 八月
e 『愛隣信用組合だより』一五号（田辺家蔵）一九三〇年 九月
g 「女中―女子労働」（田辺家蔵）一九三〇―一九三一年頃
a 「実行第一」（田辺家蔵）一九三五年
g 「ノーサンキュー」（田辺家蔵）一九三五年
b 「社会事業統制委員会協議参考」（田辺家蔵）一九三五年頃
i 「人間記―相場師の話」（田辺家蔵）一九三五年頃
b 「社会事業について」（田辺家蔵）一九三五―一九三七年頃

B 志賀志那人研究 参考資料

1、参考資料

『市民館沿革』
『子供の世紀』
高尾亮雄「志賀志那人氏と私の市民館時代」一六巻五―七号、一九三八年五―七月
「編集後記」一六巻五号、一九三八年五月
伊藤悌二「志賀志那人氏の追憶」一六巻六号、一九三八年六月
伊藤悌二「志賀志那人氏の故郷を訪ねて」一六巻九―一〇号、一九三八年九―一〇月
斉藤籐吉「我国児童愛護運動の先駆者・志賀志那人氏の遺稿集『社会事業随想』の刊行について」一八巻五号、

一九四〇年五月
鵜飼貫三郎ほか「『社会事業随想』刊行記念会追憶談」一八巻五号、一九四〇年五月
『愛隣』
「志賀志那人氏追悼号」愛隣信用組合、二五号、一九三八年
『健康報国』
鵜飼貫三郎「郊外園舎の思ひ出」社会医学研究会、二号、一九三九年
久保房「北市民館での保育の思ひ出」社会医学研究会、三号、一九四〇年
『信州白樺』
鵜飼貫三郎「大阪市立北市民館回想―社会事業と社会教育」発行所不詳、一九八四年
『大大阪』
大縄寿郎「大阪市民と結核問題」一三巻九号、一九三七年九月
『社会事業研究』
「志賀志那人氏を悼む」一四巻五号、一九三八年五月
「志賀志那人氏逝去」二六巻五号、一九三八年五月
「故志賀志那人氏を偲ぶ会」二六巻六号、一九三八年六月
『社会事業』
大谷繁次郎「志賀志那人君の遺稿集を読む」二四巻八号、一九四〇年八月
『救済研究』（大阪府立図書館所蔵）
「大阪市民館盲人倶楽部発会式」九巻六号、一九二一年六月

『木賃宿の一考察』大阪市立市民館、一九二四年（社会福祉調査研究会編『戦前日本社会事業調査資料集成』第四巻、勁草書房、一九九五年）
『大阪市立北市民館年報』（大阪市社会福祉研修・情報センター蔵）
「昭和元年」版二種類あり。「昭和二年」版。「昭和四年」版。「昭和五年」版。「昭和七年」版
『行幸記念帳』一九二九年（大阪市社会福祉研修・情報センター蔵）
『花陵会報』
村上鋭夫「志賀志那人君の追憶」一九三八年一〇月
『北市民館来訪者録』（大阪市社会福祉研修・情報センター蔵）
『新聞』記事
「活動写真講習会」『毎日新聞』一九二二年二月三日
「大阪学校映画協会」『毎日新聞』一九二二年二月二三日
「北区天神橋の市民館で子守学校開講」『大阪毎日』一九二二年九月六日
「市立乳児院一周年記念講演会」『大阪毎日』一九二三年一〇月二一日
「市立乳児院、乳児保護講習会開催へ」『大阪毎日』一九二三年一〇月二六日
「梅田水平社と関係者との協議会開催」『大阪時事新報』一九二三年七月二一日
「少年職業指導講習会開催へ」『大阪毎日』一九二五年三月一一日
「幼稚園で林間学校」『大阪朝日』一九二七年八月一〇日
「弾劾の火の手―志賀北市民館長」『夕刊大阪』一九二九年一〇月一八日
「働く喜びを―義金とともに」『大阪朝日』一九三一年一二月三〇日

「忍苦して生き通せ—それこそ親の真の愛」『大阪朝日』一九三二年六月四日
「学校惨禍を聴く—紙上座談会」『大阪毎日』一九三四年九月二三日
「南京虫のベッドへ—ルンペン体験の部長さん」『大阪朝日』一九三六年七月二日
「ルンペン倫理—志賀大阪市社会部長に聞く」『大阪毎日』一九三六年七月三日
「得がたい文化人—思想極めて清新」『昭和日日』一九三六年七月二九日
「けふ齢二十の喜び—北市民館と通俗図書館」『大阪朝日』一九四一年六月二〇日
「花祭り・無縁のお墓にも—阿倍野に集う思い出の人々」『大阪朝日』一九五四年四月八日
森岡　茂「志賀志那人先生を偲ぶ」『大阪市職報』一九五四年五月一五日
村島帰之「公営隣保施設の創始」（二九）『大阪の社会事業』一九六一年七月一五日
古藤敏夫「みどりのまちに」『八尾・のきなみ新聞』一九六六年五月五日
伊藤　昇「民衆が築いた保育所」『大阪朝日』一九六六年一一月二八日
森岡　茂「志賀志那人先生の思い出」『市労連』一九七二年八月五日
比嘉正子「三児かかえ社会奉仕」『大阪朝日』一九七七年一月二二日

2、参考文献

『大阪方面委員第一期事業年報』大阪府社会課、一九一九年
『大阪市社会事業概要』大阪市社会部、一九二〇、一九二三年（大阪市立中央図書館蔵）
大林宗嗣『ソーシャルセッツルメント事業の研究』大原社会問題研究所、一九二一年
大林宗嗣『民衆娯楽の実際研究』同人社、一九二二年（大阪府立図書館蔵）

『大阪市社会事業年報』大阪市社会部、一九二三―二六、一九三一年（大阪市立中央図書館蔵）
井上貞蔵『貧民窟と少数同胞』巌松堂、一九二三年
『社会事業史』大阪市社会部、一九二四年（大阪市立中央図書館蔵）
『大阪市社会事業統計』大阪市社会部、一九二八年（同右）
『大阪府社会事業史』大阪府社会事業協議会、一九二八年（同右）
「大阪市社会事業概要」『大阪市社会部調査報告』一〇二号、一九二九年（同右）
「大阪市社会事業綱要」『大阪市社会部調査報告』一〇四号、一九二九年（同右）
『大阪市社会部報告』七七、九四、一〇九、一二一、一二四、一三九、一五三、一六三、一九七、二一八、二一六、
二四三、二五六号など（同右）
『大阪方面委員事業年報』一九二九―三一年（同右）
「本市に於ける社会病」『大阪市社会部調査報告』一二一号、一九三〇年（同右）
「都市と都市社会事業資料」『大阪市社会部調査報告』一三二号、一九三一年（同右）
「大阪市の社会事業」『大阪市社会部報告』一四八号、一九三二年（同右）
『日本社会事業年鑑』大原社会問題研究所一九三二年（大阪府立図書館蔵）
『労働調査報告』大阪市役所調査係一九三二年（大阪市立中央図書館蔵）
『大阪府市に於ける社会事業概要』大阪市青年訓練所共同研究会港区支部、一九三三年
『社会事業展覧会概況』大阪府社会事業会館編、一九三八年
『社会事業研究』
磯村英一「社会事業に於ける階級性の進展」『社会事業研究』一六巻八号、一九二八年八月

磯村英一「社会事業の発生と私有財産制度」『社会事業研究』一六巻一〇号、一九二八年一〇月
磯村英一「公私社会事業の領域―社会事業分野の階級性成立へ」『社会事業研究』一六巻一〇号、一九二八年一〇月
磯村英一「社会事業理論としての社会民主主義批判」『社会事業研究』一七巻一号、一九二九年一月
雨宮一雄（磯村英一）「社会事業に於ける協同組合運動の批判」『社会事業研究』一七巻七号、一九二九年七月

注：磯村英一関係論文については森田康夫「昭和初期『社会事業研究』誌上におけるマルクス主義派の社会連帯主義・協同組合主義批判について」『樟蔭東女子短期大学研究論集』八号、二〇〇〇年三月参照。

山口　正「歴史からみた大阪の社会事業」『社会事業研究』二八巻六号、一九四〇年
平田隆夫「大阪市営救貧事業の変遷」『経済学雑誌』一九四〇年一月
『大阪府私設社会事業連盟規約』大阪府私設社会事業聯盟編、一九四〇年
『北市民館三〇年のあゆみ』大阪市立北市民館、一九五一年
『大阪地方労働運動史年表』同編纂会、一九五七年（大阪市立中央図書館蔵）
『東京大学基督教青年会年表』同会編、一九五七年
『日本ＹＭＧＡ史』奈良常五郎、一九五九年
『作曲家・藤井清水』呉市昭和地区郷土史研究会編、一九六二年
『大阪市民生事業四〇年史』大阪市民生局編、一九六二年（大阪市立中央図書館蔵）
上井榊『大阪に光を掲げた人々』企研本社、一九六六年
平田隆夫『明治大阪慈恵事業資料』大阪市市史紀要、一九六八―九年（大阪市立中央図書館蔵）
『北市民館の五十年』大阪市立北市民館、一九七一年（同右）
比嘉正子『女の闘い―死者よりも生者への愛を求めて』日本実業出版社、一九七一年

『大阪府教育百年史』大阪府教育委員会、一九七三年
『大阪市民生事業史』大阪市民生局編、一九七八年
『光徳寺四〇〇年の歴史―善隣館六十年の歩みとともに』光徳寺編、一九八一年
『語りつぐ五十年〈こどもの国〉』社会福祉法人都島友の会編、一九八一年
大原社会問題研究所編『大阪労働学校史』法政大学出版局、一九八二年
北市民館記念誌編集委員会編『六十一年を顧みて―大阪市立北市民館』大阪市民生局、一九八三年
中川雄一郎『イギリス協同組合思想研究』日本経済評論社、一九八四年
『大阪YMCA一〇〇年史』大阪キリスト教青年会、一九八五年
『同愛』同愛会・中央融和事業協会機関誌・解放出版社より復刻判あり、一九八四年

3、研究

横山定雄「我が国ソーシアル・セッツルメントの社会的機能について」『社会事業』三九巻六号、一九五四年七月
音田正己「我が国セッツルメント事業の回顧と展望」『社会問題研究』（大阪社会事業大学）八巻二号、一九五八年五月
西内　潔『日本セッツルメント研究史序説』童心社、一九五九年
上笙一郎・山崎朋子『日本の幼稚園』理論社、一九六五年
吉田久一『昭和社会事業史』ミネルヴァ書房、一九七一年
吉田久一・柴田善守他『人物でつづる近代社会事業の歩み』全国社会福祉協議会編、一九七一年
吉田久一『社会事業理論の歴史』一粒社、一九七四年

釈　智徳「大阪市立北市民館53年のあゆみ」『社会事業史研究』二号、一九七四年一〇月
永岡正己「大阪市『社会部報告』とその周辺」『社会事業研究』三号、一九七五年一〇月
真田是編『戦後日本社会福祉論争史』法律文化社、一九七九年
森田康夫「志賀志那人と大阪市立北市民館」『大阪人』三六巻一二号、大阪都市協会、一九八二年一二月
永岡正己・井上和子「北市民館の歴史とその意義―閉館によせて」『地域福祉研究』一一号、一九八三年三月
柴田善守『社会福祉の史的発展―その思想を中心として』光生館、一九八五年
松原薫・玉井金五編『大正・大阪スラム』新評論、一九八六年、増補版、一九九六年
池田敬正『日本社会福祉史』法律文化社、一九八六年
『大阪社会労働運動史・戦前篇』大阪社会労働運動史編纂委員会、一九八六年
森田康夫「セツルメントとしての北市民館と志賀志那人の協同組合主義について」『大阪の歴史』二〇号、大阪市史編纂所、一九八七年一月
森田康夫『地に這いて―近代福祉の開拓者・志賀志那人』大阪都市協会、一九八七年
　注：志賀『日誌』の翻刻、及び年譜あり。
吉田久一『日本社会福祉史』川島書店、一九八九年
吉田久一　改定増補『現代社会事業史研究』川島書店、一九九〇年
永岡正己「大林宗嗣の生涯と『セツルメントの研究』」戦前期社会事業基本文献集三〇巻『大林宗嗣「セッツルメントの研究」』解説、日本図書センター、一九九六年
永岡正己「志賀志那人の生涯と社会事業実践の思想」戦前期社会事業基本文献集四八巻『志賀志那人「社会事業随想」』解説、日本図書センター、一九九七年

福元真由美「一九二〇年代の都市における子育てをめぐる母親の協同—大阪のセツルメントと郊外住宅地における保育形態」『家庭教育研究所紀要』二一号、一九九九年一二月
福元真由美「志賀志那人のセツルメントにおける北市民館保育組合とその保育」『保育学研究』三七巻二号、一九九九年一二月
森田康夫「昭和初期『社会事業研究』誌上におけるマルクス主義派の社会連帯主義・協同組合主義批判について」『樟蔭東女子短期大学研究論集』八号、二〇〇〇年三月
永岡正己「大阪における地域福祉の源流」『セツルメント運動関係資料集』日本地域福祉施設協議会・大阪地域福祉施設協議会刊、二〇〇二年二月

4、その他

森田康夫「大阪の近代福祉に貢献した八尾市ゆかりの人びと—志賀志那人と中村三徳」『河内どんこう』一六号、一九八二年四月

あとがき

二〇〇三年の年明けに、大阪市社会福祉研修・情報センター所長の右田紀久恵先生（大阪府立大学名誉教授）のもとで進められていた大阪を中心とした地域福祉に関係した開拓者研究の一環として、志賀志那人に関する研究も加えていただき、研究会場の提供や同センター所蔵の北市民館関係史料の閲覧の便宜を受けることになった。

当研究会の役割は志賀の社会福祉、とりわけ今日的課題としての地域福祉に果たした役割と、それと深く関わった市民文化の形成など志賀の多面的な活動の足跡を検証し、その意義を再評価するために『都市福祉のパイオニア　志賀志那人　思想と実践』として論集にまとめることにあった。そのため社会福祉史分野はいうまでもなく志賀の実践の跡を検証するために都市史・社会運動史・児童教育史・庶民文化史・建築史関係など幅広い研究者のご参加をえ、志賀研究の現状把握とその課題を探るために定例の研究会を開催してきた。また北市民館関係資料の所在や志賀研究に関する未公開資料の紹介、並びに自筆資料・遺墨・関係資料の展示なども行なった。さらに右田先生のご教示で若い世代の人々に志賀思想が理解されるように年譜と研究書誌を作成することにした。このような経過を経てそれぞれのテーマについて執筆に入っていただき、漸く二〇〇六年五月に最終原稿を入手することで本書を構成することができた。

この間それぞれのご事情で、執筆者に出入りがあったが、このような内容で本論集が発刊できる運びとなったのは、右田先生の心あたたかいご援助と執筆いただいた先生方のご協力の賜物であり、志賀思想とその活動への深い思いの結晶として厚く感謝申し上げる次第である。本書によって地域福祉としての社会福祉の再構築のために、なにがしか示唆するところがあるとするならば執筆者一同の喜びとするところである。

最後に本論集が志賀もかつて『子供の世紀』を通じて東京中心の出版文化にたいして大阪の出版文化の向上を訴えていたが、まさに今日その優れた出版文化の創出に貢献されている和泉書院から刊行できたことを大きな喜びとするものである。併せて本書刊行のためにご理解と熱意を示された志賀志那人の長男である田辺香苗氏にもお礼申し上げたい。

二〇〇六年七月一七日

森田康夫 しるす

執筆者紹介（執筆順）

右田紀久惠（うだ　きくえ）
一九三一年生。大阪市立大学卒。学術博士。大阪市社会福祉研修・情報センター所長。大阪府立大学名誉教授。主著『自治型地域福祉の理論』（ミネルヴァ書房、二〇〇五年）・『英国地方自治体社会福祉行財政研究』（ホーユー出版、一九八五年）。

永岡正己（ながおか　まさみ）
一九五〇年生。大阪市立大学大学院家政学研究科社会福祉学専攻修士課程修了。日本福祉大学社会福祉学部教授。共著『戦後日本社会福祉論争』（法律文化社、一九七九年・共編『日本社会福祉の歴史・付史料』（ミネルヴァ書房、二〇〇三年）。

西野　孝（にしの　たかし）
一九三三年生。大阪大学法学部卒。花園大学名誉教授。主著『老いと死の周辺・下』（法政出版、一九九〇年）・『大阪市社会福祉協議会四十年史』（大阪市社会福祉協議会、一九九二年）。

小田康徳（おだ　やすのり）
一九四六年生。関西大学大学院文学研究科日本史学専攻博士課程修了。大阪電気通信大学工学部人間科学研究センター教授。主著『近代日本の公害問題』（世界思想社、一九八三年）・『維新開化と都市大阪』（清文堂出版、二〇〇一年）。

福元真由美（ふくもと　まゆみ）
一九七〇年生。東京大学大学院教育学研究科博士課程単位取得退学。東京学芸大学教育学部助教授。主論文「一九二〇―三〇年代の成城幼稚園における保育の位相―小林宗作のリズムによる教育を中心に―」（『乳幼児教育学研究』一三号、二〇〇四年）・「東京帝国大学セツルメント託児部における地区別グループの実践―鈴木とくによる保育と母親の協同―」（『保育学研究』三九巻二号、二〇〇一年）。

真鍋昌賢（まなべ　まさよし）
一九六九年生。大阪大学大学院博士後期課程修了。大阪大学文学研究科助手。主論文「芸能のポピュラリティーと演者の実践―浪曲師・天龍三郎の口演空間の獲得史―」

(『現代民俗誌の地平 2 権力』朝倉書店、二〇〇四年)・「浪花節の「盛衰」と「新作」—近・現代の語り芸研究のための提案—」(『講座日本の伝承文学一〇巻 ヨミ・カタリ・ハナシの伝承世界』三弥井書店、二〇〇四年)。

堀田　穣(ほった　ゆたか)

一九五二年生。神戸大学文学部哲学科哲学専攻。京都学園大学人間文化学部教授。編著『大阪お伽芝居事始め—「浮かれ胡弓」回想と台本』(関西児童文化史研究会、一九九一年)・共著「紙芝居の歴史」(『はじめよう、老人ケアに紙芝居』雲母書房、二〇〇六年)。

久保在久(くぼ　すみひさ)

一九三六年生。立命館大学文学部中退。主著『大阪砲兵工廠資料集』(日本経済評論社、一九八七年)・共著『大阪社会労働運動史』一・二巻(大阪社会運動協会、一九八六・一九八九年)。

新谷昭夫(しんたに　あきお)

一九五四年生。京都大学大学院修士課程修了、京大博士(工学)。大阪市立住まいのミュージアム副館長。編著『モダン都市大阪—近代の中之島・船場』(大阪市立住まいのミュージアム、二〇〇二年)・『大工頭中井家建築指図集　中井家所蔵本』(個別解説「数奇屋建築」分担執筆、思文閣出版、二〇〇三年)。

森田康夫(もりた　やすお)

一九三〇年生。立命館大学大学院日本史学専攻卒。樟蔭東女子短期大学名誉教授。主著『地に這いて—近代福祉の開拓者・志賀志那人』(大阪都市協会、一九八七年)・『福沢諭吉と大坂』(和泉書院、一九九六年)。

田辺香苗(たなべ　かなえ)

一九二二年生。長崎医科大学卒。大阪市環境保健局医務監(一九八二年)退職・特別養護老人ホームいわき園診療所長。

大阪叢書 3

都市福祉のパイオニア
志賀志那人 思想と実践

二〇〇六年一一月一五日 初版第一刷発行©

編 者 志賀志那人研究会
代表・右田紀久恵

発行者 廣橋研三

発行所 和泉書院
〒543-0002 大阪市天王寺区上汐五-三-八
電話 〇六-六七七一-一四六七
振替 〇〇九七〇-八-一五〇四三

印刷/製本 亜細亜印刷
装訂/濱崎実幸

ISBN4-7576-0386-X C3321